李小唐　林春　李重申　著

国家体育总局体育哲学社会科学研究项目编号：2008SS14039

SICHOU ZHILU
SUISHI JIERI
MINSU TIYU TULU

丝绸之路岁时节日民俗体育图录

读者出版传媒股份有限公司
甘肃教育出版社

图书在版编目(CIP)数据

丝绸之路岁时节日民俗体育图录 / 李小唐,林春,李重申著. -- 兰州 : 甘肃教育出版社, 2017. 1
ISBN 978-7-5423-4097-9

Ⅰ. ①丝… Ⅱ. ①李… ②林… ③李… Ⅲ. ①丝绸之路－民族形式体育－图集 Ⅳ. ①G852.9-64

中国版本图书馆 CIP 数据核字(2017)第 006326 号

丝绸之路岁时节日民俗体育图录

李小唐　林春　李重申　著

出 版 人　王永生
责任编辑　金海峰　何佩佩
封面设计　魏　婕

出　版　甘肃教育出版社
社　址　兰州市读者大道 568 号　730030
网　址　www.gseph.cn　　E-mail　gseph@duzhe.cn
电　话　0931-8773136（编辑部）　0931-8773056（发行部）
传　真　0931-8773255
淘宝官方旗舰店　http://shop111038270.taobao.com

发　行　甘肃教育出版社　　印　刷　兰州人民印刷厂
开　本　889 毫米×1194 毫米　1/16　印　张　21　插　页　4　字　数　400　千
版　次　2017 年 7 月第 1 版
印　次　2017 年 7 月第 1 次印刷
印　数　1~1 000
书　号　ISBN 978-7-5423-4097-9　　定　价　180.00 元

目　录

前　言

“岁时”始于上古时期，直至秦、汉前期仍然传承着自然时序。随着人们对天文历法知识的认识及阴阳五行思想观念深入社会，致使历法时间被赋予神秘色彩，岁时、月讳、日禁等时间祭祀、时间禁忌成为中国古代社会的时间标志体系。而节日源于季节气候，与天气运行、万物生长有关，寄托着人们对生命的感悟，是天地神人沟通的时刻。人们通过狂欢来释放自己的心理欲求，传统民俗体育也得到丰富和发展。丝绸之路是直通欧亚大陆的交通要道，也是华夏文明和印度、希腊、伊斯兰文明交汇的文化亮点。丝绸之路上聚居着汉、藏、回鹘、印度、波斯、粟特、朝鲜及康、何、安、石、曹等昭武九姓等移民，商业贸易繁荣，官学和私学并存，儒学及佛、道、祆、摩尼、景教等各种宗教兼容，岁时节日活动频繁，为民俗体育提供了发展的契机，创造了门类齐全、内容丰富多彩并带有鲜明的自发、自娱、自主特征的群体游戏、娱乐、竞技和休闲方式，其往往由民间结社自筹经费举办，衙府、寺院、学校大力支持，具有广泛的民众性。

中国文化历来讲究器以载道，物以承文。丝绸之路体育文物凝固了历史变迁的

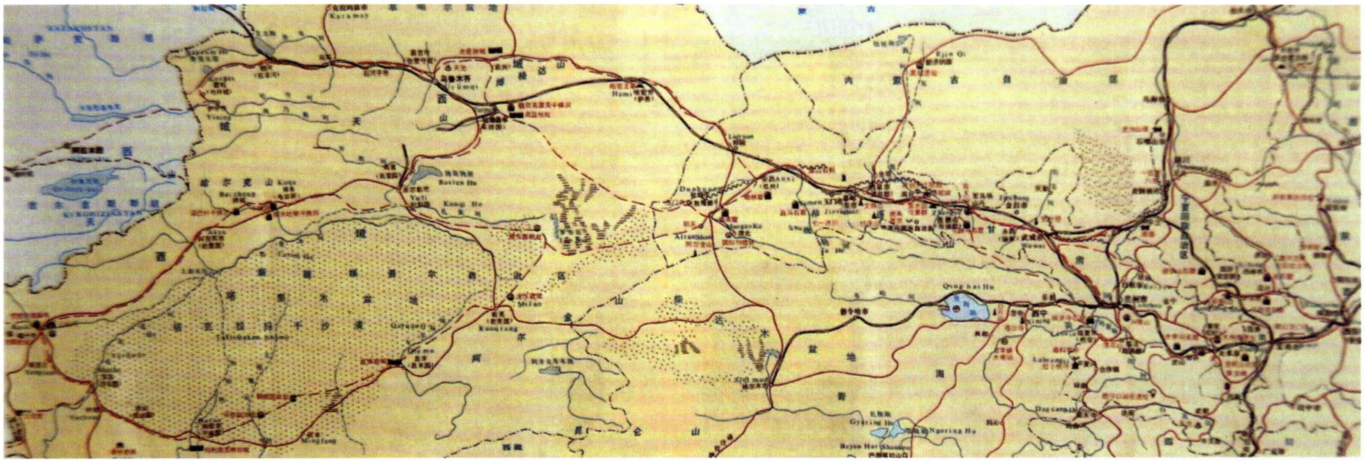

图1　丝绸之路地图

足迹，折射出人类进步的历程，承载着世界各国和各民族精神文明发展的轨迹，反映了各种优秀文化的相互影响与融合。而研究丝绸之路所发现的古代体育文物和文献，也是当今丝绸之路文化研究中的新潮流。尤其是丝绸之路的岁时节日习俗，作为当时社会的生活相、文化遗产的生活场、文化模式的生活流，以气魄恢宏的历史内涵，海纳百川的文化气度灌溉了民俗体育之花。民俗体育在历代岁时节日民俗的涵茹浸润之中，更是呈现出独特的地域和时代风采。20世纪初，敦煌藏经洞出土了5万余卷文献，吐鲁番也出土了大量文献，这些也为我们正确理解当时岁时节日民俗体育中事物的形态提供了可靠的资料。可以说，丝绸之路所发现的文献资料以其相对较强的原始性、系统性和形象性，为丝绸之路岁时节日民俗体育的研究提供了大批宝贵的资料，帮助我们解决了许多原来模糊不清的问题，填补了一些史籍资料缺乏而带来的研究空白。还有岩画、陶罐、青铜器、墓葬砖画、墓葬俑、汉简、帛书、绢画和石窟壁画等大量出土文物，也为文化和考古研究提供了新的视角，形成了敦煌学、吐鲁番学、简牍学、长城学、藏学这几门国际显学。这是丝绸之路悠久历史的精华和亮点所在，是丝绸之路各族人民的骄傲。而丝绸之路体育文物和文献的出土为研究体育的萌发、体育的起源、岁时节日与民俗体育、体育的传播与交流，同样开辟了广阔的研究空间，也为深入探求体育的人文意蕴提供了新的内容、新的思维、新的观照、新的方法。

我们有幸应邀参加了2015年8月在山东济南举行的第22届国际历史科学大会。会上习近平总书记发来贺信，祝贺大会的召开，并阐述了许多新的思想，听后令人振奋、备受鼓舞。总书记不仅深刻地阐释了历史研究的价值，还辩证地指出了历史、现实和未来之间的关系，指出了“历史研究是一切社会科学的基础”。充分体现了党和国家对于历史和史学研究的高度重视，为历史研究指明了方向。这对于我们来讲，可谓任重道远。我们应自觉地将丝绸之路历史上民众的日常生活，尤其是岁时节日民俗体育的研究成果注入“人性化”意义，并不断地介绍给世界，增加与世界各国的相互了解，从而真正将党中央提出的“一带一路”发展战略落到实处。

本课题把丝绸之路岁时节日民俗体育视为社会史、生活史研究的重要组成部分。我们通过考察调查特定地域环境、特定时空条件下古人对岁时节日认识的同时，对丝绸之路岁时节日民俗体育所展示娇妍多姿的风采和摇曳多姿的情韵进行巡礼阐释，或从中撷取一些经典的古人游戏、娱乐与竞技场景，透视古人的生活，在一种感性的了解中收获理性的认知，在那些古籍文献和考古出土的文物里，圆一个很少能在我们现实里实现的梦！

通过对丝绸之路上分布的石窟壁画、墓葬壁画和砖画及帛画、考古出土的铜镜纹饰中所表现出的岁时民俗体育的搜集整理，使我们看到许多掩埋在地下的实物，并运用文化学的方法，将图像资料转到文化的阐释，尤其是图像的直觉呈现，更接近于人类心理的“原发过程”，更接近于表现丝绸之路各民族的集体无意识。因为历史文献用文字表述岁时节日的民俗体育太抽象，而图像描绘的是一种形态，折射着人们从感觉到观念，由观念形成理论的过程。破译视觉图像中的文化基因，无疑是了解岁时节日民俗体育的另一有效途径，并有拾遗补阙的作用。因此，本课题研究选择以图像为研究岁时节日民俗体育表现的媒介，并将图像学研究方法引入，作为有效工具，考证和阐释图像内容，做到图像学阐释图像的要求，达到以图证史的目的。

民俗学乃至历史研究，称民俗学为一种揭示历史的学问。但是，民俗学和历史学是不同的，它是一种以当下人们的行为方式为资料揭示历史的学问。揭示历史是民俗学的目的所在。因此，我们对历代古籍文献和敦煌、吐鲁番文献进行释读，从中找出有关岁时节日民俗体育的内容，以文释图。运用古籍文献和敦煌、吐鲁番文献的结合法，通过图像、史籍、著述的相互印证，达到“三重证据法”之效，实现研究的图文并茂。

本研究的撰写还结合了田野作业的成果。2005年，国务院发布了《关于加强我国非物质文化遗产保护工作的意见》，提出了保护非物质文化遗产的具体措施。由此民俗体育也就成了受到政府保护的“公共文化”，从而也提高了民俗体育的地位，进而促进了民俗体育的发展。为了更好地把握对岁时节日的各类民俗体育活动

图2　张骞出使西域

甘肃敦煌莫高窟第323窟北壁壁画 西汉（公元前2世纪）张骞出使西域，开辟了著名的“丝绸之路” 初唐

图3　陕西西安大雁塔

唐永徽三年（652年）　建于陕西西安南郊

图4　麦积山全景

甘肃天水

的认识和理解，我们曾经到陕西的渭南、韩城、乾县、西安等地，甘肃的天水、兰州、武威、张掖、酒泉、敦煌，宁夏的银川、固原，青海的西宁，新疆的乌鲁木齐、吐鲁番等地区实地考察和访问活动。这些田野作业的成果对于甄别民俗中的体育资料有较大的启发，同时也对了解和认识古代丝绸之路民众的生活和思想感情及审美情趣也有较大的帮助。岁时节日是人类文化的重要组成部分。一个民族的历法，反映了这个民族在一定历史时期对宇宙天体认识的水平；而节令，除了与天文气象卫生保健等有联系之外，还包含着不同历史时期丝绸之路各族人民的生活状况、娱乐竞技需求、健康长寿的盼望、审美情趣和宗教信仰。从岁时和节令里，可以使人们窥到古代丝绸之路的春夏秋冬，戈壁沙漠、草原绿洲、冰山雪地，伴着人与自然、人与环境、人与生存的融合，顺应天地四时的自然生命节律向你走来。走进这个世界，踏歌、射柳、斗草、踏青、风筝、蹴鞠、马球、博弈、秋千、竞渡、登高……再现了丝绸之路各民族按照自己的审美要求和娱乐情趣，改造和创造出丰富多彩的民俗体育生活。

丝绸之路上各类民俗体育活动展现出人们狂欢精神和其后面隐约闪烁的关爱人生、热爱生活、珍惜生命、和谐意识和天人合一的精神。可以说，岁时节日是人们日常生活一次又一次的超越，是生活、游

图5　嘉峪关

范宏伟 摄

图6　炳灵寺石窟

甘肃永靖

图7　榆林窟

甘肃瓜州

图8　甘肃莫高窟全景

范宏伟 摄

图9　月牙泉

甘肃敦煌 王玫 摄

图10　汉长城

甘肃敦煌 范宏伟 摄

图11　汉长城遗址

甘肃敦煌

图12　阳关遗址

甘肃敦煌

图13　玉门关遗址

甘肃酒泉

图14　交河故城

新疆吐鲁番

图15　高昌故城

新疆

图16　克孜尔石窟外景

新疆

牧、祭祀、社交、婚嫁、宴饮、丧葬、音乐、舞蹈、体育等民俗事象集中展示的舞台，也是人们精神的聚焦和愿望的表达，不仅在当时为人们提供了一定的精神寄托，也为中华民俗文化发展史研究留下了一笔丰富的资料。透视丝绸之路各民族岁时节日民俗体育的真实状况，有助于我们从一个全面的视角去认识丝绸之路各民族的传统体育文化，启发我们去思考传统体育与现代体育的关系，唤起在极端物质化的现代社会的人们对传统文化和民俗体育的热情。国家“一带一路”发展战略的提出，增强了我们做好“丝绸之路岁时节日民俗体育”这一课题的信心，让人们进一步了解中国的传统文化，对“一带一路”沿线遗存的民俗体育文化遗产进行系统的挖掘、整合，使之能够有效地为推进丝绸之路的文化传播和发展及“一带一路”的建设产生重要影响。

本书作为运用图文互证方法的一种尝试，既有成熟研究的思考，也不乏浅尝辄止的言谈，同时用图像作为民俗体育史研究文献中缺逸的新材料，这也是发现“古风雅意”的不二法门。上述想法，是我们撰写本书的一些想法，如有不妥，只是我们悟性不够，尚祈鉴宥。

图17 课题组成员在陕西乾陵考察

一

岁时节日与民俗体育概述

（一）岁时溯源

中国古人的岁时观念源于先祖们的谋生活动与生活感受。据文字专家考证，“岁”是上古的一种斧类砍削工具，卜辞中将杀牲称为“岁”。更重要的是，“岁”还是一种收获农作物的工具。当时是一年一熟制，每年才收获一次。收获之后，人们要杀牲祭神，“岁”成为一种祭祀名称。这种每年一度的丰收祭祀庆祝活动，将自然时间分成了不同的时间段落。因此，岁收之“岁”与岁祭之“岁”就逐渐成为特定的时间段落标记。

随着时间的变迁，古人在长期的生产生活之中发现“岁”源自于岁星（即木星）。认为岁年周期与木星运动有着对应关系。《左传·襄公二十八年》：“岁在星纪。”注：“岁，岁星也。”木星在天体上十二年运行一周，这一周的里程分十二等分，称为星次，木星每年行走一个星次，由此木星被称为岁星。岁是两个冬至之间的时间长度，共365日。其实，岁也是现代天文学的回归年，是阳历年分。而年以月亮圆缺的次数为基础，即通常所指的阴历。“岁”由具体活动上升为历法意义的周而复始的年度时间概念，并采用阴阳合历的办法，以闰月的方式协调月份与季节的关系，《尚书·尧典》：“以闰月定四时，成岁。”并已有仲春、仲夏、仲秋、仲冬岁时划分的记载。古人还将丰年称之为“富岁”；收获多的年份，称之为“多岁”；歉收之年，称“败岁”；荒年，称“凶岁”。

时，指自然季节。《尚书·尧典》：“敬授人时。”时也泛指光阴、岁月。古人很早就有“时”的感受，甲骨文中已出现了“时”字。《说文》：“时，四时也。从日，寺声。”时从日，说明时的变化与日有关。这也意味着古人对太阳的运转与季节的变换关系早有认识。当时，古人对节候之“时”的划分还较为简略，开始只有春秋二时，之后又分为春、夏、秋三时。

《左传·桓公六年》:"谓其三时不害，而民和年丰也。"春、秋二时的产生，与古人的谋生活动及气候的寒来暑往变化有关。尤其是农作物的春种秋收，强化了人们的时季观念。而四时，春、夏、秋、冬的出现约在商周时期，它与四方的空间方位有着内在的关联。通过空间的物候变化，把握时间的自然流动，这是上古岁时发生的重要途径。《论语·阳货》:"四时行焉。"《礼记·孔子闲居》:"天有四时，春、秋、冬、夏。"又，古代一日分四时：朝、昼、夕、夜。《左传·昭公元年》:"君子有四时：朝以听政，昼以访问，夕以修令，夜以安身。"

从岁与时的原义来看，它们都是古人在生产生活经验中逐渐形成的时间观念。岁是年度周期，时是年度的季节段落，岁与时的结合，构成中国古代社会的时间标志体系。总之，在中国传统的岁时观念中，岁时包含着自然的时间过程与人们对应自然时间所进行的种种时序性的人文活动。因此，岁时既具有自然属性又具有人文属性。

（二）岁时的文化特征

自然性是岁时最根本的文化特征。岁时是人们为适应自然时序而进行的主动的文化创造，是对自然活动规律的初步认识。也是古人对时间的感受以及对时间进行切分操作的人文符号，它是依据自然变化的规律提炼出来的时间系统。

1. 岁时的节气特征

上古时期，先祖主要生活在自然状态中，他们对季节气候的变化十分敏感。季节气候的变化是最直观的时间流转标志，风霜雨雪、草木荣枯、飞鸟往来、虫鱼律动等气候、物候的间隔重复的周期性出现，使人们逐渐意识到时间的段落，并且认识到这种时间是循环的可以预期的。在观察自然物候变化的经验基础上，人们注意到天象与气候物候之间的对应关系，寻觅到世间万物时序变化的根源，从而产生了时令意识和时节的划分方法，并根据太阳在黄道上的位置（黄经）变化和地面气候演变次序，将全年划分为二十四节气，它主要反映出我国的自然季节的特征。（表1）

早在殷商时期，人们就已开始划分节气。《尚书·尧典》载："日中星鸟，以殷仲春；日永星火，以正仲夏；宵中星虚，以殷仲秋；日短星昴，以正仲冬。"日中、日永、宵中、日短就表示春分、夏至、秋分、冬至四气。汉代之后，二十四节气成为标准的自然时间。二十四节气从立春开始，接着雨水、惊蛰、春分、清明、谷雨、立夏、小满、芒种、夏至、小暑、大暑、立秋、处暑、白露、秋分、寒露、霜降、立冬、小雪、大雪、冬至、小寒、大寒。二十四节气的形成经历了一个漫长的过程，由春秋二时到春夏秋冬四时，再到八节，最后形成完整、系统的二十四节气。可以说，二十四节气是中国民众几千年来苦心探索和积累的文化智慧。它的产生为农业生产提供了切实有效的气象服务，中

表1

春季	节气名	立春 （正月节）	雨水 （正月中）	惊蛰 （二月节）	春分 （二月中）	清明 （三月节）	谷雨 （三月中）
	节气日期	2月4或5日	2月19 或20日	3月5 或6日	3月20 或21日	4月4 或5日	4月20 或21日
	太阳到达黄经	315°	330°	345°	0°	15°	30°
夏季	节气名	立夏 （四月节）	小满 （四月中）	芒种 （五月节）	夏至 （五月中）	小暑 （六月节）	大暑 （六月中）
	节气日期	5月5 或6日	5月21 或22日	6月5 或6日	6月21 或22日	7月7 或8日	7月23 或24日
	太阳到达黄经	45°	60°	75°	90°	105°	120°
秋季	节气名	立秋 （七月节）	处暑 （七月中）	白露 （八月节）	秋分 （八月中）	寒露 （九月节）	霜降 （九月中）
	节气日期	8月7 或8日	8月23 或24日	9月7 或8日	9月23 或24日	10月8 或9日	10月23 或24日
	太阳到达黄经	135°	150°	165°	180°	195°	210°
冬季	节气名	立冬 （十月节）	小雪 （十月中）	大雪 （十一月节）	冬至 （十一月中）	小寒 （十二月节）	大寒 （十二月中）
	节气日期	11月7 或8日	11月22 或23日	12月7 或8日	12月21 或22日	1月5 或6日	1月20 或21日
	太阳到达黄经	225°	240°	255°	270°	285°	300°

国农业的兴盛发达与二十四节气文化体系的建立有着直接的关系。二十四节气不仅是农事活动的指南，在古代社会它还是祭祀日与民众娱乐、体育生活的时间点。

2. 岁时的文化特征

上古时期，人们将岁时视为神秘的节点，认为四时有如生命机体，有生、长、衰老的演变过程。由此人们逐渐形成应对自然变化，调适社会生活的岁时节令民俗。当时人们采取种种祭祀活动以愉悦天神，襄助人事。从上古三代到秦汉之间，原始的岁时观念在春秋战国阴阳五行思想的浸润下，其宗教的神秘解释更加理性，其具体活动内容也走向系统规范。并在天文历法的指引下，时序得到整饬，传统的岁时祭祀被整齐地编排在四时月令之中。人事严格对应天时、四时八节的祭祀活动，依据日、星的位置、神灵的属性、物候情况、音律时数等安排相应的服色、居室、饮食、娱乐及祭祀仪式。《吕氏春秋·十二纪》《礼记·月令》都记述了各样的时令安排。自20世纪80年代以来，在考古发掘中出土了战国秦汉日书十批之多。如湖北云梦睡虎地秦简《日书》、甘肃天水放马滩秦简《日书》、甘肃武威磨嘴子汉简《日书》等都记录了民众日常时间的生活状态，以及民众选择行事的良辰吉日、避忌恶日凶日的时间，还有五谷栽培、树木种植、沐浴、婚嫁、登高、出行等。从中不仅可能寻绎出古人的时间观念，同时对秦汉时期岁时节日的文化特征研究也提供了重要的线索。在这里尤其要提到的是在东汉时期，历史的积淀已在节日风俗中呈现出来，表现在对一些历史人物的祭奠代替了原来某些原始崇拜活动的内容，成了节日的主宰，如后稷、屈原、介子推、伍子胥、钟馗、尉迟恭等，皆由人得道成神，受到人们的崇拜。另外，风俗本身在发展过程中，一些风俗上升成礼俗，一些礼俗演变为风俗，不少风俗和礼俗融为一体，并逐渐成为影响后世民众生活的民俗俗规。

汉魏时期的岁时节日随着战乱和社会变革，开始与节气时令系统分离，初步形成了以社会生活节奏为主体的具有人文属性的时间系列。由于传统的禁忌日转变为民俗良日，这种时间意识的变化，为促成节庆民俗的发生创造了契机。由此，节日祭祀与节日休息得以产生。祭礼活动需要公众参与，而时间空闲又是节日祭祀活动顺利开展的时间保证。于是形成了正腊日的斋戒、静处。伏日闭门休息“不干他事”。冬至前后“君子安身静体，百官绝事”。社日、上巳、重阳都有斋戒或出外避忌的节日要求。人们以春游、踏青、野游、登山放松身心，调节休息佳日。

节日饮食与节日娱乐、竞技也是汉魏节日民俗的重要内容。如宴享宾朋，曲水流觞，雅兴酒令，诗酒风流，投壶博弈，歌舞百戏，游宴射箭等往往以宴饮的方式体现。这也说明，岁时节日是中国民众一个定期的物质与精神的补充，同时也是培养感情的重要纽带。除了宴饮之乐，人们还利用岁时节日，开展丰富多彩的游戏、娱乐、竞技、休闲与养生活动，使有限的生活空间显得更加精彩。不难看出，汉魏时期的岁时已不再是单一的时间节点，而是人们休息娱乐的时间驿站，传统的禁忌日逐渐演变成为独立于节气系统之外的岁时节庆之日，如上巳为“流杯曲水之饮”；寒食有秋千、蹴鞠之戏；五月端午竞渡、斗百草；七夕穿针乞巧；九月重阳登高。形成了祭礼与娱乐共举的节日，娱神与娱人结合，民俗体育也因之有了形成和发展的契机。

隋唐至宋，岁时节日完全从原来的禁忌、迷信、祓禊、禳除的神秘转变为娱乐、礼仪的形式展现，成为真正的“佳节良辰”。尤其是唐代从“贞观之治”到“开元盛世”，经济繁荣，文化昌盛，民众生活相对稳定，给社会风俗的演变提供了历史条件。因此，表现在岁时节日风俗上的一个显著特点就是向娱乐型、体育型演变。节日变得越来越欢快愉悦，风俗生活内容也变得丰富多彩。大量的民俗体育项目在唐代的岁时节日里得以盛行和发展，如秋千、风筝、竹马、蹴鞠、马球、步打球、骡鞠、拔河、射箭、游猎、斗草、斗鸡、斗虫、斗兽、博弈、相扑、顶竿、筋斗、竞渡、游泳、马伎、舞蹈、养生等等，形式多样。不同时节的活动内容也各异，一些具有竞技特征的民俗体育项目，在争、胜、赢的驱使下，规则得到了进一步的完善，竞技性更为突出，甚至出现了“教坊”，专门培养从事体育、杂艺音乐和舞蹈的人才。

宋代，由于徽宗、钦宗荒淫奢侈无度，岁时节日的娱乐性和民俗体育性得到迅猛发展，不仅出现了专业性的体育社团组织，而且还建立了专供竞赛和表演的瓦肆、勾栏、场馆。这些可以从孟元老的《东京梦华录》、吴自牧的《梦粱录》、陈元靓的《岁时广记》等文献中得以印证。文献通过民间的视角记录了逝去的宋代节日的文化内涵，具体生动地展示了时人真实的心路历程，最真实的生存状态和鲜活的生活风貌。

元至明清，岁时节日风俗历经千余年的演绎，其节日习俗的历史与文化更加深厚，更加深入人心，并出现了上层统治者及文人士大夫阶层的复古风。而民众却淡化了一些节日风俗，更加注重和讲究节日的游艺性、礼仪性、应酬性。时人健康乐观的生活观和节日感促成了人生的幸福感、成就感，从而使岁时节日有了一种自然、鲜活、充满生活情趣之美。

中国的岁时节日风俗同中国历史一样源渊流长，连绵不断，在历史发展中，被打上鲜明的历史烙印。我国自古以来以农为本，以农立国。我们的先祖在长期的生活实践中，怀着强烈的求知欲和宏伟的气魄，不断探索着天体的季节变化和气候变化。由于人们对土地丰收寄予很大的愿望，所以产生出许多祈祷丰收的仪式，并逐步演变成节日风俗。许多历史人物被赋予永恒的生命而进入节日，同时历史人物也给节日赋予了新的意义。如屈原、介子推、钟馗、关公等都是历史人物，他们先后进入节日被作为纪念对象，使节日产生了深沉的历史感。许多文人雅士的节日活动被人们传诵，形成掌故，演化成风俗，广泛流传。如陶潜赏菊之类文人雅事，给节日增添了不少花絮。更有许多文人谱写了脍炙人口的文学作品，使节日更有雅趣。如汉赋、唐诗、宋词、元曲、敦煌词曲等。节日风俗还集中反映了传统的伦理观念和道德观念，广泛推崇忠孝仁义之道，天地君师亲，等等，宣扬人性化的社会准则。节日还与神灵崇拜相伴随，如巫术、禁忌、敬神、驱邪及祈求降赐吉祥等。这说明，拜天敬神的宗教意识，已渗入到人们生活之中。更为重要的是中国源远流长的悠久历史决定了岁时节日的内聚力和包容性。在节日里，无论是皇帝贵戚、文人雅士还是庶民百姓，无不同日而庆。节日风俗如同黏合剂黏合着中华民族，充分表现出传统文化的内聚力和亲和力。在民族发展融合的过程中，各民族的节日风俗也互相渗透、影响、吸收、融合。以汉民族为主的主要岁时节日，如年节、清明、端午、七夕、中秋、重阳等在古代各民族中普遍流行。一些民众喜爱的节日民俗体育活动诸如踏青、春游、蹴鞠、马球、秋千、马伎、摔跤、博弈等已成为各民族共同喜爱的文化活动，充分体现出节日风俗的广泛包容性。

岁时节日是古人创造的无与伦比的灿烂文化和博大久远的中华民族传统，它逼真地再现了传统中国人的生活百态、思想感情、审美观念和宗教信仰，体现了时间的循环和传统的反复，象征着生命的继承和绵延，反映了古人在一定时期对宇宙的认识水平，从而使今天的人们可以窥到历代文化各个层面上的信息。

二

民俗体育概述

（一）民俗体育源流

我国是一个拥有悠久民俗发展历史的国家，也是一个有着丰富民俗体育的国家。正如我国的民俗学者钟敬文先生所述："中国是一个文明古国，也是一个民俗大国。很早就有了采风问俗的传统，同时，有关民俗的记载和整理工作在古代也有着显著的体现。从《诗经·国风》、诸子百家之言到西汉史书都有民俗的见解与民俗的记述，此后2000年间，无论是理论的民俗学，还是记录的民俗学，在学术上都有很多积累，这种历代传统的民俗记录和民俗的解释方式，本身就构成了一个特定的学术传统。"钟敬文先生还认为，民俗学的内容应该包括对民俗事象的理论探索和阐释，对民俗史和民俗学史的研究与叙述，民俗学方法论以及对民俗资料的收集保存等方面的理论与技术的探讨，并将理论民俗学、历史民俗学、记录民俗学视为民俗学结构体系三个重要组成部分。由此对民俗体育的研究，其意义可从历史民俗文献与民俗学、民族体育学、社会学的关系加以探讨。

"民俗"一词在中国古代早已有之。文献《周礼》载："上所化曰风，下所习曰俗。"其中"俗"指的是习俗，俗的传播为"风"，所以"民俗"是风与俗的并称。《说文解字》载："俗，习也。"有关民俗的研究始于18世纪末，并有学者给民俗下了定义。如钟敬文先生提出："民俗学是研究民间风俗、习惯等现象的一门社会科学。"

民俗体育是在历史长河中逐渐形成的。它是社会群体或地域间人类相沿成俗的行为方式和生活方式，从古代文化中走来，是人类社会发展到一定阶段的产物，表现出人类的心理特征、娱乐追求、审美情趣和价值观念。它不仅具有强烈的内聚力和广泛性，而且在不同地区、不同民族中具有不同形式。

1. 民俗体育的文化特征

民俗体育在空间上比竞技体育、民族体育、民间体育更为宽泛。它不仅具有世代相传的特点，而且也是我国非物质文化遗产的重要项目。

（1）民族性

从旧石器时代到秦统一以前的漫长历史时期，是中华民族起源和孕育的漫长过程，其生息繁殖的生存空间主要在亚洲东部，西起帕米尔高原，东到太平洋西岸诸岛，北有广漠，东南是海，西南是山。这个地区在古代居民的概念里是人类得以生息的唯一的一个地理单元，因而称之为天下，又因为四面环海所以称四海之内，它也一直是中华各民族的生存空间。

华夏历经2000余年的民族迁移、交流和融合，逐步形成了56个民族。目前，汉族人口约占中华民族人口的93.3%，其他55个少数民族人口总数约6720余万，占6.7%。内蒙古、贵州、云南、宁夏、广西、青海、新疆、西藏等是少数民族聚居比例较高的地区。其中汉族主要聚居在农业地区，而少数民族主要聚居在高原、山地和草原，他们大部分重视游牧业。

各民族在其产生和发展的过程中形成了民族语言、民族精神、民族性格、民族习惯、民族饮食、民族服饰、民族婚俗等。各民族历经数千年的交流融合，逐步形成了中华民族多元一体的格局。而56个民族又在各自的生活方式以及与社会交往中，构成了民族文化的特征。民俗体育作为民族文化的重要组成部分，必然带有鲜明的民族文化烙印。

（2）传承性

我国历史悠久、地域辽阔、民族众多，民俗体育内容丰富、形态不一，而对民俗体育的传承和表现，从主体、形式到内涵，都离不开人。因此从理论上讲，民俗体育是一种“活态”文化。正是由于民俗体育这一“活态”性特征，使各类民俗体育都有持续不断的传承性，它们往往是在一个地区、一个民族中由杰出的传承人以师傅带徒弟、口传心授等方法得以不断地传承和弘扬。

（3）民俗性

我国民俗体育活动并不是日常的竞技体育比赛和身体锻炼，而是与岁时节庆、宗教信仰、祭祀、赛神和祈福相关的民俗化礼仪，如重阳登高、春季踏青、秋季舞狮、冬季导引等。所以，我国民俗体育大多存在于民俗活动之中。

（4）集体性特征

民俗体育是我国各民族生命存在的一种形式，共同的祭祀祖先、共同的迎神赛社、共同的岁时节庆习俗、共同的游戏方式、共同的娱乐方法、共同的竞技比赛形成了共同的生活空间及生活方式。人们在共同参与之中感受着集体凝聚在一起的力量，产生一种互助互帮合作的精神，民俗体系为形成民族凝聚力起到了积极的作用。

（5）非物质化特征

非物质文化是指无须以物质形式为表现和传承的文化。它们存在于人们口头传说与表述中，存在于各种风俗、节庆、礼仪、健身、娱乐、休闲之中，存在于民俗体育技术技能实践之中。一旦环境改变，传承人去世或民俗体育被异化，某一项非物质文化就将消亡。民俗体育是传统体育之根，民俗体育的传承演绎着轮回，当现代体育推进乏力，乏善可陈时，民俗体育文化遗产也许就是人类可挖掘的最重要的资源了。

2. 民俗体育的社会价值

民俗体育是我国传统文化的重要组成部分，是我国历史的见证和中华文化的重要载体，蕴涵着中华民族特有的精神价值、思维方式和文化意识，体现着中华民族的生命力和创造力。它是各族人民世代相承的民风习俗，是与人们的生活密切相关的各种体育文化的表现形式。它有利于人类的和谐相处和社会的文明发展。

（1）民俗体育与区域经济发展

民俗体育的经济价值十分突出，由于其特殊的文化色彩和文化传承功能深受广大民众的青睐，尤其是在每年的岁时节日，民俗体育的竞赛和表演为岁时节俗增添了不少色彩，吸引着成千上万的国内外宾客，不仅促进了旅游产业的发展，还推动了体育事业的发展。

（2）民俗体育的教育功能

民俗体育的教育功能主要表现在学校教育和社会教育之中，学校教育的体育学科选用了民俗体育的项目作为课程内容，对学生实施传统文化和民俗体育的教育，以提高学生的认知能力和促进身心素质的全面发展。

（3）民俗体育的借鉴作用

研究民俗体育发展史，最主要从文献入手。文献考辨及民俗阐释，不仅可以为我们整理民俗体育内容、民俗思想等提供材料依据，而且更重要的是，我们对相关文献的梳理考证本身，就是对民俗体育史的梳理。围绕岁时节日开展的各种民俗体育的研究，能够为体育史的研究提供更多的借鉴。

（4）民俗体育与社会文明

民俗体育的形成和发展，有其社会、经济、地域环境条件，也有每个历史时期所赋予的适应时代的社会特点，不仅反映人们的思想意念、观念形态和生活方式，而且对社会秩序的建立具有促进作用。

民俗体育本身就是能使每一个人感受、体验的一种社会现象，它在每个历史时期都被作为用来“教化”于民的社会工具，它不仅可以约束人们的行为规范，而且又是一种社会控制力量，从而可以使民俗体育更好地服务于社会，最终推动社会文明的发展。

总之，民俗体育是世界共有的一种文化现象，它不仅能提高人类的生活质量，满足人类需求的愉悦的心态，而且还是传承优秀民俗文化、推动社会文明发展的重要载体。从西汉“凿空”西域以来，丝绸之路得以畅通，中西之间的交流日益繁荣，民俗体育也随之受到西方民俗文化的影响。考古发现，丝绸之路遗存了大量有关民俗体育的痕迹和遗产，这将为深入研究我国民俗体育发展史提供珍贵的资料。

（二）丝绸之路民俗体育的发展

1. 丝绸之路民俗体育的演进

从文化人类学的视角去看，丝绸之路古代民俗体育的出现，首先是某种特定的文化（历史文化、地域文化和宗教文化的总和）的产物；其次，丝绸之路古代体育一出现，便作为一种文化因素汇入特定的文化结构之中；再次，作为人类文化的一个分支，丝绸之路民俗体育具备了与其他人类文化分支大致接近的文化特质，即对于特定的自然和社会环境的一定适应性，作为一个文化分支与特定文化圈的整合性，随着外在环境的文化而做出反应的变迁性。把丝绸之路古代民俗体育作为一种文化现象，放到民族文化整体中加以考察，我们看到，丝绸之路古代体育的发展历史，远非单一、平面的观照所能把握。它不仅是多元的，而且历经了数千年的缓慢而悠久的发展过程。

丝绸之路古代民俗体育具有明显的经济、地域、环境、文化、民族等特征，它不同于中原地区的体育观念，其形态具有丝绸之路各民族的“尚武”民族精神的品格。

从经济状况看，丝绸之路是多民族地区，他们的生存方式是以游牧为主，沙漠、戈壁是他们栖息的故土。他们逐水草而居，以射猎为生，这一切决定了丝绸之路各民族勇悍刚烈的性格特征，也体现了游牧经济的特点。

从地理环境看，连绵的秦岭、祁连山脉、昆仑山脉、天山山脉、沙漠、戈壁，气候寒冷干旱，常常有沙尘风暴，地理条件恶劣，自然资源极为匮乏。如此恶劣的地理环境和严酷的气候条件，催生了各民族顽强、坚忍性格的形成。

从文化价值观看，丝绸之路各民族的文化，与中原儒家文化的价值观不尽相同。从儒家观念出发，一些正史作者认为少数民族重视个体利益，轻视礼仪，认为与儒家的仁、义、礼、孝等要义相悖，这种观点显然失之偏颇，丝绸之路的体育文化即是明证。

丝绸之路独特的地理环境、经济结构和价值观念等所形成的一种文化特征，构成了丝绸之路各民族生存所需求的各类欢娱项目。其中有高雅欢娱、低俗欢娱，有精神欢娱、肉体欢娱等分类；有节日、休闲、饮食、服饰、肌肤、健身、养生、修持、游宴、游戏、竞技、娱乐、嬉耍、审美、伦理等内容；有民间欢娱和贵族欢娱，有群体欢娱和个体欢娱，有乡村欢娱和城市欢娱，有男性欢娱和女性欢娱之别。

随着人类社会的演进，以“祭神”为出发点的“民俗体育”逐渐蜕变为对自身力量的赞美和集体的欢娱。与其说是人们在“娱神”，不如说他们在“娱己”。于是这种“令人快乐”的“娱神”活动变成人们年复一年的期盼。这种“期盼”已经超出了人的生存需要的范畴而进入了精神享受的范畴。正是在对自身力量的欣赏和愉悦的体验中，人类活动的目的和动机开始了从外在的“娱神”目的向“自娱”的或以“自身为目的”的根本性的改变。人的需要结构由此发生了重大的变化，在物质生存需要的基础上，产生了一种非物质的或“超功利”的、以展现和欣赏人的智慧和力量为目的的新的需要。这种不同于“平常生活”的体育或“欢娱”的体验驱使着人们重复着这种“令人快乐”的活动，体育因而从“劳动”或“实用生活”的“母体”中脱胎而出，开始了独立于“劳动”或“实用生活”的文化发展历程。由此，人类也开始了在民俗体育中进一步创造自身文化的历史。可以说，节日也是丝绸之路各民族文化的重要载体，它对民俗体育的发展促进作用绝不可低估。

2. 丝绸之路宗教对民俗体育的影响

丝绸之路岁时节日民俗体育的初始形态是与宗教礼仪分不开的，它不仅成为历史主体生活的一部分，而且主导着当时人们的民俗生活。尤其是在秦汉以后人文节日渐趋凸显，岁时因素逐渐隐晦，部分礼仪制度演变为影响后世民众生活的民俗俗规，突出了宗教祭祀、人际交往与游艺娱乐的内容。岁时节日民俗的仪式与规模变得隆重，如赛社、赛祆、赛天王、燃灯、祭社、网鹰、苏幕遮、驱傩、宴饮、行像、赛金鞍山神、祭雨师、赛驼马神、盂兰盆节、印沙佛会、道场、乞麻、数九、结坛、跳钟馗等。岁时节日所展开的各种仪式活动，无疑是远古时代图腾崇拜的遗迹。图腾崇拜的全民性、礼仪性和欢娱性，成为民俗活动的主要特征。它也是各种表演技艺各逞其技的盛典。因为，人类本能的心理需要和体育模仿与宗教仪式混合，产生了礼仪化的宗教竞技、审美等活动。随着时间的推移，宗教色彩逐渐淡化，娱神目的逐渐隐退，而世俗色彩相应增强，娱人目的逐渐凸现，直至体育的竞技和审美从宗教活动中破茧而出，成为独立的竞技和表演形式，即使它有深远的宗教渊源，还是被人们渐渐遗忘了。这就是丝绸之路民俗体育发展的过程。数千年来，民俗体育以其欢娱全民的精神而生生不息，其影响所及，往往使得人们整个身心都浸润其中而乐此不疲。

古代体育与宗教的关系主要体现在各种形式的礼仪、社祭之中。其中“社”是先于周而产生的一种古老祭礼，它在先秦礼制中有着重要的地位。由殷商出土的甲骨文卜辞可知，“土”即“社”。“社”的概念正是出自初民对土地的亲情和感激，并由此扩大到对天和神的祈求、对丰收的期望，出现了各种形式的祭祀活动，缘此而演绎出的礼仪、社祭是为了娱神，而娱神则是祈求丰年的手段。社祭逐渐形成了“社火”或“迎神赛社”，它是一种在社区内举行的全民参与的节日狂欢。将角抵、百戏、乐舞等凝聚到一起，以“赛”为内涵，当时称社事为“赛”，称社之集会为“赛会”。“赛”也是赛祷，更是竞争，是个人、群体、乡党、民族及国家荣誉催生的竞争意识，以及为此而展示的竞争方式。这种荣誉感和竞争意识，竞争方式渗透于汉唐时期的射礼、角抵、百戏、蹴鞠、马球、博弈、竞渡等等之中，并在充满民俗特色的迎神赛社中代代相传。

总之，丝绸之路古代民俗体育具有一种竞技和审美文化的特质，显示出人们在其中所获得的种种生活教益，但它绝不只是一种简单的道德教化的工具，不是一种政治的或宗教的喉舌，而更主要的是一种全民的欢娱，民俗体育不仅可以酬神，而且更重要的还在于它可以自娱娱人。在丝绸之路文化传统中，民俗体育已成为一种节日文化，通过民俗体育以营造一种节日祥和、热闹的气氛，还代表着一种社会化的节庆仪式。可以说，民俗体育已成为丝绸之路人们传统的第一娱乐，成为与人们的日常生活密切相关和相互映照的一种最普遍的感性生活的仪式。它来自于人们对日常生活的观照，并且又反过来影响人们的日常生活形态和思维方式。因此，作为一种竞技文化的体育，其意义也许远远超出了其自身，成为丝绸之路民族民间文化传统的具体表征，成为敦煌人竞技、娱乐、健身的一种丰厚的文化价值资源。

（三）“赛社”与民俗体育

“社”的概念源于祖先的生存和生活更多地依赖于天地万物的恩赐，于是就产生了感激之情，产生了神祇鬼魅的幻象，就有了祝祈和祭祀。而所有的祭祀中，又以天和地最受尊崇。应劭《风俗通义·社》载：“社者，土地之主。土地广博不可遍敬，故封土以为社，而祀之，以报功也。”所以说，祭社、祭赛等岁时节日活动为赛社提供了最基本的存在空间，并随着时代和民生而演进、繁长，相继出现了角抵、相扑、百戏、举鼎、棋弈等体育表演和竞赛。如《周礼·地官》载：“若以岁时祭祀州社，则属其民而读法，亦如之。春秋以礼会民，而射于州序。”这里是指每年春秋二季与乡射同时举行。后世又称社事为“赛”，称社之集会为“赛社”。

“赛社”，是古代丝绸之路遍及城乡的民间娱乐活动。其祭祀和敬天酬神的仪式虽始终存在，然究其实质，仍在于娱人，仍在于娱神旗帜下的万民同乐。尤其是一些民俗体育活动并不单纯是岁时节日迎神赛社文化的衍生或共生现象，更不是竞赛依附于宗教活动的弘法宣教角色，而是相对独立、自成体系、特色鲜明，具有普世价值的人本需求与人文关怀。

古代丝绸之路上各地区为了把民俗体育的欢娱活动演变成为一种全民的社会现象，将它逐渐与宗教节日融合，从而给人们提供了喜闻乐见的休闲机会。丝绸之路上的长安、敦煌、新疆等地区每年从正月至十二月均举行各类“赛社”活动。如踏舞与踏青、马伎和赛马、角抵与相扑、蹴鞠与马球、百戏和舞蹈、举重与武术，以及棋弈、养生、登山、竞渡、游泳等等。虽然这些表演不直接关系到体育的主题，但它在风格和意趣上都是接近体育甚至还能从某个角度上去补偿体育。这种热闹非凡的“赛社”正是丝绸之路沿线人们最喜爱的欢娱活动，民俗体育被作为“神圣的”迎神仪式的组成部分而存在。实际上，民俗体育在形成和发展过程中，作为宗教仪式的原型与作为体育的原型，虽然在向竞技演进的过程中具有相对的独立性，但两者之间从未中断过交叉和融合。可以说，民俗体育形成的过程，实际上就是“娱人”的体育与“娱神”的宗教仪礼不断交叉、融合并最终走向统一的过程。正是“赛社”所拥有这种“体育”和“宗教仪礼”的双重原型，决定了体育所具有的双重品性。

丝绸之路古代民俗体育的“娱神”和“娱人”体现着人类精神进程的两个阶段，从“娱神”到“娱人”的转变过程，实际上体现出人的精神和人的世俗生活两个层面的升华。这主要表现为“赛”的成分逐渐增加，“宗教仪礼”的成分逐渐减少，并最终形成一种“人”与“神”共享的娱乐，即后人所说的“角抵、百戏”等。因为，在“赛社”中所表现出的“娱神”和“娱人”的各种活动，虽然不直接关系到体育的主题，但它在风格和意趣上都是接近体育的。事实证明，直到现代“体育”和“宗教仪礼”仍然是体育所具有的双重品性。就是体育的这种双重品性，保持了体育至今尚具有身心的健康发展性、精神性和娱乐性，亦即体育的“健身”“养性”“审美”和“教育”功能。

从丝绸之路古代民俗体育发展史的视角可以发现，体育竞赛与表演总是与重大的岁时节日、庆典紧密相连，成为岁时节日、庆典的主要组成部分。没有体育竞赛与表演参与的岁时节日、庆典，显得如此的苍白和没有吸引力。其实，在这里，人们对体育并不在乎它赛什么、演什么，而更多的是体育具有一种仪式、一种祝福功能，其自身的文化内涵远远大于它的观赏功能。体育作为神圣的仪式的组成部分而存在。“娱神”其目的绝非“自娱”，而是为了死去的人的灵魂归宿、企盼好的天气、身体的健康长寿、病人的康复、不育者能够得子、丰收而感恩诸神。因此，丝绸之路迎神赛社和岁时节日往往都来自于这种祭奠仪式。

丝绸之路古代民俗经“赛社”中的“争”“胜”“赢”的融合，并逐渐形成集竞技性、表演性、游戏性、艺术性和观赏性于一体的综合运动形式。中国传统文化倡导“中庸之道”“己所不欲，勿施于人”“和为贵”；老庄崇尚无欲、无情、无为；孔孟尚礼，用礼制束缚人的真情性；道则崇拜个体，向往个性自由，倡导人们安贫乐道、安息平和、与世无争，这些使丝绸之路古代民俗体育呈现出以宽厚、礼让、平和为特征的价值取向。另外，丝绸之路古代民俗体育没有一种推动全社会参与的政治体制背景，没有极为广泛的认同性，因而，丝绸之路古代民俗体育虽然丰富多彩，但却只能局限在岁时节日和祭祀活动中，它始终没有走向竞技场。

丝绸之路古代“赛社”蕴涵着非常丰富的人文精神，如在相扑表演赛中，选手上场要互相行礼；射箭赛要求形体与道德融为一体。可见，丝绸之路“赛社”中的体育表演和赛事已上升到哲学层面。它不仅是相扑、射箭、棋弈等比赛，而更是包含了一种道德体验在里面，它注重体魄和心性的统一与和谐。这意味着丝绸之路古代就有体育精神，而且要比古希腊“更高、更快、更强”的体育精神更加深刻。

三

丝绸之路各地区岁时节日名目的分类、特征与民俗

（一）丝绸之路岁时节日名目分类

汉唐以雄厚的综合国力被称之为帝国。汉武帝时期开辟了丝绸之路，长安、敦煌、吐鲁番等成为国际性的大都市，并将东西方的交流推进到一个前所未有的崭新阶段。汉唐时期，汉民族和各少数民族之间有着频繁的经济文化交流，尤其是佛、道、儒三教的并存和渗透，神仙思想深入人心，佛教为民众广泛信奉，道教颇受人们的重视。随着岁时节日的发展和演变，节俗生活再现了汉唐人们社会生活中最为绚丽多姿、令人神往的部分，人们带着顺天乐生的节俗心态，共同谱写了“四时佳兴”的旋律，清晰地展现出整个时代的精神气质。尤其是在唐代，节日数量不断增多，每个节日都被人们进行了娱乐性的改造，原有的巫术、禁忌等神秘气氛逐渐消失，娱乐性的色彩迅速增长，民俗体育持续发展，并辉映千古。节日将汉唐以来的世俗生活装扮得多姿多彩，而历代的文人墨客也将节日入诗、入词、入文，并编纂时令书籍。如汉代崔寔的《四民月令》、西晋周处的《风土记》、北魏贾思勰的《齐民要术》、南北朝梁宗懔的《荆楚岁时记》、隋代杜台卿的《玉烛宝典》、唐代欧阳询的《艺文类聚·岁时部》、唐代韩鄂的《岁华纪丽》、唐代孙思邈的《千金月令》、唐代段成式的《酉阳杂俎》、宋代吕原明的《岁时杂记》、宋代陈元靓的《岁时广记》、宋代李昉的《太平御览·时序部》、宋代周密的《乾淳岁时记》《武林旧事》、宋代孟元老的《东京梦华录》、宋代吴自牧的《梦粱录》、南宋佚名氏的《都城纪胜》、宋代金盈之的《醉翁谈录》、宋代陆游的《老学庵笔记》、宋亦名《西湖老人繁胜录》、宋代范致明的《岳阳风土记》、元代费著的《岁华纪丽谱》、明代陆启浤的《北京岁华纪》、明代陶宗仪的《南村辍耕录》、明代田汝成的《西湖游览志》、明代沈榜的《宛署杂记》、明代谢洲的《五杂俎》、明代冯应京的《月令广义》、明代刘侗的《帝京景物略》、清代徐士俊的《月令演》、清代秦嘉谟的《月令粹编》、清代朱彝尊的《日下旧闻》、清代屈大均的《广东新语》、清代陈梦雷的《古今图书集成》、清代潘荣陛的《帝京岁时纪胜》、清代窦光鼐等的《日下旧闻考》、清代顾禄的《清嘉录》、清代富察敦崇的《燕京岁时记》等。敦煌莫高窟第17窟藏经洞出土的文献中也有大量有关当时敦煌地区岁时节日活动的描述。这里列举长安和敦煌地区节日及节俗活动。（见表2、表3）

从表中可以得知，唐代的长安和敦煌地区不仅节日数量众多，节俗活动丰富，引得时人竞相参与。从表2和表3看出涉及的节日有元日、人日、上元、晦日、中和节、二月八日、社日、上巳、寒食、清明、四月八日、端午、伏日、七夕、中元、重阳、冬至、腊日、岁除等。而敦煌文献中所反映出的节日及节俗活动与长安地区还是有所不同，虽然同在一条丝绸之路上，但由于地理环境和气候的差异、生活习俗的不同、民族的不同，地域之间的节日与节俗都带有各自的文化与民族特征。以上对唐代长

长安节日与节俗内容一览表（表2）

节日名称	节俗活动内容
元日	朝会，赐柏叶，拜年，宴会，占岁，放爆竹，食鸡子，吃馄饨
人日	剪朋，赐彩缕人胜，宴饮，登高，食煎饼，吃赤小豆，秧歌，龙灯舞，狮子舞
立春	迎春，宴饮，剪春花，占岁，拔河，高跷，旱船，安塞腰鼓
上元节	出游，放天灯，迎紫姑，耍云朵
耗磨日	饮酒
正月晦日	宴饮，送穷
中和节	酿中和酒，宴饮，赠刀尺
二月八日	沐浴，拔白发
上巳节	出游，宴饮，栽柳，占岁
寒食节	禁火，扫墓，宴饮，出游，踏青，荡秋千，蹴鞠，打马球，斗鸡，吃蒸饼，蹙融
清明节	宴饮，出游，踏青，蹴鞠，斗鸡，斗兽，拔河，荡秋千，打马球
四月八日	开佛牙，造像，求子，除病消灾、斋会，结缘，拜药王
端午节	龙舟竞渡，射柳，马球，赏赐，射粉团，铸新镜，躲午
七夕节	宴饮，穿针乞巧，拜月，造酒
七月十五	设盂兰盆，设百戏
八月十五	宴饮，赏月，歌舞
重阳节	登高，赏菊，插茱萸，宴会歌舞，吃糕，射箭，纵马，围猎，野宴
冬至	献寿
腊日	祭祖，赐腊脂，红雪，紫雪
小岁日	祭社
岁除	守岁，放爆竹，贴春书，画虎头，点灯烛，宴会歌舞
社日	祭社，分肉，宴饮
诞节	献物、赐物、歌舞、杂技、上寿、推恩、绳伎、舞马
降圣节	道家设斋，祭祀

敦煌岁时节日与节俗内容一览表（表3）

岁时节日名称	岁时节俗活动内容
元日（正月）	履端之庆，岁祭，结坛，踏舞，安伞，印沙
上元	燃灯，祭风伯，赛祆，赛金鞍山神，赛天王
中和节	宴饮，赐尺
二月八日	设道场，行像，舞狮，踏舞
寒食、清明	悼念介子推，火禁，踏舞，郊游，上坟，祭屈原，祭雨师，马球，秋千，气球
四月八日	造幡，赛神，马戏，马球，相扑，赛祆，赛金鞍山神
端午	献物致礼，登鸣沙山，佩挂符咒，赛驼马神，雩祀，赐扇
伏日	食汤饼，避三伏，赛马神
七夕	少女祷祝，献供乞巧，盂兰盆节，造花树，设乐舞蹈
仲秋	点天炙，佛事，赛神，网鹰，赛社
重阳	重阳，道场，设宴，踏胡腾舞，赛神，登鸣沙山，茱萸会
下元	一日节，戒火，飨会，下元节，燃灯
冬至	冬至节，拜贺，聚会宴饮，道场供佛，僧人解斋，数九，乞麻，造历日
腊八	腊八节，道场，温室浴僧，燃灯，制药，藏钩，结坛，年终逢福
岁除	跳钟馗，驱傩，舞蹈
社日	祭社稷，马祖之祭，迎神赛社

安与敦煌地区的节日分类只是大致的情况。因为节日的分类，实际上是一件有难度的事情。客观地讲，由于我国历经数千年的朝代更替、社会变迁、宗教的演变发展、经济的发展，等等，节日也随着时代的流变发生了不同程度的变化，不少源远流长的节日及节俗已失去了最初的含义，又产生了新的含义。节日的分类标准也受节日性质和内容的影响。自汉唐以来，节日里往往存在着性质极不相同的习俗活动。节日从无到有或从有到无，节日的内容、性质、功能、理解在社会变迁的影响下不断地发生着变化，这些给节日的分类带来了一定的困难。所以根据节日的变化，制定了一种根据传统和新兴两种标准划分的分类方法。凡从秦汉至明清一直传承下来的节日都是传统节日，而新出现的一些节日将其划分为新兴节日。依此标准进行分类可将自汉唐以来诸多节日作一较清晰的呈现。

（二）丝绸之路岁时节日文化

从中国节日风俗起源、发展、演变的过程中，可以看出在历史长河的每一个阶段，节日风俗都呈现出鲜明的时代特色。千百年来，各个时代不断给节日注入新的内容，保留其文化内涵，同时又不断出现变异。因此，中国岁时节日发展的过程是一个千变万化的过程，随时代推移而转变，因地区不同而有差别，不同的自然环境、不同的民族都有着不同的社会风尚。有的节日风俗活动千年盛行不衰，有的随时代脉搏而兴，顺历史潮流而消亡。

岁时节日也是一定历史阶段社会心理状态的映射，反映出国家、民族、地区的文化因素及生活特点。通过节日风俗也可以反映出它所包含的文化要素。而丝绸之路节日风俗被打上鲜明的农业和游牧文化特色，节日本身就反映出农业和游牧社会的生活规律。我国自古以农为本，以农立国。我们的祖先在长期的农业生产中，怀着强烈的求知欲，不知疲倦地探索着季节变化和气候变化的规律性。许多节日本身就反映了季节和气候的变化。古人对土地丰收寄予很大的期望，所以产生出许多祈祷丰收的仪式，并逐步演变成节日风俗。以后在这众多的节日中，以不同的庆祝方式和纪念仪式来调剂生活，增加乐趣。像“行春之仪”“祭土牛”、祭地神的“社日”，无不具有农业社会的特殊风采，反映出古代农业社会的劳动人民渴望丰收、追求幸福生活的情趣。

丝绸之路的岁时节日风俗又集中反映了传统的伦理观念和道德观念。古代对祭祖祭天十分重视，皇帝有祖庙、社稷坛等；而民间在寺庙及百姓家中皆供有“天地君师亲”牌位。“慎终追远”“尊神事鬼”正是各民族的传统观念。因此，人们在每个节日便以虔诚之心祭祀祖先，以表达对祖先的孝思与怀念。

岁时节日以传统的氏族公社为基础，逐步向家庭或家族节日方向推进。汉唐之时家族兴起，人们开始重视家族内部的交往与联系，家族血缘观念融入岁时生活中。人们依照自然时序安排家族生产生活与岁时节庆，以岁时节日活动凝聚家族家庭。祖先祭祀成为岁时节日的重要内容，人们以家族意识取代传统的公族意识，以血缘族群的力量来保护自己的生活空间的安全，从而使节日具有一种浓得难以化开的追怀与思念故国家园之情。

丝绸之路的岁时节日从先秦萌芽时期，历经汉魏、隋唐、宋元、明清，历来都不乏娱乐的功能。尤其是到了唐代，节日确实成为时人寻欢求乐的时间。人们不分男女、不分老幼、不分阶层、不分城乡，都在参与、观赏甚至创造娱乐活动，享受着节日带来的欢乐。在唐代的每个节日里，我们都能看到人们欢乐的场面。长安是丝绸之路的起始点，是一座古老的文明城市，建城史达3100余年，其中1131年作为周、秦、汉、唐等13个朝代的首都。长安和雅典、开罗、罗马并称为世界四大文明古都。长安经历秦始皇横扫六国、汉击匈奴、大唐帝国贞观之治，成为世界上第一个人口超过百万的繁华大都市。从老子讲经、张骞开辟丝绸之路、玄奘取经释佛到汉唐马球的盛行，古都长安传诵着亘古不变的传奇故事。从距今100多万年的蓝田猿人遗址，6000多年的半坡文化，2000余年的秦始皇兵马俑，到距今1000余年的华清池、大明宫、未央宫、大雁塔、含光殿马球场，再到距今600余年的全世界目前保存最完整的古城墙，无不向世人诉说着这座城的古老和伟大。

岁时节日文化源自长安，萌芽于西周，定型于汉，盛行于唐。岁时节日中丰富的民俗生活是在历史长河中逐渐形成的，丝绸之路岁时节日作为中华传统文化的重要组成部分和表现形态，历久弥新。它以一种潜移默化寓教于乐的形式，展示着丝绸之路各民族的精神世界，表达着人们对理想、智慧与伦理道德的追求与向往。

岁时节日的正月十五，在唐代已成为

“金吾不禁夜，玉漏莫相催”的非常时间。在京城长安，“盛饰灯影之会。金吾弛禁，特许夜。贵游戚属及下隶工贾，无不夜游。车马骈阗，人不得顾。王主之家，马上作乐以相夸竞”。唐朝的不少皇帝、宦官、贵族都积极参与其中，成为上元节节日盛况的制造者和推动者。唐都长安的上元节是繁华欢乐的，东都洛阳、江南扬州，甚至地处边远的凉州之地的上元节，也都在男女老少的热情参与下显得热闹非凡。在洛阳，节日里也不关城门，“薄晚啸游人，车马乱驱尘。月光三五夜，灯焰一重春。烟云迷北阙，箫管识南郊。洛城终不闭，更出小平律”。凉州一带，亦是“灯影连亘数十里，车马骈阗，士女纷委”。另外，丝绸之路上的宁夏、青海、新疆地区是多民族聚居区域，如藏族、蒙古族、回族、满族、裕固族、撒拉族、东乡族、土族、哈萨克族、维吾尔族等45个民族，其人口占全国少数民族总人口的20%。他们也都各自有民族特色的节俗庆典活动，如达斡尔族的阿聂节，即春节，维吾尔族的努鲁斯节，塔吉克族的乞脱乞迪尔节，塔塔尔族的撒班节，哈萨克族的阿肯弹唱会等等（表4、表5）。

在这些节日里，各民族相继开展了棒球、曲棍球、马球、赛马、舞蹈、登高、拔河、摔跤等民俗体育活动。除此之外，社日里，人们“酿酒迎新社”，“箫鼓赛田神”。祭社赛神后，还常常坐饮社酒，直

宁夏回族自治区、青海节日与节俗一览表（表4）

节日名称	节俗活动内容
开斋节	赛马、赛毛驴、蹬棍、方棋、舞龙、扳腕子
古尔邦节	跳坎、赛马、射柳、嘎拉哈
圣纪节	膜拜健身、赶老牛、驯鹰、翻跟斗、打梭儿、采珍珠
望果节	赛马、摔跤、转地头、朵力、
那达慕	赛骆驼、赛马、锅庄、热巴、朵力、押架、赛布鲁、套马、蒙古象棋、马球、锅哇
纳顿	登高、赛马、马术、跑马射箭、锅哇
祭海会盟	赛马、马术、赛牦牛、歌舞
赛马节	射箭、赛马、歌舞、
绕琼	赛马、赛耕牛、角力、拔河、射箭

新疆维吾尔自治区节日与节俗内容一览表（表5）

节日名称	节俗活动内容
肉孜节	斋月、礼仪、马术、舞蹈、马上角力、架鹰打猎、月下赛跑
努鲁孜节	野游、赛马、叼羊、拔河、摔跤、赛歌、猜谜、秋千
祭敖包	歌舞、赛马、摔跤、射箭、马术、斗鸡、九宫棋、方连、达卡
自贡巴哈尔节	赛马、赛牦牛、叼羊、马球、马术、鹰舞
西迁节	野宴、射箭、比武、唱歌、舞蹈
赠花舞会	献牲、民间舞蹈、十二木卡姆曲、维吾尔传统舞蹈
古尔邦节	歌舞、野游、赛马、叼羊、拔河、摔跤、赛歌、猜谜、秋千
达瓦孜	赛马、赛骆驼、叼羊、姑娘追、赛牦牛、打马球、绳伎

到“桑柘影斜春社散，家家扶得醉人归”。这天，女子们也不再做活，同样参与到社日的活动中来，所谓“今朝社日停针线，起向朱缨树下行”。上巳节，正值大地回暖，春意盎然，唐人更是倾城出游，乐而忘归。

汉唐时期的节日娱乐色彩浓厚，还突出表现在大量游戏活动的出现，这在寒食清明节期间表现得尤为突出。有拔河、陀螺、打马球、捶丸、赛马、百戏、角抵、博弈、竞渡、登高、滑沙，等等。蹴鞠、斗鸡、荡秋千、放风筝也都是人们的最爱。在游戏活动中，人们总是快乐地、情绪高昂地表达自己的热情和精神气质，以满足自己的心理需求。

我国自汉唐以来，儒、道、释构成了中国传统文化的主要内容。丝绸之路文化也同样深深打上了儒道释的烙印而呈现出宗教色彩。许多岁时节日的活动，如二月八日、二月十五日、四月八日、七月十五日、十月十五日等，都是僧众与俗众普遍参与的节日。如《魏书》载，焉耆国，“与婆罗门同俗，事天神，并崇信佛法，尤重二月八日、四月八日。是日也，其国咸依释教，斋戒行道焉”。《荆楚岁时记》载，荆楚一带，“二月八日，释氏下生之日，迦文成道之时，信舍之家，建八关斋戒，车轮宝盖，七变八会之灯，平旦执香花绕城一匝，谓之‘行城’”。又据《洛阳伽蓝记》卷“长秋寺”条载，四月初八前几天就开始有庆典活动，而且还有百戏杂技的演出。寺内“作六牙白象负释迦在虚空中。庄严佛事，悉用金玉。工作之异，难可具陈。四月四日，此像常出，辟邪师子，导引其前。吞刀吐火，腾骧一面；彩幢上索，诡谲不常。奇伎异服，冠于都市”。又卷三“景明寺”条载：“时世宗好崇福，四月七日，京师诸像皆来此寺。尚书祠曹录像凡有一千余躯，至八日以次入宣阳门，向阊阖宫前受皇帝散花。于时金花映日，宝盖浮云，幡幢若林，香烟似雾。梵乐法音，聒动天地。百戏腾骧，所在骈比。”这充分体现出当时岁时节日活动中浓厚的宗教意味和文化因素。

秦汉时代，朝廷相继产生了官吏休假制度，一般包括沐假、病假、事假、赐假和节假等几类。据《后汉书·礼仪志》记载：“冬至前后，君子安身静体，百官绝事，不听政，择吉辰而后省事。”可见，汉代在冬至和夏至都是放假的。汉代确立了“五日一休沐”的公休制度，到了唐代，将节日休假纳入官方的公休制度，普遍以节日为法定假日。当时规定休假的民俗岁时节日多达二十七个，假日总共四十七天。如《入唐求法巡礼行记》卷四载：“寒食，从前已来，准式赐七日假。筑台夫每日三千官健，寒食之节，不蒙放出，怨恨把器杖，三千人一时衔声。皇帝惊怕，每人赐三匹绢，放三日假。”这是唐人对节假日放假重视的一个很好的例证。

节假日的设定，对节日的兴盛也产生着重要影响。可见，节日的兴盛有赖于人们对节日习俗的热情和广泛的参与，而大量节假日的出现，使官吏们的私人时间大大增加，使他们有更多的闲暇时间参与到节日的习俗活动中去。正是因为寒食清明放假，寒食期间官吏回乡扫墓才能成风俗，元稹也才能“此日一家同出游”；正是因为三月三日放假，时任江州司马的白居易也才能悠闲地登上长江边上的庾楼并发出“三日欢游辞曲水，二年愁卧在长江。每登高处长相忆，何况兹楼属庾家”的感慨！人们在节假日除了寒春扫墓、春游、走桥、走百病等之外，还有不少人选择了其他的尽欢求乐的方式，并带动了消费的发展。

汉唐时期，政治统一，国富民强，汉武帝于公元前138年和公元前119年先后两次派使臣张骞率领出使团出使西域，促成了东西方文化交流，开辟了中外文化交流的新纪元。尤其是丝绸之路开通后，东西方的文化交流源源不断，西域诸国的优秀文化，如音乐、舞蹈、杂技、体育等，都接二连三地传入中国，使中国人了解到西方的文化，中华文化与西方文化开始融合。两千年后的今天，我们仍然还在这条宽广的丝绸之路上开展着中西文化的交流。

据文献资料记载，隋炀帝曾于大业二年在丝绸之路的古都张掖举办了有世界27国参加的商贸盛会，并进行了百戏、角抵、马术、乐舞等比赛。在唐代，与我们有通商交往的国家多达70余个，仅长安就汇集国内外百万余人，长安是当时的国际大都会，促使中国文化与外来文化广泛交流。

唐代自太宗开始就推行全面对外开放的政策，对于丝绸之路和西域各国的少数民族采取较为平等的态度，所谓“自古皆贵中华，贱夷、狄，朕独爱之如一”。后继诸皇帝基本上沿用了这一方针。不仅如此，政府中还设置鸿胪寺、礼宾院和典客署等机构，专门负责涉外事务。甚至法律中也充分体现了对外来人员的尊重和优待。如《唐律疏仪》就明文规定：“诸化外人，同类自相犯者，各依本俗法。”此外，官方还大量任用外族人担任官职，欢迎西域各国来唐经商、留学、传教，允许异族间通婚。在民间，唐朝人追求外来物品的风气渗透了唐朝社会的各个阶层和日常生活的各个方面。

（三）丝绸之路岁时节日与民俗

在丝绸之路上已出土的文物、文献，遗存的石窟壁画和墓葬壁画中记录了古代人们在岁时节日丰富多彩的社会生活，留下了不可多得的古代民俗体育的实录，丝绸之路各民族按照自己的审美要求和游戏、娱乐与竞技的情趣，改造和创造出内容丰富的体育习俗。反映了古人如痴如狂地参与体育活动中追求“争”“赢”“输”的那种精神和所获得的身心愉悦，彰显出那个时代古人特有主体意识和生命冲动。

（一）元日

元日是一年中的第一天即“岁首”，古人称为“上日”“元日”“朔日”“元正”“正日”“正旦”“正朝”，也有的称为“三元”（岁之元、月之元、日之元）、“三朝”（岁之朝、月之朝、日之朝），后世称为“元旦”。“元”指开始、第一的意思，“旦”指早晨、一天的意思。汉唐以来，上自帝王官宦，下至庶民百姓，无不浸透着年节欢庆的气氛。

新年伊始，万物复苏，古人对祖先祭祀十分看重。他们用丰收的五谷酿成酒来祭祀先祖和神灵，让神灵的恩泽施遍人间。人们还燃放爆竹驱邪逐鬼，并立神荼和郁垒二位神仙，以桃木制成“符”，挂在门上，把厉鬼拒之于门外。《荆楚岁时记》载：“帖画鸡户上，悬苇索于其上插桃符其傍，百鬼畏之。”同时还要举行一种击鼓驱鬼除瘟疫的“傩舞”，借助神灵和巫术来消除凶鬼和瘟疫给人们带来的恐怖与危害。到了魏晋时期，驱傩活动上承汉时习俗，但其内容却有所更新。据《隋书·礼仪志》记载：“南朝齐制每当除夕时，驱傩舞要选10~12岁的侲子240人，其中120人头戴大红巾帻，穿皂衣、执兆鼓；120人穿红袴、执鞭角。”而到了北魏时，驱傩仪式与军事演习结合在一起。《魏书·礼志》记载：“高宗和平三年（462年），借除夕驱傩仪式来耀兵扬武，让步兵列阵于南，骑兵列阵于北，以击鼓鸣钟来节制两军。”在唐代的长安、凉州、敦煌等地，除夕时的傩舞仪式已发展成为傩戏。这是一种“以歌为职、娱神又娱人”的歌舞，朝野都喜闻乐见。《新唐书·礼乐志》及《乐府杂录》都有记载。唐代驱傩显然仍含有浓厚的宗教色彩，但娱乐的成分大大加强了。宫廷驱傩由太常寺来主持，有音乐伴奏，表演时全民都可欣赏。

唐代长安、凉州和敦煌的市民在除夕还有送神风俗。《辇下岁时记》记载：每至年夜，请和尚、道士来看经，并备有水果送神，在灶前贴灶马，把酒糟抹在灶门上叫作“醉司命”，夜里在灶里点一盏灯，称作“照虚耗”。这是一个十分独特的地方风俗。

除夕之夜，合家点灯熬夜，辞旧岁，迎新年，整夜不眠，俗称守岁。唐代守岁的风俗尤其盛行。帝王宫廷在除夕夜守岁，燃檀香篝火，大摆酒宴，极尽豪华奢侈。唐太宗就曾作过《守岁》诗，描绘除夕夜的宫廷生活。诗云：

暮景斜芳殿，年华丽绮宫。
寒辞去冬雪，暖带入春风。
阶馥舒梅素，盘花卷烛红。
共欢新故岁，迎送一宵中。

在那豪华绮丽的宫殿里，年终岁寒，冬雪消融，暖洋洋的宫闱里似乎吹进了和煦的春风，阶下花坛的梅花也吐蕊盛开，清香沁人。花团锦簇的巨大红烛点燃了，君臣欢宴饮酒，喜度良宵，迎新年，辞旧岁，歌舞通宵彻夜。

唐代元日朝会不仅沿袭旧俗，而且礼制规定颇严。百官朝贺时稍有失礼之处，轻则罚俸，重则贬官。像中国历史上有名的书法家柳公权就受过这样的惩罚。唐代元旦不仅要受汉族百官朝贺，而且来自远方的少数民族和附属国的首领及使臣也来奉礼恭贺，以至于驰道冠盖相望，羽旌飞驰；朝堂大殿钟鼓喧天，丝竹震耳。

宋代元日的朝贺之礼俗更为隆重，据《东京梦华录》记载：宋代正旦大朝会就在大庆殿举行。有介胄长大武士四人立于殿角，谓之“镇殿将军”。各国使节入贺正殿。百官皆冠冕朝服，连诸路举人入京朝贺也士服朝班。举人一般都是头戴三梁冠，白袍青缘。诸州官吏朝贺都贡献地方特产。元代蒙人汲取了汉文化，每年元日也举行盛大的朝贺活动，并赐御宴，君臣宴饮同乐。明代朝贺之日，不仅京都的官宦必须参与，连地方官宦也得履行祝贺的仪式。清代元旦的朝贺活动在半夜就开始了。皇帝本人从五更即起祭祀，然后赐宴在乾清宫和元和殿，宴请皇子皇孙、王公贝勒等。

从汉唐直至明清的元日祭祀和朝贺活动中，娱乐活动得到了较大的发展，出现了丰富多彩的游戏和竞技活动，有的升华并形成一种习俗，即民俗体育。如六博、樗蒲、双陆、围棋、象棋、骰子、骨牌、麻将、升官图、藏钩、走索、百戏、骑竹马、打陀螺、踏舞、印沙等。

（二）上元

“上元”即正月十五。古代称夜为“宵”，故此日之夜又称之“元宵”。由于有张灯结彩之俗，故又名之为“灯节”。元宵节的起源，有多种传说，其一种是汉武帝采纳方士缪忌的奏请，从正月十五开始，通宵达旦祭礼“太一”天神。《史记·乐书》载：“汉家常以正月上辛祠（祀）太一甘泉，以昏时夜祠（祀）至明而终。”由于祭在夜间举行，自然要打着火把，所以才形成了这天夜里张灯结彩的习俗。东汉时，佛教传入中国，统治者提倡在上元之夜“燃灯敬佛”，以示虔诚。因此，正月十五夜燃灯的习俗随着佛教文化影响的扩大和道教文化的加入逐渐扩展开来，直至取消宵禁制度。据《事物纪原》载，汉代长安城有执金吾负责宵禁，“晓暝传呼，以禁夜行”，唯有正月十五日夜晚，皇帝特许执金吾弛禁，前后各一日，允许士民踏月观灯。我国古代的史籍、诗歌和笔记小说中对上元节观灯盛况有较多的描写，以张鷟《朝野佥载》卷三中的记载为例，即可窥见一斑：

> 睿宗先天二年正月十五、十六夜，于京师安福门外作灯轮，高二十丈，衣以锦绮，饰以金玉，燃五万盏灯，簇之如花树。宫女千数，衣罗绮，曳锦绣，耀珠翠，施香粉。一花冠，一巾帔皆万钱，装束一妓女皆至三百贯。妙简长安、万年少女妇千余人，衣服、花钗、媚子亦称是，于灯轮下踏歌三日夜，欢乐之极，未始有之。

从以上描述中可以看出，无论是灯轮装饰的华丽，还是燃五万盏灯的壮观，抑或众多女子的盛装参加，都为上元节的观灯盛会营造出一种空前的盛况，上元节俨然是一项全民狂欢的节日。隋炀帝《正月十五日于通衢建灯夜升南楼诗》更是直接点明了上元燃灯与传教的关系：“法轮天上转，梵声天上来。灯树千光照，花焰七枝开。月影凝流水，春风含夜梅。幡动黄金地，钟发琉璃台。”此外，《明皇杂录》逸文中记载：“正月望夜，上与叶法善游西凉州，烛灯十数里，俄顷还而楼下之歌舞未终。”《碧鸡漫志》卷三载：“《明皇杂录》及《仙传拾遗》云：‘明皇用叶法善术，上元夜，自上阳宫往西凉州观灯，以铁如意质酒而还，遣使取之，不诬。’”崔液《上元夜六首》云：“神灯佛火百轮张，刻像图形七宝装。影里如闻金口说，空中似散玉毫光。”张说《十五日夜御前口号踏歌词二首》亦云："帝宫三五戏春台，行雨流风莫妒来。西域灯轮千影合，东华金阙万重开。"由以上资料可见，上元燃灯习俗是受了西域佛教社会燃灯供佛宗教习俗的影响。

上元节观灯作为一个全国性的节日习俗在丝绸之路的长安、凉州、敦煌等地区同样流行，民间甚至有说法认为："元宵灯会，长安第一，敦煌第二。"可见上元灯会在丝绸之路各地区是颇为重要而盛大的岁时活动，在敦煌文献中亦有许多关于敦煌上元节燃灯、观灯热闹场景的记载。如，S.6836《叶净能诗（话）》、S.2832《诸杂斋文范本》中载："十五日，初入三春，新逢十五，灯笼火树，争燃九陌之时；舞席歌筵，大启千灯金之夜。"P.2631《释门文范》也有出现。火树燃着银花，九陌连着灯影，敦煌的上元节是热闹非凡的。

在上元节的庆祝活动中，游戏、娱乐、竞技等也是必不可少的内容，如踏歌、走百病、旱船、寻橦、走索、弄丸、角抵、斗鸡、马伎、拔河、乐舞等。

（三）寒食与清明

寒食与清明是我国农历三月的两个重要节日。寒食节亦称"冷节""龙歌节"等，流行于全国各地，时间约在每年阳历四月五日前后。寒食的形成有两个源头，一是禁止烟火，二是祭奠介子推的习俗。敦煌文献 P.2721《杂抄一卷并序》亦载："寒食断火何谓？昔介子推在覆釜山中，被晋文公所烧，文公收葬，故断火，于今不绝。"由以上记述可知，敦煌的寒食节多是对介子推的纪念。

清明既是节气又是节日。此节与寒食节、踏青节时间相近，庆祝活动也颇近似，因此将寒食并入清明之中，使得清明节由一个单纯的农业节气上升为一个重要的节日。唐代寒食、清明节是有假期的，并且有着明确的规定，据《唐会要》卷八二《休假》载：（开元）二十四年（736）二月十一日，敕："寒食、清明，四日为假。"大历十三年（778）二月十五日，敕："自今已后，寒食通清明，休假五日。"至贞元六年（790）三月九日，敕："寒食、清明，宜准元日节，前后各给三日。"敦煌文献 S.1156《光启三年（887）沙州进奏院状》和 P.2646《新集吉凶书仪上下两卷并序》也记载有敦煌清明节日休假三天。清明节的主要活动是祭祖扫墓、曲水流觞、踏春、踏青、斗花、秋千、风筝、蹴鞠、马球、拔河、斗鸡、击壤等。

（四）社日

由殷商出土的甲骨文卜辞中可以得知，"土"即"社"，是先于周而产生的一种古老祭礼。社的概念源于祖先的生存和生活更多地依赖于天地万物的恩赐，于是就产生了感激之情，产生了神祇与鬼魅的幻象，就有了祈祷和祭祀。而所有的祭祀中，又以天和地最受尊崇。应劭《风俗通义·社神》载："社者，土地之主。土地广博不可遍敬，故封土以为社，而祀之，以报功也。""社日"是我国古代祭祀社神的日子，是全民性的行为活动，它分春社和秋社，在每年的二、八月，春、秋两季举行。其形式有祭祷、祭社、祭赛等岁时节俗活动。而在祭赛等社事活动的娱神娱人的过程中突出了“赛”，并称社之集会为“迎神赛社”。唐代诗人王维曾作诗《凉州郊外游望》，描述了丝绸之路凉州一带热闹非常的赛神活动：

野老才三户，边村少四邻。
婆娑依里社，箫鼓赛田神。
洒酒浇刍狗，焚香拜木人。
女巫纷屡舞，罗袜自生尘。

“赛社”，是古代丝绸之路遍及城乡的民间娱乐活动。其祭祀和敬天酬神的仪式虽始终存在，然究其实质，仍在于娱人，仍在于娱神旗帜下的万民同乐。尤其是一些体育活动并不单纯是岁时节日迎神赛社文化的衍生或共生现象，更不是竞赛依附于宗教活动的弘法宣教角色，而是相对独立、自成体系、特色鲜明，具有普世价值的人本需求与人文关怀。

古代丝绸之路地区为了把体育的欢娱活动演变成为一种全民的社会现象，逐渐与宗教节日融合，从而给人们提供了喜闻乐见的休闲机会。丝绸之路每年从正月至十二月均举行各类“赛社”活动。如，踏舞设乐的风俗，马骑训练和表演，相扑（角抵），百戏，马球比赛，花样举重，以及棋弈、养生、登山、踏青，等等。

（五）端午

端午节，农历五月五日，是仲夏五月的第一个五日。古时“五”“午”通用，所以，又称“端阳节”“重五节”“天中节”“蒲节”“蕤宾节”“浴兰节”“女儿节”“小儿节”等。道教称“地腊节”，是中国古人世俗文化内涵最为丰富的节日。其始源由来说法甚多，有夏至节庆的演变说，恶月恶日驱避说，古越人对“龙图腾”的祭俗说，纪念屈原说，纪念春秋时的伍子胥被夫差赐死抛江说，纪念东汉时著名孝女曹娥投江寻父说等。其中纪念屈原之说影响最广最深。在民俗文化领域，中国民众把端午节的龙舟竞渡和吃粽子等，都与纪念屈原联系在一起。

传统文献中有大量的对端午节的记载，自汉、魏晋到唐宋及明清，几千年来对端午节的文字关注持续不断，虽然这些史料大多集中于对端午节的场景记录和描述，但同时也记录了端午节在不同历史时期所特有的各种丰富多彩的民俗活动，为后世的研究提供了重要的信息和资料。唐代文献和敦煌文献中也遗存有较为丰富的反映端午节习俗的材料，其中提到的端午射粉团、斗草、登高、滑沙等游艺活动则为丝绸之路地区所特有。

（六）七夕节

农历七月初七的七夕，是秋季的第一个节日，天气温和，草木飘香，姑娘和少妇们在这一天有“乞巧”的风俗，故名“乞巧节”。又因节日的主要活动者是女性，亦称“女儿节”。因与几千年来的神话爱情传说息息相关，七夕成为中国传统节日中最具浪漫色彩的一个节日。其实，七夕原本是一个星辰的时点。古人从星座位置的变化中，通过人格化的奇妙联想，演绎出牛郎织女的神话故事。在《诗经·小雅·大东》中，牛郎织女还是银河两岸各置东西的两个星座：“维天有汉，监亦有光。跂彼织女，终日七襄。虽则七襄，不成报章。睆彼牵牛，不以服箱。”唐代诗人王建有诗云：“阑珊星斗缀珠光，七夕宫娥乞巧忙。”杜甫在《牵牛织女》诗中就明确地写出：“牵牛出河西，织女处河东。万古永相望，七夕谁见同？神光意难候，此事终朦胧。”既然谁也未见过织女牛郎在一起，为什么人们要来拜星乞巧呢？敦煌文献中也记载有大量有关七夕节的描述。S.6537v《大唐新定吉凶书仪一部并序》记载有：“七月七日，牵牛织女以此日会于何（河）汉之间。”S.5139《五言赠牛女诗一首》亦载有：“牛女一年一，为期七月七。皆知处处忘（意），仙客人人乞。”由以上两则材料可知敦煌文献中对七夕节起源的认可还是以牛郎织女传说为主。不仅如此，P.3910《新合孝经皇帝感辞》更是把张骞寻河与牛郎织女的故事拼凑在一起：“张骞本自欲登山，汉帝使遣去升天。今朝德（得）遇西王母，驾鹤乘舟上紫烟。王毒壹见甚朦胧，花林玉树竞开红。此闻仙桃难可见，不期今日得相逢。张骞寻河值蒙龙，正见药树在月中。鸡鸣三声在日里，狗吠三声□虚空。阎浮太子传精进，欲往西园访花林。唤取鱼（鲁）班克（刻）车辇，唤取吴康（刚）来武（抚）琴。张骞寻河甚迟迟，正见织女在罗机。五百交后（梭）壹时动，五百钻头并相随。玉女恒在宝台坐，常共牵牛七月期。……张骞身向内宫坐，共一牵牛为大妇。状似远道昔征辽，水深千丈而难渡。交儿河处觅朦（艟），□□□□□□□。织女啼哭莫狗槽（嘈），谁能为女（汝）造浮桥？寄语填河鹊鸟，年年不为早相（嚎）。”

这则故事虽然看似荒诞，却反映出牛郎织女传说的深入人心。

七夕有女子月下拿线穿针的习俗。一般认为月下穿针是为了求得巧智，但本意是与生殖有关的祈祷仪式。随着七夕节乞巧活动的发展，娱乐性活动也相伴其中，出现了热闹非凡的乞巧活动。其中有穿针、抛绣针、七巧板、益智图、积木、游山湖、八卦阵等。这些活动也反映出一个缤纷多姿的中国妇女生活世界，让我们看到了汉唐以来，妇女们对社会地位的追求和希望，感受到妇女的生命律动和青春魅力。我们也被妇女这种持之以恒的乞巧活动，以及对中国传统文化弘扬的韧性所感动。

（七）中秋节

每年的农历八月十五，是我国传统的中秋佳节。为月亮设节日，唯有中国，表达了中华先人崇月、敬月、亲月的美好情怀。中秋节的别称众多，因节期在八月十五，正是八月的二分之一，所以俗称“八月节”“八月半”“八月会”。因中秋节的主要活动都是围绕“月”进行的，所以又俗称“月节”“追月节”“玩月节”“拜月节”。又因为传说唐明皇在这一天夜游月宫，于是便称中秋为月夕。中秋节的传说是十分丰富的，嫦娥奔月、吴刚伐桂的神话故事流传甚广。

我国古代就有祭月、拜月之风。在《礼记》中就载有：“天子春朝日，秋夕月。朝日以朝，夕月以夕。”这里的“夕月”就是秋分晚上祭月。可见古代已有春天祭日、秋天祭月的礼仪。到汉魏以后，由祭月、拜月逐步演化出赏月之风。咏月、赏月的诗赋之作，史册所载非常丰富。由于中秋节的主要内容是赏月、拜月、玩月，所以有俗称中秋节为“月节”或“月夕”。在唐代，中秋赏月之俗已十分盛行，如《开元天宝遗事》载：“八月十五日夜，（苏颜）于禁中直宿，诸学士备文酒之宴。时长天无云，月色如昼。苏曰：‘清光可爱，何用灯烛？’遂使撤去。”《唐逸史》云：“罗公远，鄂州人。开元中，中秋夜侍明皇于宫中玩月。”唐诗中也有不少歌咏中秋之夜的诗篇，如司空图的《中秋》诗云：“闲吟秋景外，万事觉悠悠。此夜若无月，一年虚过秋。”唐人认为，中秋不见月是件很遗憾的事。

中秋是丝绸之路上各地区、各民族的重要节日，尤其是在长安宫廷之中，不仅崇尚中秋赏月的风俗活动，并表演由唐玄宗御制《霓裳羽衣舞曲》，而且在民间普遍盛行赏桂、吃月饼、望月观潮及泛舟夜游、宴饮、网鹰、贩鹰等风俗。

（八）重阳

重阳节，是我国重要的传统节日，节期为农历九月初九。在中国传统文化中，“九”为“阳数”，又为“极数”，指天之高为“九重”，指地之极为“九泉”，九为至阳之数。九月初九，日月并阳，故称“重阳”。这一节日起源甚早，远在战国时代已有重阳之名，屈原《远游》诗中有：“集重阳入帝宫兮，造旬始而观清都。”句中的“重阳”就是佐证。汉代时重阳节已成了固定的节日。至南北朝时期，各种习俗活动已基本形成，并出现了佩戴茱萸、饮菊花酒、登高辟邪等风俗内容。隋唐以后，重阳登高由实际的远足郊野登高演变为登台榭宴会等象征性的仪式表演登高，由全民共享的避灾登高转变为主要是文士、市民的娱乐登高。

重阳节是古代文人雅士聚会宴享、登高游玩之日，它激发了文士们的灵思，留下了许多令人心神激荡的诗篇。在这方面最负盛名而脍炙人口的作品算是王维的《九月九日忆山东兄弟》诗了：

独在异乡为异客，
每逢佳节倍思亲。
遥知兄弟登高处，
遍插茱萸少一人。

作者在这首诗中，把异乡游子在重阳佳节怀乡思亲之情，抒发得淋漓尽致，同时也反映了古人渴望节日合家团圆的一片至诚。

敦煌文献也有关于重阳节的记述。S.555V《九至江州问王使君》云：“九阳浔阳县，门门有菊花，□□今送酒，若个是陶家。”S.2832《十二月应时》亦记载：“九月九日，将菊初繁，香英正嫩，桓景登高之日，潜蔫下鞠（菊）之辰。”S.2200《书牍轨范》载：“重阳之节，玩菊倾思，县珠一杯，倍加渴慕。亦云茱萸之酒，不可独斟，思忆朋寮，何以言述！谨令奉屈，幸速降临，不宣。谨状。”S.361《书仪镜》中亦云：“九月九日，菊酒一罇（樽），欲登高饮，不惜马蹄，即同往，幸也。”《答书》：“刀札忽临，具承来意。缘厶尊者，处分少事未了，了即奔赴，无怪迟迟，不宣。谨状。”“欲登高饮，不惜马蹄”字里行间流露出对重阳节登高宴饮活动的喜爱。另外，P.2646、P.3284、S.4761、S.5636《重阳相迎书》；S.6537《郑余庆书仪》、P.3883《孔子项橐相问书》均载有敦煌重阳登高有回归自然和祈福辟邪的意义。P.4640《衙府纸破历》记载，敦煌重阳节的主要活动有：“友人相邀聚会、玩菊、饮茱萸酒、登高食饵、衙府设宴、乐舞助兴及水边赛神等。”除登高、赏菊之外，唐代长安宫廷在重阳日，帝王宦官们还开展射箭、赛马、围猎等活动。

（九）腊日

腊八，指阴历十二月初八日。所谓腊，据考有三义：一曰“腊者，接也。取新故交接”。二曰“腊者同猎”，指田猎获取禽兽用以祭祖祭神，故“腊”从“肉”旁，意在用肉冬祭；三曰“腊者，逐疫迎春”。由此可见，“腊”是古代人们祭祀百神及祖先的一种活动。在商代，每年人们用猎获的禽兽举行春、夏、秋、冬四次大祀，祭祀祖先和天地神灵，其中冬祀的规模最大，也最隆重，后来称为“腊祭”。因此，人们就将农历十二月称为“腊月”，将举行冬祭这天称为“腊日”。

腊日除了“腊祭”之外，还有驱除病疫的意义。南朝梁宗懔《荆楚岁时记》说：“十二月八日为腊日，《史记·陈胜传》有‘腊月’之言，是谓此也。谚云：‘腊鼓鸣，春草生。’村人并击细腰鼓，戴胡公头，及作金刚力士以逐疫。”在寒冬将尽、新春将临之际，击腊鼓以逐疫，是古人对春天易发疫疾，必须早作预防的经验和认识，给人们以有益的启迪。腊日还有纪念释迦牟尼成道之意。敦煌文献P.3671、S.5658有腊八节习俗的记载：“十二月八日何谓？其日沐浴转障，除万病，名为温室，于今不绝也。腊煞何谓？冬末为神农和合诸香药，并因晋武帝，至今不绝。”腊日赐药、沐浴洁身、转除邪障等均与养生健体有关。

腊日举行的驱鬼逐疫仪式，其中有跳灶王、跳钟馗、打夜糊、打太平鼓、打腊鼓等。由于天气寒冷，妇女们往往在家进行藏钩游戏。

（十）除夕

除夕，又称“除日”“除夜”“岁除”“岁暮”“岁尽”“暮岁”，民间多俗称作“年三十”或“大年三十”。“除夕”中的“除”字是“去、易、交替”的意思，除夕的意思是“月穷岁尽”，人们都要除旧布新，有旧岁至此而除，来年另换新岁的意思，指中国农历腊月最后一天的晚上，与春节（正月初一）首尾相连。除夕过后，即是元日。在辞旧迎新的临界点，人们在该日举行各种以除旧布新、消灾祈福为中心的活动，表达对过去的割断与未来的美好期待。宋吴自牧《梦粱录》云：“十二月尽，俗云：‘月穷岁尽之日’，谓之‘除夜’。士庶家不论大小家，俱洒扫门闾，去尘秽，净庭户，换门神，挂钟馗，钉桃符，贴春牌，祭祀祖宗。遇夜则备迎神香花供物，以祈新岁之安。”除夕的放爆竹、祭祖宗、祀神灵、吃团圆饭、守岁等，几乎是历朝历代经久不变的民间风俗。这些风俗亦见之于文献之中。

唐代，除夕时的傩舞仪式已发展成为傩戏。它是“以歌为职、娱神又娱人”的歌舞，朝野都喜闻乐见。《新唐书·礼乐志》及《乐府杂录》都有记载。敦煌文献P.4055、P.4976、P.3270、P.3468、P.2569、P.3552、S.2055等都对驱傩仪式有详细描述。驱傩自西周到春秋战国在民间广泛盛行，并逐渐衍生出体育、戏曲和舞蹈艺术。

四

丝绸之路岁时节日与民俗体育

丝绸之路上的各民族岁时节日不断地被人们进行娱乐性的改造，原有的巫术、图腾、禁忌、信仰、禳除的神秘气氛在民间逐渐消失，娱乐性的色彩迅速增长，游艺性的风俗不断滋生，如寒食清明节，已很少有凝重悲凉的感觉，而是作为踏青、游春、秋千、斗鸡、蹴鞠、马球等一派民俗游艺活动的休闲时间。端午节，也不再是一个让人充满了畏惧的恶月恶日，而逐渐成为龙舟竞渡之日。本为免灾的重阳节，演变为登高赏菊、休闲健身的节日。岁时节日风俗的承上启下和创新发展带来了新的面貌。节日变为放歌纵酒、郊游野宴、游戏竞技、尽情享受的休闲娱乐时间和狂欢时间，表达出时人心灵的欢乐和生命的激情。它不仅展现了汉唐至宋元以来人们诗意的甚至神圣的节日感受，并增强了人们的幸福感，而且还深刻揭示出厚重的节日文化内涵。

几千年来，中华文化始终以不同的形式，传递着一种薪火相传的伟大精神。丝绸之路各民族长期积淀形成的各类民俗活动，充分展现出各族人民的狂欢精神和其后面隐约闪烁的热爱生活、珍惜生命的和谐意识和天人合一的精神。一个又一个的岁时节日诠释出时人对生活的向往和对美的追求，以及时人恣意流露的节日心态。

（一）民俗体育的形成与发展

民俗是指在民间广为流传的信仰、风俗或习惯。而民俗学是研究民众的生活和文化的传承现象，探求这些传承现象的本质及其发生、发展、变化、消亡的规律的一门科学。它要发现的是生活中的文化，是一个共同体的文化在日常生活中的传承形式。因此，不联系思想资料、历史资料，就无法确认生活中什么是传统，什么是习俗。

民俗体育是反映民间游戏、娱乐、竞技风俗的文化，主要存在于民间岁时节日、宗教祭祀和禁忌仪式等活动中，是民间世代传承的体育文化事象，具有集体性、传承性等特点。自汉唐以来，岁时节俗已由传统的禁忌气氛转变为祭祀与娱乐共举的民俗节庆。所谓“丝绸之路民俗体育”主要是指人们围绕特定的季节和节日举行的、又有特定文化内容的体育活动。例如上元的踏舞、印沙，清明和寒食的踏青、斗草、拔河、蹴鞠，佛诞节的马戏、相扑，端午的滑沙，七夕的舞蹈、造花树，中秋的赛社、网鹰，重阳的登高，岁除的跳钟馗、驱傩、舞蹈等。随着人类社会的演进，以“祭神”为出发点的“游戏、娱乐、竞技”逐渐蜕变为对自身能力的赞美和集体的欢娱。于是这种令人快乐的“娱神”活动就成为人们年复一年的期盼。由此人类活动的目的和动机开始了从外在的“娱神”目的向“自娱”目的转化。体育在其初始形态时，不仅是“娱人”的，同时也是“娱神”的。“娱神”和“娱人”两个功能，决定于构成体育的“宗教仪礼”和“游戏”两个基本原型。这两个基本原型是我们今天考察体育衍生和形成的两条重要线索。然而，体育初始形态的“娱神”和“娱人”两条线索，并非是平行发展的，而是在各自的独自发展、演变中又不断地彼此交融、汇合，共同促进了体育成熟并构成了体育的成熟形态。所以，体育的衍生和发展可以说是“两个线索，同一归宿”的结果。在丝绸之路的传统文化中，体育已成为一种节日文化。人们通过体育营造一种节日祥和、热闹的气氛。体育已成为丝绸之路民间的传统习俗；成为民族民间文化传统的具体表征；成为与人们的日常生活密切相关的一种最普遍的感性生活和仪式。它来自于人们对日常生活的观照，并且反过来影响人们日常生活的形态和思维方式。

（二）丝绸之路岁时节日民俗体育的文化特征

古代丝绸之路是华夏文明和印度、希腊、伊斯兰文明交汇的文化带。聚居着汉、藏、回鹘、印度、波斯、粟特、朝鲜及康、何、安、石、曹等昭武九姓数万移民，商业贸易繁荣，官学和私学并存，儒学及佛、道、祆、摩尼、景教等各种宗教兼容，岁时节日活动频繁，为民俗游戏、娱乐和竞技提供了发展的契机。这些节日活动门类齐全，内容丰富多彩并带有鲜明的自发、自娱、自主的群体休闲特点，往往由民间结社自筹经费举办，衙府、寺院、学校大力支持，具有广泛的民众性。

自远古时代起，人类的身体活动就带有祭礼性质，并融入宗教仪式、庆典纪念和民俗事象之中。到了秦汉时期，岁时节日与祭祀日大多具有浓郁的宗教意味，人们的岁时庆典活动必须遵循宗教的秩序、斋戒、禁忌、祭祀等严格的仪礼规定。岁时禁忌的要求十分严格，如三月上巳人们避开居室，到水边“祓除岁秽”；寒食的禁火冷食；五月五日“恶日”，系长命缕，辟兵及鬼，防瘟；七月七日忌讳嫁娶；八月一日，六神日，“点灸去百病”；九月九日登高避祸；伏腊避鬼驱傩等。而这些禁忌日在汉魏之际开始发生性质变化，笼罩在特定时间点上的神秘而令人恐惧的气息逐渐散去。魏晋之时传统的禁忌日开始变为民俗良日。这种时间意识的变化，具有划时代的意义，它直接促成了岁时节日民俗的发生。如“流杯曲水之饮”；寒食秋千之戏；五月五日竞渡、斗百草；七夕穿针乞巧；九月九日，登高赏菊、射猎击鞠等。传统的禁忌日逐渐变化为祭祀与娱乐共举的节日，娱人与娱神结合的节日。岁时节日的祭典活动与民俗性的各种游戏、娱乐、竞技活动不断地碰撞和冲突之后，落后的祭祀活动逐步向先进的民俗活动靠拢，这也是历史发展的必然趋势。

（三）岁时节日与民俗体育的内容

自秦汉至明清数千年间，丝绸之路上的各民族有着不同地域、不同的民俗、不同的语言、不同的社会阶层、不同的生活习惯等区别，所谓十里不同风，百里不同俗。这意味着我国的岁时节日和节俗在各历史阶段都因为社会变迁而发展变化，不少源远流长的节日及节俗失去了本来的含义，又生发出新的含义，节日与节俗的增多或减少并不等于节日与节俗性质和功能变化，而只是更适宜社会和时人的需求而已。岁时节日也正是在这样一个具有地域性的时空场景中不断传承（表6）。

（四）岁时节日与民俗体育的发展和演变

丝绸之路岁时节日活动中，包括了很多民俗体育活动。所谓民俗体育，主要是指人们围绕特定的季节和节日举行的有特定文化内容的体育活动。例如上元的踏舞、印沙，清明与寒食的踏青、斗草、拔河、蹴鞠、马球，佛诞节的马戏、相扑，端午的滑沙，七夕的舞蹈、造花树，中秋的赛社、网鹰，重阳的登高，岁除的跳钟馗、驱傩、舞蹈等。随着人类社会的演进，以祭神为出发点的游戏、娱乐、竞技逐渐蜕变为对自身能力的赞美和集体的欢娱。

丝绸之路岁时节日与民俗体育内容（表6）

岁时节日名称	民俗体育内容
元日（正月）	高跷、弄丸、木偶戏、打陀螺、骑竹马、投壶、藏钩、六博、樗蒲、骰子、双陆、围棋、象棋
上元	燃灯、赛社、角抵、相扑、耍狮子、舞流星、走桥、走百病、傩舞、太平鼓、走百索
中和节	庆赏游宴、曲江流觞、百戏、斗草、乐舞
社日	角抵、蹴鞠、马球、博弈、举重、赛社
二月八日	舞龙、舞狮、踏舞、踏青
寒食、清明	秋千、风筝、斗鸡、拔河、蹴鞠、斗禽、击壤、马球、弹弓、射箭
四月八日	造幡、赛神、马戏、马球、相扑、赛祆、赛社、养生
端午	射柳、击鞠、斗草、竞渡、招花、登山
七夕	盂兰盆节、造花树、舞蹈、斗巧、乞巧
仲秋	点天灸、网鹰、赛社、赏月、观潮、斗蟋蟀、垂钓、踢毽子、赏桂
重阳	围猎、射柳、风筝、举重、步打球、蹴鞠、登高、赏菊
除夕	驱傩、舞蹈、斗鸡、寻橦
社日	祭社稷，马祖之祭，迎神赛社
腊八	腊八节，道场，温室浴僧，燃灯，制药，藏钩，结坛，年终逢福
岁除	跳钟馗，驱傩，舞蹈
社日	祭社稷，马祖之祭，迎神赛社

于是这种令人快乐的娱神活动就成为人们年复一年的期盼。由此，人类活动的目的和动机开始了从外在的娱神目的向娱乐目的转化。再随着“人”的主体意识觉醒，人们要求“体育”不是反映“神”的存在状态和“神”的意志，而是反映“人”的生存状态和人的意志。从而促成了体育与宗教礼仪、节日庆典融合，并从神秘的氛围、崇高而神圣的仪式中剥离出来，使体育有了独立的品格。由此，在丝绸之路的传统文化中，体育已成为一种节日文化，还代表着一种社会化的节庆仪式。

五

『元日』节庆的民俗体育形式

正月朔日为元旦，一名元日，又称天腊节。元旦居一岁之始，故是日长幼应黎明即起，以迎朝气，俾得养成终岁早起之习惯。元日放爆竹、杀羊磔鸡、桃符悬苇，以禳除恶气和驱鬼。朝廷举行百官行朝贺礼。《荆楚岁时记》所谓“正月一日，鸡鸣而起”者是也。元日是我国最大、最隆重的节日，举国同庆。唐代诗人张说的《元朝》:“元日今岁乐，不谢往年春。”卢延让的《观新岁朝贺》:“元日胭脂色，朝天桦独香。”宋代大诗人王安石的《元日》:“爆竹声中一岁除，春风送暖入屠苏。千门万户曈曈日，总把新桃换旧符。”诗中描述了元日放爆竹、饮酒、贴对联、迎年、皋年、祭祖以及民俗体育活动。元日不仅闻到了春天的花香，听到了春天的鸟语，看到了梅花绽放，还感受到了娱乐的欢愉。

汉唐文献和出土文物对元日的记述以无可争议的事实告诉人们，汉唐时期丝绸之路上的农耕文化与游牧文化、华夏文化与西方文化虽然进行了空前的碰撞融合，但延续了数千年的农耕民俗活动也是照例继续着。文献和文物中所反映的元日节庆活动，无疑也是研究丝绸之路民俗体育的珍贵材料，值得我们珍惜和研究。

丝绸之路上元日节流行的民俗体育内容丰富多彩。我们通过文献资料的查阅和对出土文物的调查和整理，大致有以下多种内容，如百戏、六博、樗蒲、双陆、陀螺、竹马、藏钩、投壶、高跷、骰子等。

（一）百戏

“百戏”是古代一种融杂技魔术、杂耍游戏、音乐舞蹈、体育竞技于一体的综合性表演形式，是古代丝绸之路从宫廷到民间的一项重要的文化体育形态。现今社火中的高跷、舞狮、竹马，现代体育的体操项目中的单杠，技巧运动中的叠罗汉、筋斗、举鼎等均可视作百戏的遗存形态。百戏，亦称“曼衍之戏”“角抵戏”“散乐”。它在我国不仅历史悠久，而且流传广泛，是民众喜欢的表演艺术形式。文献记载，百戏于春秋战国时期兴起，到汉代蔚为大观。关于它的起源，历来有两种说法：一说是源于军中的“讲武之礼”，是在军队武术操演和竞技活动的基础上发展起来的；另一说法认为百戏源于民间的蚩尤戏。百戏之“百”者，多也，可见其包容丰富。百戏既继承和发展了我国古代传统技艺，又吸收了中外各民族的杂技幻术，特别是受西域诸国的影响最为显著。如“安息五案”，安息即今伊朗；有“都卢寻橦”，都卢为今缅甸国；大秦（今罗马）的吐火、弄丸、跳刀等杂技幻术；有印度的“水上寻蛇”等。西域各国杂技的东来，汉人兼收并蓄，致使百戏日益完善，自成体系。其内容琳琅满目，技术相当高超。

百戏自汉以来，在丝绸之路绵延数千年，表演场面庞杂、壮观，表演者身手敏捷、灵巧，动作娴熟，充分体现出运动、力量、气势的美。百戏阵势宏大、内容庞杂、技艺百般，其中包括俳优、摔跤、相扑、斗兽、缘杆、履索、扛鼎、弄丸、跳剑、冲狭、燕濯、马伎、吞刀、吐火、筋斗、叠罗汉等。此外，还有“鱼龙曼衍”“东海黄公”等百戏中最精彩的表演，以及虎戏、豹戏、熊戏等假形戏舞。可以说，早在两千余年前汉代的京城长安，即丝绸之路的起点，已广泛盛行中国式的民俗体育。

据文献记载，百戏在民间已是岁时祭祀的重要娱神的项目，而且也是宫廷经常盛举表演的项目。汉武帝十分喜爱百戏，曾于元封三年（公元前108年）春天，“作角抵戏，三百里内皆来观”。一场皇室举办的百戏，倾动四方，方圆三百里的吏民纷至沓来，聚集为一场规模浩大的百戏表演盛会。汉代还经常在接待丝绸之路各国外交使节宾客时，以百戏款待各国使节，以显示汉帝国的天威。

有关汉代百戏的盛况，汉代张衡《西京赋》、李尤的《平乐观》等都有详细的描述。到了隋代，百戏更是元日和其他节日的娱乐风习。大业六年（610年）的元日、上月节日，隋炀帝邀请西域一带首领聚集在洛阳，朝廷在端门的大街上陈列盛大的百戏表演，场地周围调协丝竹管弦乐队，奏乐人员达一万八千人之众，“声闻数十里，自昏至旦，灯火光烛天地，终月而罢，所费巨万。自是岁以为常”。充分说明当时百戏表演的盛况，而且“岁以为常”，年年如是。

隋唐继汉代百戏之风俗，得到了前所未有的发展。隋炀帝登基以来，毫不珍惜南北统一后的有利形势，一味骄奢淫逸。民间的百戏杂技，也被他用来作为粉饰太平、炫耀声威的工具。据《隋书》中的《炀帝本纪》《音乐志》记载，他在位十四年间，仅为接待当时归附的丝绸之路上的各少数民族王、汗而亲自下令举行了五次大型百戏表演。

“大业二年，突厥染干来朝，炀帝欲夸之，总追四方散乐，大集东都。”散乐，在南北朝以后曾一度是百戏杂技艺术的总称。

大业三年，隋炀帝出巡榆林郡，在“郡城东御大帐，其下备仪卫，建旌旗，宴启民（某可汗）及其部落三千五百人，奏百戏之乐”。

大业五年，“上御观风行殿，盛陈文物，奏九部乐，设鱼龙曼延，宴高昌王、吐屯设于殿上，以宠异之。其蛮夷陪列者三十余国”。

大业六年，外邦各国来贺，隋炀帝诏令在端门街做“角抵大戏”，隆重欢迎。一时“天下奇伎异艺毕集”。这次大会演“其营费钜亿万”。数日之内“金石匏革之声，闻数十里外，弹弦擫管以上一万八千人。大列炬光，火烛天地，百戏之盛，振古无比”。

大业十一年，所谓“大会蛮夷”。突厥、于阗、龟兹、契丹等国主入朝。隋炀帝照例摆设大规模的百戏杂技招待。

《隋书·列传三十二·裴矩》载：“及帝西巡，次燕支山，高昌玉、伊吾设等，及西蕃胡二十七国，谒于道左。（裴矩）皆令佩金玉，被锦罽，焚香奏乐，歌舞喧噪。复令武威、张掖士女盛锦纵观，骑乘填咽，周亘数十里，以示中国盛。”除此之外，隋朝的两京，也就是长安与洛阳，每年的正月，也必举行盛大的民间百戏活动，歌舞升平。诚如诗人薛道衡诗中所述：

京洛重新年，复属月轮圆。
万方皆聚会，百戏尽来前。
临衢车不绝，夹道阁相逢。
竟夕鱼负灯，彻夜龙衔烛。
……

唐代实行的公休制度和丰富的节假日制度，及岁时节日庆典中的“民酺”“天下酺”，使得唐人的娱乐生活丰饶充盈而色彩鲜明。尤其是百戏表演为这个时代树立起一个精美而传世的文化标签。

唐代的百戏是一种具有体育性质的百戏表演。在这种游戏中，游戏者与观赏者均得到身心愉悦。这意味着唐代的百戏已趋向成熟，其结构开始出现了杂技、马戏、体育、舞蹈、戏剧的分流。

宋时期，皇家把许多身怀百戏技艺的表演者招收到军内，成为具有军籍的艺人，称为“诸军”。并给予“官身”，分成左军和右军，住在京师坊市的两厢，平时由教坊司管理，按月领饷。每逢节日、朝会、御宴，便奉诏前来，参加演出。

宝津楼的诸军百戏表演，最先出场的是十几名鼓手。他们走到楼前，唱着“青春三月暮山溪……”接着，鼓笛等乐器齐奏。一个头戴红巾的艺人，舞弄一杆大旗；乔装的狮子虎豹上来，进退起坐，走过场，迅速下。又一个红巾艺人，表演“扑旗子”：手执两面白旗，跳跃翻腾，像旋风般舞动。诸般杂技“上竿”“打筋斗”等登场。军阵百戏是最为壮观的表演。在整个乐部奏鸣声中，一百多名身着彩服的健捷的士兵出场了。他们在前队队旗的引导之下，手执雉尾盾牌、木制朴刀，摆出“舞拜互变”“开门夺桥”等阵式，然后列成偃月之势。这时，乐队奏起《蛮牌令》，队中两人出阵，对舞，作互相击刺的表演。几个回合走过，一人奋击得手，一人假装僵扑在地。如此相继出场六七对，或以长枪对藤牌，或以刀剑对藤牌。犹如今天民俗体育的武术对练。

宋代城市中还出现了商业化的文娱集

市，称之“瓦肆”。瓦肆中的百戏表演更为纷纭，更令人痴爱，更使人流连忘返。瓦肆的出现，对百戏的发展具有划时代的意义。孟元老的《东京梦华录》《武林旧事》、吴自牧的《梦粱录》、欧阳询的《艺文类聚》等对宋代的百戏盛况均有描绘。

元明清时期，由于公休制度的骤然而减，百戏表演又受元杂剧、戏曲等冲击碰撞，以及西域文化传播的影响，使得百戏得到了补充、丰富、更新。在这样的氛围中，百戏完全进入了商业化经营的轨道，初步形成了一个产业。承载了文化的记忆，盛满了民风乡俗，凝聚了人们对游戏、娱乐、竞技与审美的心态需求，带给了人们的快慰和欢情，使人们的生活显得丰润充盈而色泽明艳。

百戏内容大致包括：

1. 俳优

俳优在先秦时期就已经出现，常以形貌短胖丑陋的侏儒来充任表演者，主要以诙谐滑稽的表演形式逗人发笑。这种以调笑娱人的表演形式自秦汉到魏晋、隋唐一直活跃在宫廷和民间。唐时期，俳优是丝绸之路长安等地区岁时节日或其他庆典重要的百戏表演。文献《帝王世纪》《荀子·王霸篇》《孔子家语》《列女传》《东方朔传》《吴质别传》《唐戏弄》等等均有描述。

2. 摔跤

摔跤，在我国古籍文献中称之“角抵”“角力”“相搏”“手搏”等，是一项较量臂力、演练搏斗技巧的民俗体育娱乐活动。中国摔跤的历史极为悠久，大约在春秋时期，在原始武舞的基础上形成了演练搏斗、摔跤、擒拿等技巧的“相搏”比赛。秦汉时，人们把黄帝大战蚩尤的传说引进摔跤，称为“蚩尤戏”。据南朝梁任昉《述异记》载：“秦汉间说，蚩尤氏耳鬓如剑戟，头有角。与轩辕斗，以角抵人，人不能向。今冀州有乐名蚩尤戏，其民两两三三，头戴牛角而相抵。”“蚩尤戏”是流行于我国古代北方农村的民间竞技，带有纪念黄帝大战蚩尤的意义。秦始皇统一中国后，禁止民间私藏兵器，徒手相搏的角抵因此兴盛起来。《史记·李斯列传》记载秦二世在甘泉宫，“方作觳抵优俳之观”，说明这时的角抵已不再是争斗相搏的手段，而演化为包括各种技艺的综合性竞技表演了。到了汉代，民间出现了一种由“蚩尤戏”发展而成的由两个人在公开场合表演的竞技活动，已经具有后来摔跤的基本特色，并有着特定的文化内涵。

魏晋南北朝时期，由于北方少数民族大量南迁，游牧民族的强悍之风、争强斗勇的习俗，使角抵与百戏杂技逐渐分离，在吸收北方少数民族摔跤文化的基础上，角抵又出现了另一名称——“相扑”。《太平御览》引《晋书》记载说：“襄城太守责功曹刘子笃曰：‘卿郡人不如颍川人相扑。’笃曰：‘相扑下技，不足以别两国优劣。’”到了唐代，相扑、角抵二名称并行，其特点还是赛力性的竞技，且多在军中进行。相扑在民间盛行是到了宋代以后。宋金元时期的相扑大致可分为两类，一类是正式决胜负的比赛，有“打擂台”的性质。据吴自牧《梦粱录》卷二十《角觗》所载："若论护国寺南高峰露台争交，顺择诸道州郡膂力高强，天下无对者，方可夺其赏。"

丝绸之路上遗存有关摔跤的资料十分丰富。《汉书·武帝纪》《古今图书集成·军礼部》《文献通考》《角力记·考古》《唐语林》等，都记载了汉唐以来摔跤在长安（今西安市）的盛况。1955年，陕西西安市长安区客省庄出土战国时期的摔跤图铜饰牌。画面描绘的是在林间进行一场摔跤比赛，双方均赤裸上身，下着短裤，双方皆抱住对方的腰或腿，极力想摔倒对方，形象极其生动。1986年，陕西渭南市出土金代相扑俑，两相扑手上身赤裸，下着三角短裤，两眼圆瞪，正做赛前准备。

甘肃敦煌地区的石窟壁画、幡绢画中

图19　三彩相扑俑

西安西郊热电厂唐墓出土

图18　角抵纹透铜雕

陕西长安县客省庄出土　战国

图20　相扑俑

陕西渭南市出土　金

图21　角抵图

高台县地埂坡魏晋墓4号

有相扑、摔跤盛行的图像，例如，敦煌莫高窟北魏、西魏早期洞窟的佛龛下和四周壁画的下方绘有多幅金刚、药叉、力士的摔跤图像。其中：西魏第288窟，中心塔柱下方绘有药叉正在进行摔跤的图像。北周第290窟人字披形窟顶东西两面，有六条连续长达20余米的长卷佛传故事连环画，内有一幅描绘了悉达多太子向善觉国王女儿求婚，应约试武，进行角抵的比赛。悉达多太子以搬、抹等摔法，将大魔力王摔倒，赢得了这场比赛的胜利。北周第428窟绘有两名金刚力士赤裸身体，仅下身系着一条宽大的腰带和兜裆，他们扭抱相搏，以决胜负。盛唐第175窟绘有三名摔跤手赤裸上身，下身系腰带和兜裆，正在摔跤练习或比赛。中唐第9窟南壁绘有摔跤图。晚唐第64窟南壁绘有一幅相扑图。晚唐五代第61窟西壁佛传屏风画中绘有两幅摔跤图，一幅是两人在一席毯上摔跤比武，旁侧还有数名观者；另一幅摔跤图是两名选手袒裸上身，腰系兜裆，正在比赛，旁侧有裁判和观众，画面十分生

图22　角抵图

甘肃敦煌莫高窟第175窟壁画　南壁　唐

图23　相扑

甘肃敦煌莫高窟第14窟壁画　主室南壁　晚唐

图24　摔跤图

甘肃敦煌莫高窟第290窟壁画　窟顶人字披　北周

图25　摔跤图

甘肃敦煌莫高窟第288窟壁画中心柱　西魏

动。瓜州榆林窟五代第36窟佛传故事画中，绘有两名相扑手，头扎鬓髻，袒露身体，腰系布带和兜裆，正在进行较量。除以上壁画所反映的角抵、相扑、摔跤图像外，还有两幅唐代的相扑图是20世纪初莫高窟藏经洞（第17窟）所发现的佛幡绢画和白描画，现分别藏于英国伦敦大英博物馆和法国国家图书馆。其中一幅是描绘悉达多太子习武练相扑的图像，在一个有回廊的庭院中，一棵大树下，两人袒裸

图26　角抵图

甘肃敦煌莫高窟第61窟壁画　西壁　五代

图27　角抵图

甘肃敦煌莫高窟第61窟壁画　西壁　五代

图28 相扑图

甘肃瓜州榆林窟第36窟
壁画　南壁　五代

图29 相扑图

甘肃敦煌莫高窟第17窟
唐（现藏大英博物馆）

图30 相扑图

甘肃敦煌莫高窟第17窟
唐（现藏法国国家图书馆）

上身，腰系布带遮盖下身，头戴幞头，正在相搏；另一幅是描绘两名选手赤身裸体，腰间系一布带兜裆，头发扎成髻，并饰有两个角，正以低势位扭抱，企图摔倒对方。新疆维吾尔族称摔跤为“切里西”，在隋唐时就已普遍流行。《突厥大词典》记有许多关于摔跤的术语。元代时，在西域曾设立“校署”以管理各民族部落的摔跤活动。维吾尔地区的摔跤随地区不同而有别。它分一般摔跤和岁时节日比赛。一般摔跤叫“巴扎”，即农村集市或婚礼或割礼时进行的摔跤；岁时节日比赛多以乡、村为比赛单位，选拔优秀摔跤手参赛。

新疆库木吐拉石窟第73窟绘有一幅唐代的格斗壁画。新疆博物馆也藏有出土的武士摔跤俑。

丝绸之路岁时节日所开展的摔跤表演和比赛，反映了东方人体文化观中以巧胜强，以智驭力的思维特色。

图32《摔跤图》壁画

选自布达拉宫　清

图33 清代藏族摔跤壁画

选自西藏桑耶寺壁画

图31 角力图

新疆库木图拉73窟　约公元8世纪（德国探险队割去）

图34 第十八噶沙雅巴达喇嘛尊者

现藏于台北故宫博物院

图35 文成公主进藏图（局部）

现藏于西藏大昭寺

3. 缘杆

原始社会人类要有攀援的本事，尤其在日常的劳动与生活中，更少不了这种技巧。久而久之，其中便产生了审美价值。

据《国语》记载，当时的晋国有一种“侏儒扶卢”之戏。这便是见诸文字的由攀援技巧演变成爬杆艺术的最初形式。后人韦昭曾为之注解说：“扶，缘也。卢，矛戟之秘。缘以为戏。”改用现代语言来说，就是“扶，是攀援，或爬；卢，是长矛或大戟的柄。把爬矛戟之柄作为一种表演或游戏”。

春秋战国时期，多半使用战车打仗，所以矛戟之柄，一般都很长，大约有三四米的样子。侏儒身体矮小，攀援起来还是需要点力量与技巧的。“扶卢”即是竿技的最早的名称。

汉代是历史上百戏最盛的朝代。竿伎是其中的重要内容，一般称之为“寻橦”或“橦木之伎”，尤其是张衡在《西京赋》中描述的“戏车”。

戏车就是在马拉的车上表演技艺。马车上的表演，一般都竖有高橦，在马的行进中做高空表演，即汉代所谓的“戏车弄马”之技，橦杆顶上有女伎在做倒立，索上倒挂的人表演高空飞人的节目，《汉书·韩延寿传》载“（延寿）又使骑士戏车弄马”。《西京赋》有“建戏车，树修旃”的记述。这些都说明马车上有橦伎表演的游艺。

汉代在场地上表演的竿伎，多半叫“寻橦”。这一称谓，大约始见于《汉文帝纂要》。张衡《西京赋》中，也有“乌获杠鼎，都卢寻橦”的说法。据《大康地志》载：“都卢国，其人善缘高。”因此，汉代的寻橦，又叫作“都卢伎”。汉代橦伎，仅从目前出土的实物资料来看，就有“掌托杆”“胸顶杆”“额头撑杆”等多种形式。

魏晋南北朝时期，是橦伎最为盛行的时期。西晋文学家傅玄在《正都赋》中写道：“乃有材童妙技，都卢迅足，缘修竿而上下，形既变而景属，忽跟絓而倒绝，若将坠而复续。”他描述的竿伎表演现象，与《西京赋》中的描写很相一致。南北朝时，一般称竿伎为“缘橦”“登橦”。当时的橦伎名目颇多，有“青丝橦伎”“金轮橦伎”“猕猴橦伎”“啄木橦伎”“白兽橦伎”等等。

盛唐时节，竿伎被称为“戴竿”“橦伎”。也有称之为“竿木”或“透橦”的。它除了在民间流行以外，也进入宫廷，为皇家供奉。有资料说：“玄宗御勤政楼，大张乐，罗列百伎。时教坊有王大娘者，善戴百尺竿，竿上施木山，状瀛洲、方丈，令小儿持绛节出入其中，歌舞不辍。时刘晏以神童为秘书正字，年十岁，形状狞劣，而陪悟过人。玄宗召于楼下帘下，贵妃置于膝上，为施粉黛，与之巾栉。……贵妃复令咏王大娘戴竿，晏应声曰：

楼前百戏竞争新，
唯有长竿妙入神。
谁得绮罗翻有力，
犹自嫌轻更著人。

玄宗与贵妃及诸嫔御欢笑移时，声闻于外，因命牙笏及黄文袍以赐之。”神童刘晏即兴口占的这首诗，就是在文学史上有点名气的《咏王大娘戴竿》。特别是其中“唯有长竿妙入神”一句，多次为历代赞叹竿伎精绝之人所借用。王大娘的竿伎确有过人之处，她头顶上的长竿，装有木制的仙山道具，手执红节杖的小艺童出没于“仙山”中，她犹自能载歌载舞。据说，五六十年以后，三原也出了一个名叫王大娘的竿伎艺人，能够“首戴十八人而行”，其技艺可谓达到了非凡的程度。

唐代诗人王建《寻橦歌》：

人间百戏皆可学，寻橦不比诸馀乐。
重梳短髻下金钿，红帽青巾各一边。
身轻足捷胜男子，绕竿四面争先缘。
习多倚附欹竿滑，上下蹁跹皆著袜。
翻身垂颈欲落地，却住把腰初似歇。
大竿百夫擎不起，袅袅半在青云里。
纤腰女儿不动容，戴行直舞一曲终。
回头但觉人眼见，矜难恐畏天无风。
险中更险何曾失，山鼠悬头猿挂膝。
小垂一手当舞盘，斜惨双蛾看落日。
斯须改变曲解新，贵欲欢他平地人。
散时满面生颜色，行步依前无气力。

唐代民间，橦伎能手辈出。当初，禅定寺初建时，寺前所树的高十丈有余的幡杆上，绳索忽然崩断了。僧众人等，全都仰视着高杆，无人能登上去维系。一位名叫沈光的人正巧路过此处，见状，便对主事的老僧道：“取绳索来，我上去。”沈光把绳索衔在口里，双手拍竿，一纵一上，疾迅敏捷，像猿猴一样，眨眼就到了杆头。他展开绳索，三下两下，就把旗幡重新系牢。然后，突然跃离幡杆，头顶向地，如投水似地，透空而下。围观的人们，全都吓得失声惊叫起来。岂料，沈光竟以掌击地，倒行数十步，卸去身体下落的冲力，腾身立起，站到众人面前。人们呼叫未毕，接着又是一阵赞叹，送给沈光一个绰号，叫作“肉飞仙”。

宋代称橦伎为“上竿”。每逢明堂大礼，朝廷为图吉利，总要在殿外先立一根长五丈六尺的金鸡竿，由杂技艺人们争抢。胜者甚至可以得到一只三两重的金碗。

与宋同时并存的辽、金，也流行橦伎。《辽史拾遗补》载，当时的辽民，能“以数丈长竿系一椅子于竿顶，伎者坐椅中，少顷，下投于小棘坑中，无偏颇之失”。

此外，文献史料，汉墓砖画，敦煌莫高窟壁画，新疆、陕西唐代墓葬出土文物中也有许多有关橦伎的信息资料。如

《隋书》卷十三《音乐志上》载：“刺长追花橦伎”“青丝橦伎”“一伞花橦伎”……

《晋书·卷七十四·列传第四十四·桓彝》载：“获关中担橦伎，以充太乐。”

《隋书·卷十五·志第十·音乐下》载：“并二人戴竿，其上有舞，忽然腾透而换易之。”

《旧唐书·卷七十六·列传第二十六·太宗诸子》载：“常命户奴数十百人专习伎乐，学胡人椎髻，翦彩为舞衣，寻橦跳剑，昼夜不绝，鼓角之声，日闻于外。”

《新唐书·卷四十八·志第三十八·百官三·中尚署》载：“赦日，树金鸡于仗南，竿长七丈，有鸡高四尺，黄金饰首，衔绛幡长七尺，承以彩盘，维以绛绳，将作监供焉。”

《金史·卷三十六·志第十七·肆赦仪》载：“金鸡初立，大乐署击鼓，树讫鼓止。竿木伎人四人，缘绳争上竿，取鸡所衔绛幡，展示讫，三呼万岁。”

《太平广记·卷二二六·伎巧二·刘交》载：“幽州人刘交，戴长竿高七十尺，自擎上下。有女十二甚端正，于竿置定，跨盘独立，见者不忍，女无惧色，后竟还扑杀。”

除了史料文献外，诗赋中也有对橦伎的精彩描绘。如东汉文学家张衡的《西京赋》、西晋傅玄的《正都赋》、唐代诗人王建的《寻橦歌》、刘晏的《咏王大娘戴竿》、顾况的《险竿歌》、张楚金的《透橦童儿赋》、张祜的《杂曲歌辞·千秋乐》、王邕的《勤政楼花竿赋》、梁涉的《长竿赋》、金厚载的《都卢寻橦赋》。其他还有《教坊记》、姚汝能的《安禄山事迹》、苏鄂的《杜阳杂编》、陈旸的《乐书》《辽史拾遗》《西湖游览志余》《清嘉录》《松风阁诗抄》等。

在考古发掘和传世文物中也发现有许多橦伎表演的实物和画面。如1991年在西安市东郊灞桥区发掘的金乡县主墓中出土了两件橦伎俑，他们在杆上表演了倒立、倒挂、平衡等惊险技巧，反映了唐代橦伎的水平。敦煌莫高窟的第9、18、55、61、72、74、85、138、156、236、361、454等窟壁画中，可以看到北魏、隋唐五代、宋各时期的“橦伎”表演的生动场面。如：

晚唐第9窟西壁《楞伽经变》中，绘有一艺人头顶长竿，双臂展开便于保持平衡，长竿竿底为圆球状，竿上两艺人，一人单臂单腿夹住竿子，做旋转状，另一人则在竿顶翻筋斗，表演极其精彩。

晚唐第85窟主室窟顶东披《楞伽经变相》绘有一人载长竿，另一艺人在竿上置定，做各种表演动作。

晚唐第156窟北壁下方《宋国夫人出行图》中，顶竿艺人短裙中袖，腰带轻束，

图36 橦伎图

陕西西安市东郊灞桥区新筑乡出土　唐

图37 胡人顶竿俑

陕西西安市灞桥区新筑乡出土　唐

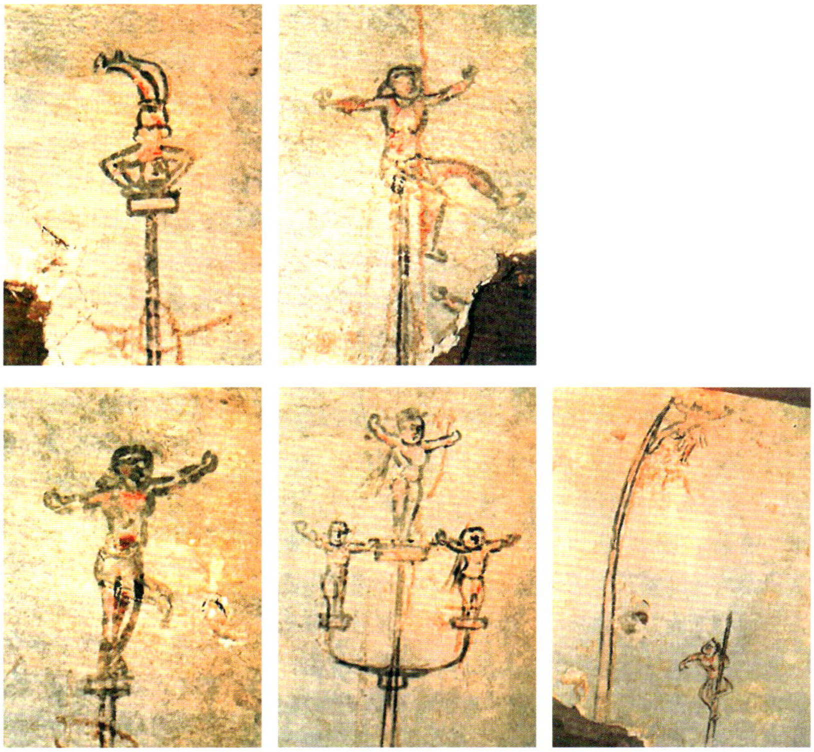

图38 百戏图

（陕西唐墓出土）武惠妃墓

图39 橦伎图

甘肃敦煌莫高窟第9窟壁画　西壁　唐

图40 橦伎图

甘肃敦煌莫高窟第361窟壁画　南壁东侧　唐

身体稍斜，单足站立，一腿提膝，头顶长竿。十字形竿上四艺人着连身衣裳、外套半臂，白裤乌靴，表演水平支撑、单臂夹竿、单臂悬垂、倒立等动作，十分惊险。周围一群身着唐装宫女，长袖舒展，绕竿翩翩起舞；乐工们身着各色彩衣，齐鸣鼓乐。

五代第61窟南壁《楞伽经变》中，绘有帷帐里伸出一竿，竿头置一圆轮，两名艺人在圆轮上表演，一名艺人脚踩圆轮，另一儿伎单脚站在踩圆轮儿伎的头上，两个均做金鸡独立状，周围有七名乐手为表演伴奏。

五代第72窟南壁《刘萨诃因缘变》中的载竿表演难度极大，一艺人单腿撑地，头顶白色细竿，另一艺人则在竿顶做倒立翻转动作。

北宋第454窟南壁《楞伽经变》中，绘有一细竿竖立于地上，一艺人身体前倾，单腿立于细竿之上，头顶上另有一名艺人呈金鸡独立之态。敦煌壁画中的五代、宋时的“橦伎”，是把竿子竖立在地上，称为“金鸡竿”，这种表演难度更大。

新疆吐鲁番县阿斯塔那第336号唐墓出土有顶竿单臂倒立木俑，残高26.8厘米。顶竿人短衫、短裤，腰间系带。四肢已残，仅右臂得以修复。顶竿者做马步，双臂平伸以持平衡，头顶竿，竿上倒立童子赤裸上身，着红色裤，作单臂倒立状。顶竿者稳健有力，倒立者形如蜻蜓点水，充分表现出高难度的技艺。

这些文物资料都可与文献记载相印

图41 橦伎图

甘肃敦煌莫高窟第85窟壁画　窟顶东披　唐

图42 橦伎图

甘肃敦煌莫高窟第156窟壁画　北壁下部　唐

图43 橦伎图

甘肃敦煌莫高窟第61窟壁画　南壁　五代

图44 橦伎图（摹本）

甘肃敦煌莫高窟第72窟壁画　南壁　五代

图45 橦伎图

甘肃敦煌莫高窟第454窟壁画　南壁　宋

图46 韦曲唐墓《野宴图》中的“猴戏”

证，为人们进一步了解丝绸之路岁时节日的橦伎表演提供了形象生动的实物资料。

4. 叠罗汉、倒立、筋斗、叠案

叠罗汉是一项以身强力壮的做底人，其他人可在底人头、肩、背、腿等部位做站立、倒立、水平支撑等造型表演。我国遗存的关于叠罗汉的文物并不多见。2002年，陕西西安市长安区郭神镇唐墓出土三彩百戏俑，一名力士头顶六个童子表演惊险动作。底板上站立的大力士上身赤裸，头顶上有六个童子，其中最顶端的童子穿开裆裤，做撒尿状。此俑高40.8厘米，施白、绿、黄、蓝釉。其保存完好，色泽清晰，造型极美，可谓是绝世珍宝。甘肃天水市麦积山石窟北周第4窟有双人叠罗汉浮雕图、北魏第33窟有泥塑双人叠罗汉造型。敦煌莫高窟现存多幅叠罗汉壁画。盛唐第217窟北壁绘有一幅童子叠罗汉的场面，一名童子上体前屈，两手撑地，另一名童子站在他背上做金鸡独立表演。中唐第220窟南壁阿弥陀经变画中，绘有一名着红上衣、绿短裤的童子双脚站立在另一名同伴肩上。中唐第361窟南壁阿弥陀经变画中，有一幅集体叠罗汉的造型图像，六名童子分别做双臂分腿倒立、单臂倒立，中间有一童子下腰成桥，腹上有一名童子单腿站立，表演杂耍。晚唐第85窟南壁报恩经变画中，绘有四名童子，穿软靴，梳童髻，一人下腰，一个站在其腰上做金鸡独立，一人吹笛奏乐，另一人拍手助兴，画面极其生动活泼。新疆的克孜尔石窟也绘有叠罗汉的图像。整个画面奇彩纷呈，不仅有一定的难度，而且还能

图47 顶竿单臂倒立木俑

新疆吐鲁番市阿斯塔那古墓出土　唐

图48 绿釉器口杂耍陶俑

东汉

图49 橦伎俑

西安市长安市郭社镇出土　唐（现藏西安博物院）

体现渐臻完善的叠罗汉技术。

倒立，俗称“拿顶”“竖蜻蜓”。表演者双手或单手撑地，足部朝上，头向下，呈倒立状，表演各种各样的静止平衡动作。这类节目早在秦汉时期就已经出现，汉代称之为“倒挈”。贾谊在《新书·匈奴篇》中就提到用“倒挈”等杂技节目招待胡人。在汉画像石中也有许多倒立画面，到魏晋南北朝时期，又出现“安息五案”，这大约是在五层叠案上表演倒立的百戏项目之一。

到唐代，传统的倒立节目取得了长足的发展。据《新唐书》卷二十二《礼乐志十二》记载：唐睿宗时（710年—712年），婆罗门国献倒立伎人，表演时双手撑地倒立行走，双足凌空而舞，并能倒行往来于刀丛剑树之中，其场面之惊险，实前所未见。又能表演反弓于地，吹觱篥者立于腹上，曲终而人不伤。还有二人配合的擎戴伎，是一种双人表演的倒立节目，两个表演者以手相抵，一人在下，举双手撑住另一个倒立的人，擎戴而行，表演连续旋转等各种高难度动作。这种表演项目一直保留到现代体育、舞蹈、戏曲、杂技等项目之中。我国先后在山东、四川、甘肃、新疆、陕西等地出土了许多由汉至清各朝代的倒立画像石、壁画、陶俑等，形象地显示出我国古代的倒立发展史。

陕西西安市灞桥区唐金乡县主唐墓出土一件倒立俑，梳双垂髻，扎短巾，做右臂撑地的单臂倒立。

敦煌莫高窟北魏至宋时期的壁画中，绘有形态各异的倒立图像。如莫高窟北魏第251窟，西魏第249窟，初唐第220窟，

图50 三彩叠罗汉俑

陕西西安市长安区郭杜镇出土 唐

盛唐第79窟，中唐第158窟、361窟，晚唐第156窟、196窟的壁画中均有倒立的图像，姿态各异，难度不同，既有双臂倒立、分腿倒立、水平支撑倒立，还有单臂倒立。

新疆克孜尔石窟第77窟、176窟、178窟均绘有倒立图像。

筋斗也称“掷倒伎”“翻跟头”，是百戏艺人的一项基本功。这类节目既能单独

图52 叠罗汉图

甘肃敦煌莫高窟第85窟壁画　南壁　唐

图53 叠罗汉图

甘肃敦煌莫高窟第220窟壁画　南壁　唐

图51 叠罗汉图

甘肃敦煌莫高窟第217窟　北侧　唐

图54 倒立图（摹本）

甘肃敦煌莫高窟第251窟壁画　窟顶　北魏

图56 倒立图

甘肃敦煌莫高窟第220窟壁画　南壁　唐

图55 倒立图

甘肃敦煌莫高窟第249窟壁画　窟顶东披　西魏

图57 倒立图

甘肃敦煌莫高窟第79窟壁画　窟顶北披　唐

图58 下腰图

甘肃敦煌莫高窟第79窟壁画 窟顶南披 唐

表演，也可结合其他百戏节目一起表演。如《教坊记》就说："汉武帝时，一小儿翻筋斗绝伦，能缘竿倒立。今时谓之'笃叉子'。"这是将翻跟头与竿伎结合在一起表演。张衡的《西京赋》也提到杂技艺人在竿上表演各种翻转倒立动作的场面，类似的场景在汉代画像石中也有表现。

魏晋南北朝时期，这类节目又有了一些新的发展。南朝的杂技节目中除了有传统的掷倒伎之外，还出现了前所未见的掷倒案伎、掷跷伎等。掷倒案伎是在案桌上表演翻跟头；掷跷伎是踩高跷翻跟头，表演具有很大的难度和风险。

唐代教坊中也有专攻筋斗技艺的艺人。《乐府杂录·鼓架部》就专门提到"筋斗"，《教坊记》也特别提到"筋斗裴承恩"，另外，该书还记载了一次唐玄宗在洛阳所举行的百戏表演中的筋斗绝技。

"上于天津桥南设帐殿，酺三日。教坊一小儿，筋斗绝伦，乃衣以彩缯，梳洗，杂于内伎中上。……"

筋斗在古代主要用于百戏表演之中，它以难度和惊险造成一种特殊的审美氛围，从而产生强烈的技术与竞技相融的效果，这凝结着中华民族的智慧，积淀着千余年历史的绝妙创造，令人叹为观止。它不仅反映出民族特有的文化心理追求，而且明清之后筋斗形成了一门独特的表演艺术，产生了专门的理论和传授方式，并形成了一门中国特有的功夫——中国毯子功。它以筋斗的"高、漂、帅"享誉世界。到了现代，筋斗被广泛应用于舞蹈、戏曲、花样滑冰、蹦床、技巧、体操、武术等之中。

除了文献和考古出土的砖画中记录有古代筋斗的形象资料外，还可从墓葬画和百戏俑中看到其形态。如甘肃酒泉市丁家闸东晋十六国5号墓，出土有一幅长250厘米、宽80厘米的墓主燕居行乐图，它是由多块彩绘砖画拼合成的，画面右侧表演墓主的燕居生活：在屋檐下，墓主身着彩衣，端坐榻上，观赏百戏表演。画面左边为歌舞伎乐的场面：上部为一支跪坐演奏的乐队，下部为百戏表演的场景。两名发髻高梳、身着彩衣的赤足女伎，正在一条长席（或毡毯）上翻筋斗。

新疆吐鲁番市阿斯塔那古墓中也出土有童子筋斗俑。他右手撑地，左手推地，双脚并拢，正做翻转动作。

汉武帝时期，伊朗高原的安息古国（即今天的伊朗）通过"丝绸之路"与我国通商，两国的文化交流也随之开始。"安息五案"，顾名思义，指的自然是那种来自于安息、在五张叠起来的桌子上表演的

图59 倒立图

甘肃敦煌莫高窟第361窟壁画　南壁　晚唐

百戏。

事实上，我国汉代的百戏艺人表演时，已经不止叠到五案。内蒙古和林格尔出土的汉砖画像上，刻的是五案；四川德阳出土的汉砖上，刻的是六案。而彭州出土的汉砖上，竟已达到了十二案——一个少女双手撑在顶案之上，纤腰反折，做柔术造型。由于叠案表演动作多半是拿大顶、翻筋斗、做倒立、柔术之类，所以后来又有人称之为“掷倒案伎”。明人所撰《帝京景物略》中，也有关于叠案表演的记述：艺人也是将几张桌子一个接一个地叠支起来，顶面距地七尺，然后双手各舞一个竹圈，在上面打着跟头，翻飞而下，从第一张桌子，翻到第二张，再第三张，像旋风一样，落地后，身体不倾，竹圈不坠。明末的《梼杌闲评》记有当时的叠案表演的叠数已达十三案，可见难度之高。

叠案表演历经千余年的发展，不仅是丝绸之路长安等各城市岁时节日娱神娱人的表演内容，而且其技艺被戏曲、体育所借鉴。叠案今天已成为杂技表演中的“椅子顶”。它曾在国际杂技比赛中多次荣获金奖，其动作难度、美感还在不断提高。

图60 倒立图

甘肃敦煌莫高窟第158窟壁画　佛龛下　唐

图61 倒立图

新疆克孜尔石窟第77窟壁画　公元4世纪

图62 倒立图

新疆克孜尔石窟第176窟壁画　公元7世纪

图63 筋斗图

甘肃酒泉市丁家闸5号墓彩绘砖画　西壁　十六国

图64 婴戏图

佚名　现藏于美国纽约大都会博物馆　元—明

图65 杂技倒立俑

汉（中国文物报　2008年6月13日海外追回）

图66 杂技

杂技　南都繁会图（局部）　明代（公元1368年—1644年）

5. 弄丸与跳剑

春秋战国时期，在“蛮夷之邦”的楚国出现了一种“累丸”和“弄丸”的表演技艺。“累丸”是在一个圆球上再放一个圆球，上面的球不掉下来，最多能累达五球之多。《庄子·达生篇》里有此记载。当时人们把这种游戏作为修持自己的一种静功。“累丸”的发展逐渐由静态走向动态。表演者需要将两个以上的球连续抛向空中，边抛边接，使球不坠地，在空中形成一串连珠的景象。

汉代，这类节目更为常见。张衡《西京赋》有“跳丸剑之挥霍”的描写，李尤《平乐观赋》也列举有“飞丸跳剑、沸渭回扰”。到魏晋时，弄丸与跳剑更为盛行。公元220年，曹丕在谯郡劳军，表演百戏，其中就有弄丸、跳剑；陈思王曹植也曾亲自化装表演跳丸、击剑；傅玄在《正都赋》中描写西晋百戏表演节目中也有“跳丸”“飞剑”。天兴六年（403年），北魏道武帝下令增修百戏，节目中也有“跳丸”。南朝时期的百戏节目中也有跳铃伎、跳剑伎。

隋唐时期，弄丸与跳剑作为传统的百戏节目继续受到人们的重视。在宫廷乐舞立部伎中就有弄丸与跳剑表演，白居易《立部伎》说：“立部伎，鼓笛喧。舞双剑，跳七丸。”唐玄宗曾在东都洛阳招待诸蕃酋长，大酺于五凤楼下，命三百里内县令、刺史率声乐赴阙，令其比试胜负而定赏罚，其中就有弄丸与跳剑表演。

图67 盘舞杂技画像砖

东汉　现藏四川博物院

图68 双伎画像砖

东汉　现藏四川博物院

弄丸与跳剑还广受社会各阶层人们的喜爱。在劳军宴乐中也经常有弄丸与跳剑表演，如韦应物在《军中冬燕》诗中就提到军中宴乐时“庭中丸剑阑，堂上歌吹新”。元稹在《西凉伎》中也提到凉州军府“哥舒开府设高宴，八珍九酝当前头。前头百戏竞撩乱，丸剑跳踯霜雪浮”。在各地也能经常见到丸剑表演，如李白在《天长节度使鄂州刺史韦公德政碑并序》中就提到江夏县令薛公曾在鄂州选择风景名胜大演百戏，分曹比试：“蔺子跳剑，迭跃流星之辉；……丸剑挥霍，鱼龙屈盘。”丸剑表演还是岁时节日娱乐的重要表演节目之一，如符载在《中和节陪何大夫会宴序》中就提到：唐德宗贞元五年（789年）春天的中和节，鄂岳观察使何士幹也在鄂州大陈百戏，“铿丝桐，耀丸剑”。晚唐时，长安城南的曲江池畔还成为天子在每年的二月初中和节之时，举行丸剑杂技百戏的理想胜地。所以员岘在《妄心赋》中认为观赏伶人跳丸剑是“安天下之乐事”。

图69 跳剑图

清刊本《剑侠传》中的兰陵老人飞剑图

弄丸与跳剑自汉以来，一直深受丝绸之路各族人民的喜爱，随着时代的发展，弄丸与跳剑的难度不断提高，其审美的观赏价值也不断提升，并以极强的辐射力传播到中原各地。

6. 举鼎

早在远古时代，古代原始人类就已在劳动和生活中积累了一些搬运和举起重物的基本技能。随着后来生产水平的逐步提高，举重运动就随之产生和发展了。

举鼎在中国有着悠久的历史，早在春秋战国时期，人们就讲究用力、负重、举重物等活动，当时对力气大的人十分崇敬。据说孔子的父亲就臂力过人，曾举起千斤重的悬门。孔子自小习武，力大无比，据《列子 · 说符》记载：孔子曾做过“拓国门之关”的表演，即之后出现的“翘关”，其意是举起城池大门的门闩。先秦时期，武士以两耳三足的鼎做举重表演，称“力能扛鼎”。秦武王就非常爱好举鼎。《史记 · 秦本纪》载：“武王有力好戏。力士任鄙、乌获、孟说皆至大官，王与孟说举鼎，绝膑。”意思是因举鼎过力，压断了胫骨。到了春秋战国，举鼎较力更为盛行，出现了“乌获扛鼎”之类表演节目。

西汉时期，政治稳定，国力强盛，经济繁荣，“百戏”活动日渐繁盛。宫廷中设有“鼎官”，专门负责组织举鼎事宜，获胜者被授予“武力鼎士”的称号。《盐铁论 · 除狭》载：“戏车鼎跳，咸出补吏。”意思是表演车技和举鼎的人也可以担任官吏，足可证明举鼎在汉代的时兴。

魏晋时，举鼎逐渐被翘关所替代。晋成帝多次下发诏书，要求各地官员把能翘关的力士选入军中。并创造了“夏育扛鼎”节目。

隋代，在隋炀帝大业二年（606年），曾举行了一次盛大的百戏表演。其中表演的举重内容有：“夏育扛卢，取车轮、石臼、大瓮器等，各于掌上而跳弄之。”到了唐代，举重成了李世民选择军士的条件之一，并出现了举鼎、舞轮、掇石等新的举重形式。当时的百戏中，也有举重活动，如张衡在《西京赋》里就记述：“……乌获扛鼎，都庐寻橦。”又据《新唐书 · 选举制上》载：“长安二年（武则天年号，即公元702年），始置武举。其制，有长垛、马射、步射、平射、筒射，又有马枪、翘关、负重、身材之选。翘关，长丈七尺，径三寸半，凡十举后，手持关距，出处无过一尺；负重者，负米五斛，行二十步，皆为中第，亦以乡饮酒礼送兵部。”唐代武科考试列“翘关”与“负重”为测试项目，从制度上肯定了力量在武艺中的重要地位，极大地推动和促进了举重活动的开展。

宋代，翘关发展为举石球、石墩之类，到了明清时期，出现了举石锁、举石担和石狮。据文献记载，清代的武举科考中有掇石和舞刀一项，石有大、中、小三种，大的三百斤，中的二百五十斤，小的二百斤，要求应试者必须举石离地一尺；舞刀即是把八十斤、一百斤、一百二十斤重的大刀单臂举起数次，同时还要求持大刀“舞花”。

从上述可知，举重是人类体育中一种力量型的运动形式，丝绸之路陕西、甘肃等地遗存的有关举重的图像，为我国举重史的深入研究提供了更多的信息。

1985年，陕西宝鸡市出土一个人举龙座铜熏炉，铸有铜人托举熏炉的形象。

甘肃天水市麦积山石窟北魏第133窟10号造像碑，内有一幅两人举石浮雕，表现了两人举石比赛。两人分别左右站立，同时用双手举石。其中，右侧人双手托石上举成功，左侧人则双手举石至头部，未达到上举位置。两人动作颇似现代的举重运动。现藏于甘肃礼县博物馆的一件春秋时期的铜编钟，表现有两人分站两端举起编钟的雕铸像。甘肃永靖县炳灵寺石窟北魏第132窟，塑有一力士双手托举佛像的双脚。敦煌莫高窟北周第290窟人字披形窟顶东西两面，有六条连续长达20余米的长卷佛传故事画，描绘了悉达多太子与伏陀、难陀、调达等带500随从及礼乐射艺之具前来比武，行至城门，一头大象堵住，无法通过。先行的调达一举将象打死，难陀又把死象提起扔至路旁。太子看见死象后，下马慢慢按摩死象，并将象举起送到城外，大象复活了。壁画中，悉达多太子正面直立，两脚分开，用右臂将象举起。在敦煌莫高窟北魏、西魏的洞窟中还绘有金刚力士和药叉举石的画像。如西魏第249、285窟顶部，绘有一幅兽头人身、有手脚、臂生羽毛、着短裤、身壮而有力的画像，为秦始皇时大力士，力能扛鼎，故有“乌获扛鼎”之语。后刻于墓内为守护神。美国波士顿博物馆藏北魏墓志画中便有此形象，标题为“乌获”，与第249、285窟乌获形象完全相同。初唐第322窟西壁，绘有四名童子举马的图

图70 举重图

甘肃永靖县炳灵寺第132窟壁画 北魏

图71 举重图

甘肃嘉峪关新城魏晋1号墓

图72 举象图

甘肃敦煌莫高窟第290窟壁画 窟顶人字披 北周

图73 举铁钟图

莫高窟藏经洞（第17窟）出土的幢幡画 唐（现藏英国博物馆）

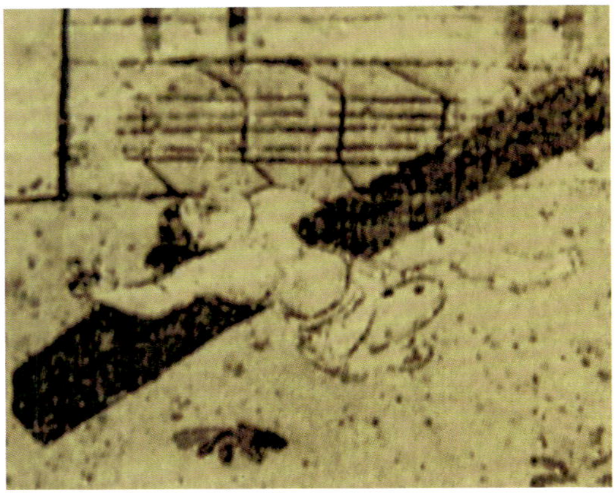

图74 翘关图

莫高窟藏经洞（第17窟）出土的幢幡画 唐（现藏英国博物馆）

图75 举象图

莫高窟藏经洞（第17窟）出土的幢幡画 唐（现藏英国博物馆）

像。莫高窟藏经洞（第17窟）出土的幢幡数量约有230余件。幛幡画中，有一幅佛传故事图（现藏英国伦敦大英博物馆），描绘悉达多太子青年时习武的场景。场景共分著文较技、摔跤较技、举重较技三个部分。举重较技主要表现悉达多太子右手提一黑色铁钟，正在做上提动作，准备将其举起；右边有一人，全身赤裸，只系条腰带，仰面躺着，腋下夹一条木门闩，这显然是一翘关图。画面中悉达多太子着猩红衣、白裤、黑长筒靴、黑帽，右肩和右臂袒露。下端有一画面表现悉达多太子头戴黑色幞帽，着棕色短靴，两脚分立，右臂高举过头顶，手托着大象的背，象脚和象鼻朝向天空，象耳下垂。从画面可以看出，太子全身紧张，尽力保持身体平衡。右侧还有一人，头戴幞头，脚穿靴，身穿袍，系绿带，举手鼓掌，祝贺太子把大象举起。五代第61窟西壁佛传故事屏风画中，描绘了太子习武。西壁南起第五扇屏风画绘有太子驰马举铁板图像，第六扇和第七扇屏风画绘有太子单手举象、举巨钟、举铁槊等图像，重现了古代举重的景象。

丝绸之路现存的文献、文物、壁画和幡画使人们真正见到了秦汉至五代时期的举重实例。

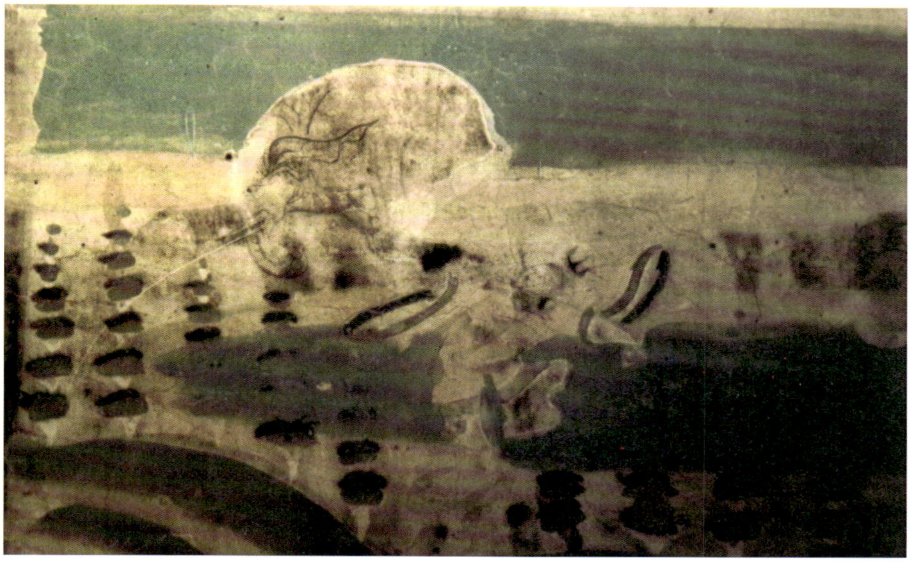

图76 举象图

甘肃敦煌莫高窟第61窟壁画　西壁　五代

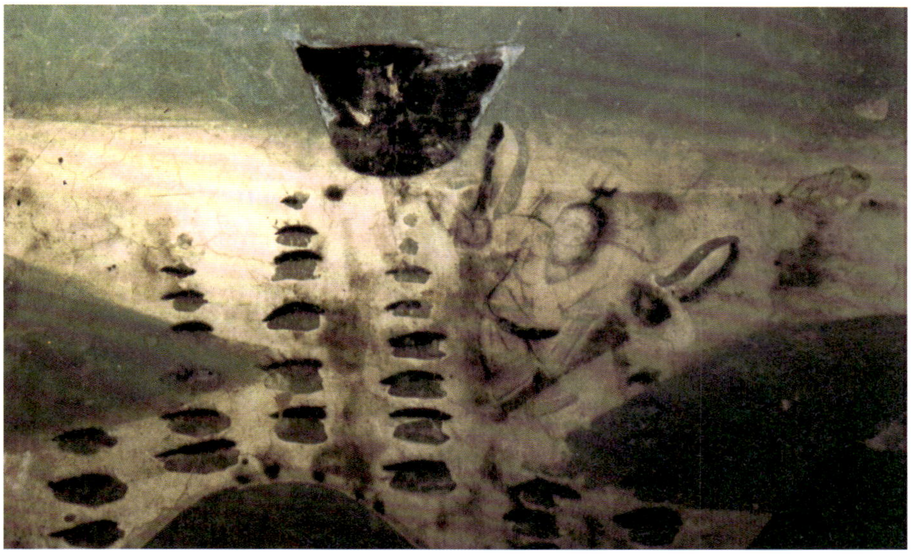

图77 举钟图

甘肃敦煌莫高窟第61窟壁画　西壁　五代

图78 骑马举铁板图

甘肃敦煌莫高窟第61窟壁画　西壁　五代

图79 骑马举铁板图

甘肃敦煌莫高窟第61窟壁画　西壁　五代

图80 力士画像砖

青海省平安县东村汉墓出土　现藏西宁博物馆　公元前206年—公元220年　汉

图81 骑象举铁板图

甘肃敦煌莫高窟第61窟壁画　西壁　五代

图82　皈依罐（灰陶质）

通高68厘米　1972年宁夏固原北门外机砖厂宋墓出土　宋

7. 马伎

广义的马伎，兼指各种动物的表演，甚至包括人表演的杂技。狭义的马伎，则专指以马为中心的表演。“马伎”一词在汉代已见诸文献。如桓宽《盐铁论·散不足篇》说：“戏弄蒲人杂妇，百兽马戏斗虎。”但马戏的出现，远在汉代以前。中国古代马伎的起源年代尚未确考。但在新疆的岩画中已经寻到其最早的踪影。战国时期所盛行的角抵戏，其中就有“马伎”表演。

汉代是百戏最为繁荣的时期。《盐铁论·散不足篇》提到百戏时，有“马戏斗虎”之说。从汉代的石刻中，也可以看到马伎的形态。在河南登封少室石阙画像上，绘有两匹疾驰的马，其中一匹马的背上有一个表演者在做倒立动作。在山东沂南汉墓出土的画像石上，有两幅形象的汉代马伎图。一幅刻画的是一人在迅疾奔驰的马上双手倒立；另一幅刻画的是一人站立在奔驰的马背上，一手舞剑，一手舞动彩绳，表演极其精彩。张衡《西京赋》载：“百马同辔，骋足并驰。橦末之伎，态不可弥。弯弓射乎西羌，又顾发乎鲜卑。”李尤《平乐观赋》载：“戏车高橦，驰骋百马。连翩九仞，离合上下。或以驰骋，覆车颠倒。”这反映出汉代的马伎往往和戏车综合进行，马队配合着竖有高橦的马车，在马的疾驰之中，表演者做各种惊险动作。

魏晋南北朝时期，虽然社会极不安定，战争不断，但马伎仍得到了一定的发展。《魏书·傅永传》：“傅永……拳勇过人，能手执鞍桥，倒立驰马。”其子傅叔伟，“又能立马上与人角骋”。在百戏表演中，马伎尤为引人注目。《艺文类聚》引《典略》云：“（魏）明帝使博士马均，作司南车，水转百戏。正月朝，造巨兽鱼龙蔓延，弄马倒骑，备如汉西京故事。”汉魏之际，在公共场合的马伎表演已经比较常见。《三国志·甄皇后传》中就有甄后幼年时在街上表演立骑马戏的记载。晋朝，马伎达到了较高的水准。《南齐书·礼志》：“晋中朝元会，设卧骑、倒骑、颠骑，自东华门驰往神虎门，此亦角抵杂戏之流也。”这时期的马伎已有多种式样花招了。晋人陆在《邺中记》载：“伎儿作猕猴之形，走马步，或在肋，或在马头，或在马尾，马走如故，名为‘猿骑’。”

隋唐五代时期的马伎取得了突出的成就。在军队、民间及宫廷，马伎均得到了高水平的发展。唐五代的军人最重马上作战，形成了这个时代具有实战价值的马伎风格，涌现出一代高手。

唐时期，还创造出不少新的高难度马伎动作，如走马击钱、立马写字、骑马钻圈等。段成式《酉阳杂俎》前集卷五载，建中初年（780年—783年），有位姓夏的军官“尝于球场中累钱十余，走马以击鞠杖击之，一击一钱飞起六七丈，其妙如此！……又能走马写一纸”。赵璘《因话录》卷六载，唐代“宣武军有小将善此伎”。每逢军中设宴时，他便表演“透剑门”的特技。“其人乘小马，至门审度，马调道端，下鞭而进，铮然闻剑动之声，既过而人马无伤。”“透剑门”表演是指用利剑的剑尖向内构成一条剑道，宽窄刚好容一人一马通过。表演者挥鞭策马从这条剑道疾驰而过，很有点像今天马伎表演中的钻刀圈。据说，这位善马伎的骑兵，在一次表演中因坐马受惊，人与马都死于利剑之下。但唐代最有影响的马伎表演却是“舞马”，也称“蹀马”。马戏在开元、天宝年间极为盛行，它包括马舞、象舞、犀舞、斗鸡等驯兽节目。尤其在宫廷中经常举行马戏表演，由内闲厩使引马，五坊使引大象、犀牛入场拜舞。

马戏中数马舞最出色，舞马披彩挂绣，鬃间饰金铃珠玉，装饰华丽。“嘴衔拉铁并权奇，被服雕章何陆离；紫玉鸣珂临宝镫，青丝绿络带金羁。”舞马都经过严格挑选，“星精龙种竞腾骧，双眼黄金紫艳光”。舞马人入场后，屈膝朝拜，原地踏步千下，应鼓点节拍起舞。对此，文献中有详细描述。段安节《乐府杂录·舞工》载，唐代有健舞、软舞、字舞、花舞、马舞。“舞马者，拢马人着采衣执鞭于床上舞，蹀躞蹄皆应节奏也。”意思是说，群马舞于平地，其中有特技者则登床；舞马为主，而人舞佐之。唐诗中有咏舞马的篇什，如李隆基的宰相张说写有六首舞马词，舞马进行时多以《倾杯曲》伴奏，而张说的诗便是为《倾杯曲》填写的词。如：“屈膝衔杯赴节，倾心献寿无疆。”“连骞势出鱼龙变，蹀躞骄生鸟兽行。”“腕足齐行拜两膝，繁骄不进踏千蹄……更有衔杯终宴曲，垂头掉尾醉如泥。”诗句生动地描绘了当时的舞马调驯得法，舞技水平极高。薛曜《舞马篇》云：“婉转盘跚殊未已，悬空步骤红尘起。”陆龟蒙《舞马》云：“曲终似要君王宠，回望红楼不敢嘶。”而郑处诲《明皇杂录·补遗》载：“玄宗尝命教舞马四百蹄，各为左右，分为部目，为某家宠、某家娇。时塞外亦有善马来贡者，上俾之教习，无不曲尽其妙。因命衣以文绣，络以金银，饰其鬃鬣，间杂珠玉。”

宋代以经济立国，重文轻武，但在京师却聚集着大量的中央军队，北宋年间的最高总数曾达到一百二十余万之多。宋代的马戏，由于军队的参与，马术杂糅各种军事、体育项目，变得技艺精湛而又花样繁多。宋徽宗赵佶在宣和末年于开封宝津楼观看百戏表演，先演出歌舞、杂技、武术、幻术、杂剧、烟火，最后以马戏和马球压场。关于当时马戏的具体节目，宋人孟元老在《东京梦华录》卷七“驾登宝津楼诸军呈百戏”条中说：“诸班直常入祗候子北所呈马骑，先一人空手出马，谓之‘引马’。次一人麾旗出马，谓之‘开道旗’。次有马上抱红绣之球，系以红锦索，掷下于地上，数骑追逐射之，左曰‘仰手射’，右曰‘合手射’，谓之‘拖绣铲’。又以柳枝插于地，数骑以铲子箭，或弓或弩射之，谓之‘蜡柳枝’。又有以十余小旗，遍装轮上而背之出马，谓之‘旋风旗’。又有执旗挺立鞍上，谓之‘立马’。或以身下马，以手攀鞍而复上，谓之‘骗马’。或用手握定镫裤，以身从后秋来往，谓之‘跳马’。”

在上述个人表演的马戏之后，又有黄衣老兵、妙龄女童结队上场，作骑术列队表演，最后以百余名男骑手上场打马球结束。正如《东京梦华录》所感叹的那样：“人人乘骑精熟，驰骤如神，雅态轻盈，妍姿绰约，人间但见其图画矣！”

辽、金、元三朝，以骑射立国，马术均甚可观。《辽史》说，皇宫中举行宴会，以“百戏、角抵、戏马、较胜以为乐”。《金史》说，射柳之戏，“先以一人驰马前导，后驰马以无羽横镞箭射之，既断柳又以手接而驰去者为上”。元人有套马、驭马诸术，称为“诈马”。元人周伯琦有《诈马行》，写元顺帝时举行“诈马宴”的热闹场面，其中有“九州水陆千官供，曼延角抵呈巧雄”之句，可见其场景的壮观。

明清两代，统称民间杂技艺人为“走马卖解”。明代刘侗、于弈正在《帝京景物略》中说：“马之解，人马并而驰，方也忽跃而上，立焉，倒卓焉，鬣悬跃而左右焉，掷鞭忽下拾而登焉，镫而腹藏焉，秋而尾赘焉。”可见“马解”即是马戏。清人纪晓岚有《河北马戏》诗：“桃花马上舞惊鸾，赵女身轻万目看。不惜黄金抛作埒，风流且喜见邯郸。”马戏演员中女性很多，李声振《百戏竹枝词》中有《解妇》一首，序中说：“妇人驰马之技，即‘挂子’也，山左直省盛甚。”曹雪芹《红楼梦》第五十一回写晴雯为了吓唬麝月玩耍，只穿了小袄便蹑手蹑脚走来，麝月道：“你就这么‘跑解马’似的打扮得伶伶俐俐的出去了不成？”也可见风俗之一斑。

丝绸之路上的陕西、甘肃、新疆的古墓和石窟壁画中的马戏内容较为丰富。许多经变画、佛传故事画和本生故事画，以及墓葬壁画、石雕等均绘有养马、驯马、赛马、舞马的场景。如：西安临潼秦陵出土的兵马俑；唐代著名画家韩斡绘有传世作品《牧马图》《神骏图》；韦偃绘的《百

图83　鎏金舞马衔杯银壶

宁夏博物馆藏

图84　马伎

山东沂南出土汉画像石　东汉

图85　舞马（衔杯纹银壶）

陕西西安市南郊何家村出土　唐

图86　白陶抬蹄马

陕西礼泉县张士贵墓出土　唐

图87　舞马俑

陕西永泰公主墓出土　现藏于陕西历史博物馆　唐

图88　牵马俑

陕西乾陵出土　唐

图89　酱釉罐舞纹瓷

陕西安康市出土　唐

图90　酱釉罐舞纹瓷

陕西安康市出土　唐

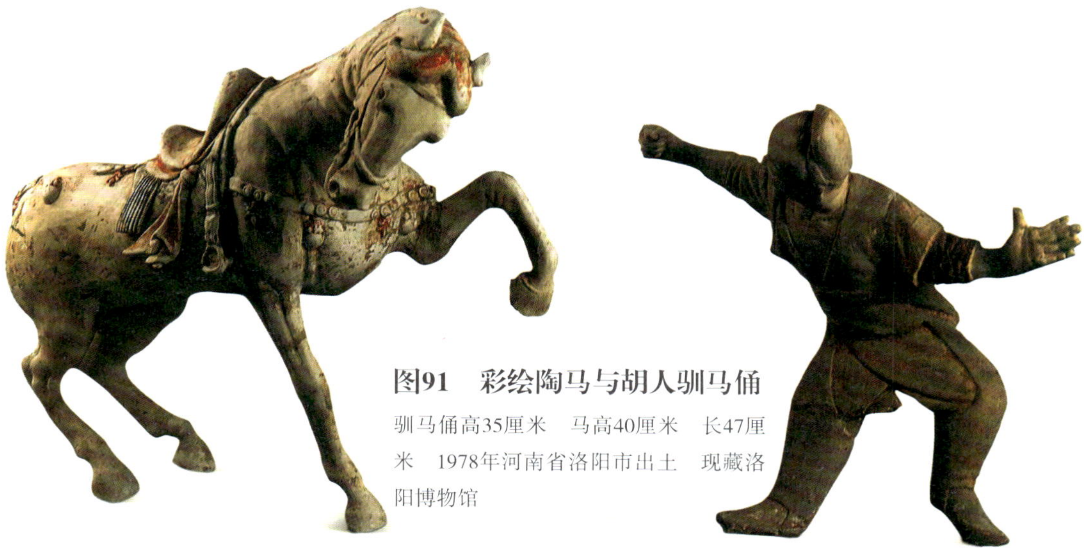

图91　彩绘陶马与胡人驯马俑

驯马俑高35厘米　马高40厘米　长47厘米　1978年河南省洛阳市出土　现藏洛阳博物馆

骑图》等。昭陵六骏是唐昭陵祭坛区内举世闻名的石雕珍品。唐太宗李世民为纪念他在大唐开国时的武功，将其征战时所乘的六匹战马雕置于昭陵北面祭坛两侧。现在这六骏除了两骏藏于美国宾夕法尼亚大学博物馆，其余四骏分藏于宁夏固原、西安碑林博物馆。陕西榆林古墓的汉画中有马术石刻图。西安南郊何家村于1970年出土一件“舞马衔杯纹仿皮囊银壶”，高18.5厘米，口径2.2厘米，底径7.2厘米。此壶系唐代文物，壶体为白银质地，仿照皮囊的造型。壶体的腹部两侧各有一匹凸起的鎏金马，形体高大而健壮，长鬃修尾，颈系飘带，嘴衔一杯，昂首扬尾，似作舞状。

1976年出土于天水市秦城区北山顶的一件陶舞马，长鬃披颈，昂首张嘴，背上备有鞍、鞯、鞅鞡，皆饰挂缨穗，三足立在平板之上，前右蹄在空中屈曲作舞蹈动作。

敦煌莫高窟北周第428窟东壁门南《萨埵太子本生》绘有一幅王子赛马疾驰回宫的图像。晚唐第156窟南壁《河西节度使张议潮统军出行图》和北壁《宋国河内郡夫人宋氏出行图》，均绘有马术乘骑的场面。五代第61窟《佛传屏风画》，其中有三幅是表演舞马的场面。画面是十几匹骖马由骑手们驾驭，悉达多太子在飞驰的马背上做单足探海（燕式平衡）；悉达多太子蜷曲藏身在马鞍一边，谓之“镫里藏身”，其左手把鬃，俯身在马体侧下，右手在地上捡起绳子；悉达多太子站立马背进行开双弓表演；在四匹并排飞驰的马背上进行翻腾表演等。

新疆阿斯塔那336号唐墓出土的马舞泥俑高12.8厘米、马长13.6厘米，马作白色，骑者衣绿，戴黑色幞头。这种马舞表演是由人装扮，马腹下有四肢，应为两位表演者的腿脚。据记载，龟兹国每年元月都要举办斗牛马驼的表演，一连七天，观其胜负。

中国古代的马伎是马球运动形成的基础，它不仅以悠久的历史和丰富的内容流传至今，并在一定程度上为现代马术运动所师承。如今，马伎已成为世界现代体育运动的内容之一，并列入了奥林匹克运动会的竞赛项目。它折射出我国古代先祖们

图92　马术图

甘肃敦煌莫高窟第61窟壁画　西壁　五代

图93　马术图

甘肃敦煌莫高窟第61窟壁画　西壁　五代

图94　马术图

甘肃敦煌莫高窟第61窟壁画　西壁　五代

图95　马术图

甘肃敦煌莫高窟第61窟壁画　西壁　五代

图96　马术图

甘肃敦煌莫高窟第61窟壁画　西壁　五代

图97　马术图

甘肃敦煌莫高窟第61窟壁画　西壁　五代

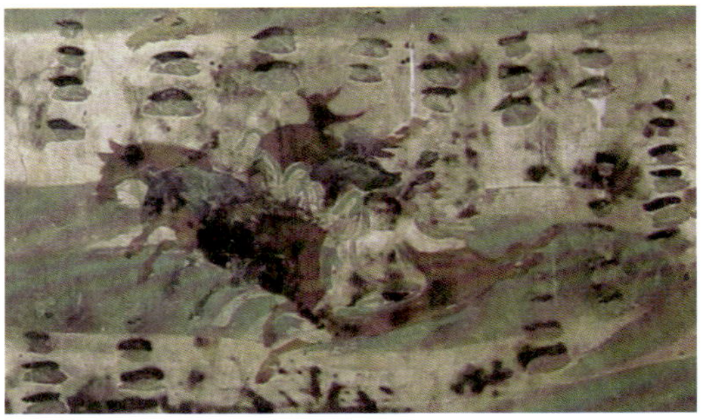

图98　马术图

甘肃敦煌莫高窟第61窟壁画　西壁　五代

图99　马术图

甘肃敦煌莫高窟第61窟壁画　西壁　五代

图100　彩绘马戏泥俑

新疆吐鲁番市阿斯塔那第336号墓出土　唐

图101　彩绘马戏泥俑

新疆吐鲁番市阿斯塔那古墓出土　唐

图102　骑马男泥俑

新疆阿斯塔纳出土　现藏新疆维吾尔自治区博物馆　唐（公元618年—907年）

图103　战马（昭陵六骏——飒露紫）

1914年被盗窃出国，藏于美国宾夕法尼亚大学博物馆　1951年移藏陕西省历史博物馆

图104　骑马武士画像砖

青海省平安县东村汉墓出土　现藏西宁博物馆
公元前206年—公元220年　汉

图105　彩绘骑马舞俑

陕西乾县出土　唐

图106　胡人驯马图

甘肃敦煌莫高窟第288窟壁画　中心塔柱　西魏

图107　牵马木板图

甘肃武威市西郊林场出土　西夏

图108　养马

甘肃嘉峪关市魏晋古墓彩绘砖画

图109　养马图

甘肃敦煌莫高窟第431窟壁画　西壁　唐

图110　侍马图
新疆吐鲁番县阿斯塔那188号墓出土　唐

图111　溜马图
宁夏固原县出土　隋

的智慧和精神力量，蕴含着人的意识情感，是人的审美观念的再现。通过对古代马伎和现代马伎运动的观照，我们可以感悟到人的内在力量，把握到人的精神脉搏，体味到美的智慧，进而获得精神上的满足。

（二）踩高跷、竹马、陀螺

1. 踩高跷

踩高跷，亦称“高跷人”“踏高跷”“扎高跷”“走高跷”，是汉族岁时节日传统习俗之一。

高跷本是我国古代百戏中的内容。相传高跷起源于原始氏族的图腾崇拜。尧舜时代以鹤为图腾的丹朱氏族，他们在祭祀中要踩着高跷拟鹤跳舞。文献《山海经》中关于“长股国”的记述，根据古人的注释，可知“长股国”与踩跷有关。我国最早文献记述的是《列子·说符》篇：“宋有兰子者，以技于宋元。宋元召而使见其技。以双枝长倍其身，属其胫，并趋并驰，弄七剑迭而跃之，五剑常在空中，元君大惊，立赐金帛。”从文中可知，早在公元前五百多年，高跷就已开始流行了。表演者不但能行走，还能跳跃和舞剑。

高跷分高跷、中跷和跑跷三种，最高的有一丈多。汉魏六朝百红中高跷被称为“跷伎”，宋代叫“踏桥”。清代以来的“高跷”，用一到三尺长的条木制成，上有木托。表演者将双脚分别绑在木棍上，化装成各种角色，一人或多人相互逗舞，在唢呐的伴奏下表演有趣的动作

图112　踩高跷《普庆升平图》

王恺　王继明　张启明　屈兆麟绘　清

或故事。高跷同时有文跷和武跷之分。文跷主要表演走唱，有简单的舞蹈动作；武跷则表演叠罗汉、倒立、劈叉、跳高桌等动作。

据史料记载，古代的高跷皆属木制，在刨好的木棒中部做一支撑点用于放脚，然后再用绳索绑在腿部。表演者脚踩高跷，可以做舞剑、劈叉、跳凳、过桌子、扭秧歌等动作。北方的高跷秧歌中，表演者会扮演渔翁、媒婆、傻公子、小二哥、道姑、和尚等角色，其扮相滑稽，动作搞笑，往往能引起观众的极大兴趣。而南方的高跷，扮演的则多是戏中的角色，诸如关公、张飞、吕洞宾、何仙姑、张生、济公等等。表演者边演边唱，如履平地，并且逗笑取乐。

汉魏六朝间高跷称为“跷伎”，宋代叫“踏桥”。清代之后，高跷有了进一步的发展，并一直传承至今，仍是民众岁时节日的表演项目。

图113　高跷秧歌图

现藏首都博物院　清

2. 竹马

竹马是岁时节日的一项儿童游戏。竹马的源头因资料的匮缺，无从考证。但据《后汉书·郭伋传》载，东汉初，扶风茂陵有个人叫郭伋，字细侯，东汉建武十一年任并州牧，他勤政爱民，官声颇佳。有一次，他到西河美稷，有数百儿童骑竹马来迎，并问他何时返回再经过此地，到时还要为他送行。于是便有了“竹马交迎”的成语，用来称颂地方官的贤德。这说明，竹马在汉代已十分流行。

魏晋十六国时期，由于战争连绵不断，所以那时候的孩子多是“竹马将军”，他们的理想就是杀敌上战场，为国立功，做游戏多是以打仗为内容。从三国到南北朝，很多有名的大将军小时候都是“竹马骑士”。如夏侯渊的三儿子夏侯衡，十六国的后凉主吕光，小时候都是当地赫赫有名的“竹马将军”。

唐代，儿童骑竹马游戏更加盛行，唐诗中有许多关于竹马的诗句可以得到证实，如白居易的“笑看儿童骑竹马”、赵嘏的“旌旗影前横竹马”等等。李白的《长干行》是写竹马最有影响的诗篇，言道：“妾发初覆额，折花门前剧。郎骑竹马来，绕床弄青梅。同居长干里，两小无嫌猜……”

竹马随着历史的演进得到了新的发展，出现了形象逼真的马头。这从宋代陶枕的《竹马图》上可以见到。当时竹马的另一发展趋向是日益艺术化，甚至向戏剧化发展。南宋周密《武林旧事》卷2《舞队》有“男女竹马”一项，说明宋代已将竹马列入“舞队”，并且是由男女共跳的。明、清之际，在南方许多地区，广泛地流行着“竹马灯”。竹马灯又名“耍马灯”“踩马灯”“跑马灯”“唱马灯”等，它是一种民间歌舞。每逢年节，田间无事，农民便组成竹马灯队，吹吹打打，边行边舞，走村串乡。舞者身上挂着竹扎纸糊的马形。

元杂剧曲牌中即有《古竹马》，以战争为题材的元杂剧中竹马更是不可缺少的道具。如《霍光鬼谏》《追韩信》等剧中，常常见到“踏竹马上”“骑竹马上”等舞台提示。

明清时的年画、诗文中多有表现儿童骑竹马的内容，比如姑苏桃花坞年画的“百子全图”、京师竹枝词，等等。后来“马”的制作又添花样，在马头内装以烛灯，以便夜晚骑玩。有关竹马的现存资料，在敦煌莫高窟壁画和遗书均保存有古代儿童骑竹马的图像和文字记载。莫高窟晚唐第9窟西壁北侧绘有童子骑竹马图，敦煌

图114　十四子婴戏图骑竹马
明

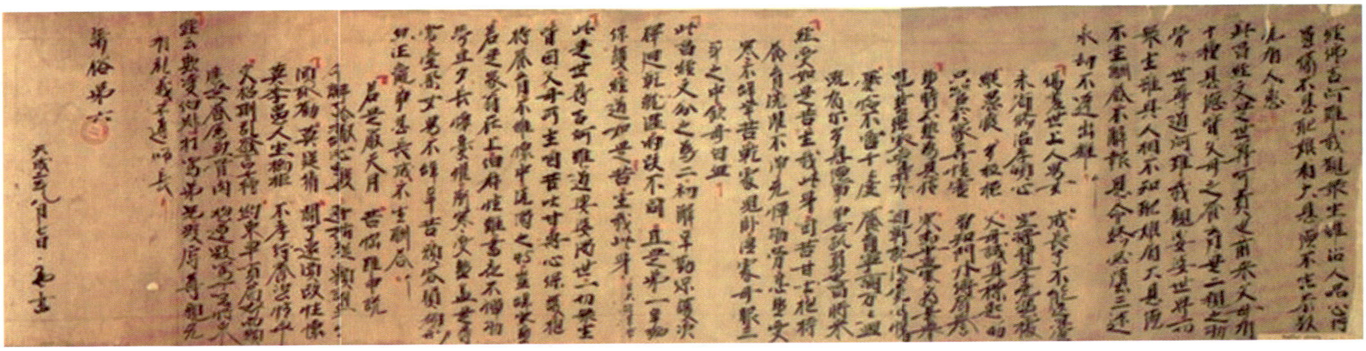

图115　骑竹马

父母恩重经讲经文　敦煌文献 P.2418

图116　骑竹马图

甘肃敦煌莫高窟第9窟壁画　东壁门南侧　唐

图117　婴戏骑竹马壁画

甘肃敦煌佛爷庙古墓36号墓彩绘砖画　魏晋

图118　婴戏骑竹马壁画（局部）

甘肃敦煌佛爷庙古墓36号墓彩绘砖画　魏晋

佛爷庙湾36号墓中有一幅描绘母子嬉乐的砖画。母亲身着白裙红袍，跪坐，哄弄一名下身全裸正在骑竹马的儿童。另外，藏经洞出土的文献中也有关于骑竹马的记述，P.2418《父母恩重经讲经文》载："婴孩渐长作童儿，两颊桃花色整辉。五五相随骑竹马，三三结伴趁猧儿。"

3. 陀螺

陀螺在我国起源较早。在我国的许多新石器时代遗址中，先后出土了一批陶球、石球、陀螺等。1960年，在西安东郊半坡发掘的152号墓中出土了陶球之外，还发现有一个陀螺。再如河姆渡文化遗址、常州圩墩新石器时代遗址、山西夏县西阴村仰韶文化遗址出土的文物中，曾发现有陀螺。从出土情况看，这些陀螺都出自儿童墓葬，应当是他们生前最喜爱的玩具。这证实了在四五千年前的原始社会，随着人类文明的进步和物质生活水平的改善，满足儿童娱乐游戏的玩具中，陀螺就是其中之一。

陀螺在宋代时称"千千""妆域"等名。周密《武林旧事》中就有"千千"的记载。"千千"是直径约四寸，象牙制的圆盘。盘中心有一个一寸长的铁针，用手拧这铁针，使针尖在桌上旋转如飞，快停的时候用衣袖拂动它，比赛谁转得久。宫廷中的宫女闲暇之时，用纤纤素手拧转"千千"，并用衣袖拂它，"千千"的旋转，给宫女们带来了愉悦。由此可知，陀螺用鞭绳抽打而旋转完全与宫女玩"千千"有密切的联系。《历代旧闻·燕都杂咏》载："深宫妆域戏，旋转月同圆。不用弹棋局，

图119　抽陀螺

图120　陀螺图

争分脂粉钱。”明代刘侗、于奕正所著《帝京景物略·春场》对木陀螺的形制及其玩法都有生动的描写。刘侗并有《杨柳活》载：“杨柳活，杨柳多，小孩小女闲不过，丝线结鞭鞭陀罗。鞭陀罗，陀罗起，鞭不已，陀罗死。”清初，元璟借山和尚写有一首《鞭陀罗》诗，描写了儿童身着紫貂袄，脚着红棉靴，三五成群地聚在一起抽陀螺的情景。

我国古代陀螺在不同的时期有不同的玩法，按照玩的方式不同主要分为三类：第一类为手旋式：宋代的陀螺，是圆盘形物体，主体是一个圆片，中央贯轴，用手捻在盘中旋转，比赛谁转得久，但不能转出盘，是当时身处深宫后院的嫔妃宫女用以打发时光的娱乐方式之一，后来流传民间成为儿童玩具。因为用手旋转，又称手旋陀螺。第二类为指袖式：明代的妆域主体是一个用象牙做的圆盘，直径约4寸，盘上刻着树石人物等精美图案，圆盘中央有一根寸把长的铁针，手旋铁针使其旋转起来，当它转速减缓而有停转或歪倒时，允许用衣袖拂拭，即借助外力补救，谁转的时间久谁赢，游戏规则是不许转出事先划定的界限。第三类为鞭抽式：明代宫中妆域流传到民间，与宫中不同的是改用了实心木头，用绳绕上一拉，即刻转动起来，再用鞭子抽打，达到旋转不停的效果，旋转时间长的为胜。从拂袖动作演变成一根小绳鞭，拂袖陀螺变成了与现代相同的鞭抽陀螺。

陀螺游戏自唐以来，一直是民间岁时节日儿童的主要游戏项目。由于打陀螺的游戏性、娱乐性较强，深得儿童的青睐，尤其是在元日，正值冬季，更适宜这项游戏。

（三）博弈、藏钩、投壶

博弈文化也是中国文化的重要组成部分，自古以来，一直都是社会各阶层的一项休闲娱乐游戏。各种博弈形式不仅参与了人类生活机制的调节，而且与政治、军事、文化、习俗、信仰等有着一定的联系，有力地影响了人们的道德观念、行为准则、思维逻辑、审美情趣等。尤其是博弈把寓于其中的中国传统哲学，如天人合一整体论、天圆地方的宇宙论、禅定坐忘的顿悟论、自知之明的人生论等，以一种雅俗文化形式普及于全民之中。它不仅具有陶冶民族坚毅精神和不屈性格的作用，而且还有启迪智慧、忘忧情乐、愉悦身心、社交礼仪等功能。

1. 博弈

博弈是中国优秀历史文化遗产的组成部分，也是现代文化的重要组成部分。它历经沧桑而不衰，时至今日仍有异彩。中国的博弈文化不是一种简单的游戏，而是一种非常复杂的逻辑思维游戏。这是因为，不论是博戏还是弈棋，都在其发展、演变过程中，汲取了华夏文化的精华，蕴涵了《易经》的太极整体论、阴阳辩证论、八卦生成论、河洛图书等象数逻辑思想，从而创造了以“变”为核心的各种博弈形式。博弈种类繁多，内容丰富。所谓博，即博戏，主要指借助于骰子以决胜负的游戏，如六博、樗蒲、双陆、叶子戏等；弈

图121　战国玉博具

六枚

图122　汉画像石上的六博

图123　六博图

汉代画像砖

图124　六博盘

陕西咸阳市汉阳陵出土

图125　汉画像石上的六博

图126　彩绘六博俑

现藏陕西省汉阳陵博物馆　西汉

图127　博弈木俑

甘肃武威市磨嘴子48号汉墓出土　西汉

泛指棋类游戏，如围棋、象棋、弹棋等。

（1）六博

六博，是因为博戏中的一种掷具——箸而得名。六博具有悠久的历史，是先秦时期最为盛行的一种局戏。到魏晋南北朝时已很少有人懂得六博玩法。自20世纪初以来，考古发现并挖掘出大量的博具，如1972年甘肃武威磨嘴子48号墓出土了一件六博俑和局。此外，还先后在甘肃天水市放马滩秦墓出土一块六博木版画、甘肃灵台傅家沟西汉墓中出土一套铜制四人博戏俑以及故宫博物院收藏的规矩纹铜镜和美国纽约收藏的汉代六博俑等等。在秦汉时期，随着博戏的盛行，还出现了不少专门研究博术的人，并撰有著作。如西汉初许博昌撰《大博经》，东汉也有人撰写博经。这些有关博局的论著，隋唐时还能见到，如《隋书·经籍志》载有《大小博

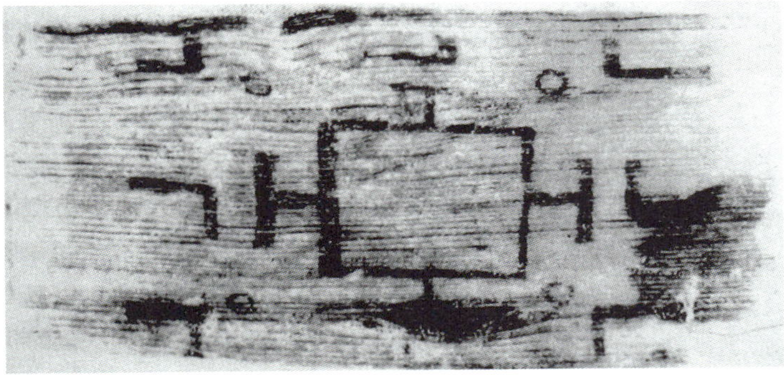

图128　六博局图案

甘肃天水市放马滩秦墓出土

图129　铜博戏俑

甘肃灵台县傅家沟出土　汉

图130　六博

现藏于美国纽约大都会博物馆

图131　博弈图

甘肃敦煌莫高窟第159窟壁画　东壁门　唐

图132　陶质六博俑

美国纽约莉莲·斯卡露丝藏

汉

图133　彩绘陶六博具（附骨制棋子）

现藏于美国纽约大都会博物馆　汉

图134　彩绘陶六博俑

现藏于美国纽约大都会博物馆　汉

经》一卷，《唐书·经籍志》载有《大博经行棋戏法》二卷。此外，《淮南子》《汉书》《后汉书》等文献中，也有不少论及博戏的内容。可惜绝大部分已失传，留下的只是零散的文字资料。

六博的形制与方法较为复杂。据《颜氏家训·杂艺篇》述："古者大博则六箸，小博则二茕，今无晓者，此世所行，一茕十二棋。数术短浅不足可玩。"箸又称"蔽""采""茕""琼"，是一种投掷采数的博具，如同"骰子"。"箸"一般由竹木制成，两头尖长如箭形。箸后来又改用骨、玉制作，称为"琼"。箸、茕、骰虽都表示数、色的博具，但盛行的时代有先后，数、色的组合搭配差别更大，这决定了古代博法的巨大变化。一般来说，投箸以博出现得最早，盛行于战国和西汉；投茕最早出现于秦代，盛行于两汉；投骰出现较晚，而且已脱离了六博局。棋盘称为局，局分十二道，两头当中名为"水"，放"鱼"两条。博时先掷采，后行棋，进退攻守，相互胁迫，棋行到处，则入水食鱼，每食一鱼得二筹，得筹多者为胜。鲍宏《博经》述："用十二棋，六白六黑，所掷骰谓之琼。琼有五采，刻为一画者谓之塞，两画者谓之白，三画者谓之黑，一边不刻者，在五塞之间，谓之五塞。"

六博有大博和小博之分，大博约在商、周时期就已流行。它的棋盘称之为"枰"或"曲道"，多采用木制，近似方形，正面涂白漆或黑漆做底色，依据出土的汉镜的构图和武梁祠前石室第七室的六博石刻及四川汉代浮雕，棋盘上面刻有T、L、V三种矩规纹及圆点，并以红漆描绘。六博局的形式似同"宫室"或"四合院"的建筑，中间是天井，四周是房室和席，从而构成了T、L、V矩规图。小博约在东汉时期盛行，它的棋局由12横道组成，

图135 《六博》篇题

北京大学藏西汉竹书（部分）

图136 六博俑

现藏于英国大英博物馆 汉

中间有一条较宽的“水”。双方掷采行棋，根据采点大小来定行棋的步数，到达终点以后，棋即竖之，名为跷棋（或称枭棋），未成跷的棋，就称为散棋。

六博自先秦以来，有关六博的形制，由于古代的箸、茕、琼一直没有发现，只是从文献上的记录和出土的骰子及国外发现的古代骰子来推断它的形式。因六博涉及的形式较为多样，向前会涉及古代的狩猎生活和乡射、秋射、投壶、酒会等各种礼节，向后涉及骰子、双陆、象棋等形式，它在古代社会中确实是占有重要的位置，是人们的重要娱乐形式。而且从考古出土的汉代画像石和画像砖中所表现的图像可以看出，六博属于竞争性极强的一种体育性游戏，它具有强烈的刺激性和吸引力。不少人因迷上六博，废事弃业，忘寝与食。六博的激烈性不仅与博术自身所具有的竞争性密切相关，而且也与六博时的身体动作有关。如六博要通过投箸或茕来进行，当投箸时不仅双手飞舞，口中呼吆，同时在博戏时还伴随着饮酒。由于饮酒后更兴奋，自控能力降低，容易冲动，因此时常发生争执、谩骂甚至打架。

六博这种文化形式，由于雅俗共赏，因而具有广泛的渗透性和群众基础。从六博的博法，可从一个侧面反映整个中国文化的内涵所在，包括天地变化、万物生成、四季信息、世道升降、人事兴衰等多种寓意。六博自战国兴起，经秦汉、魏晋而衰，到了隋唐其形制和博法久已失传，但是它在两千余年的发展中产生的文化影响及社会影响是显而易见的。

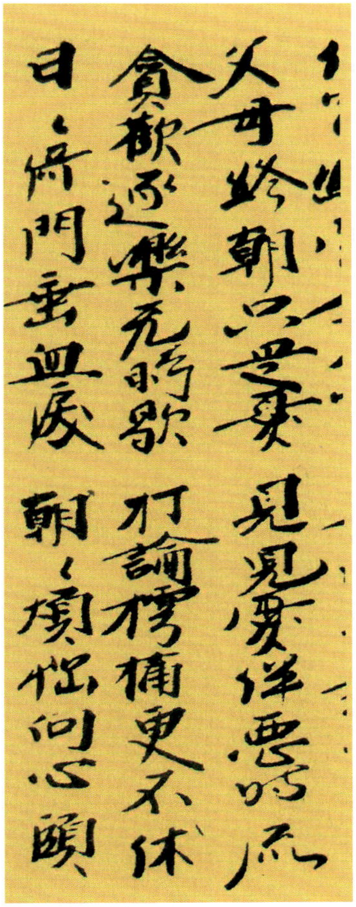

图137　樗蒲卷子
P.2418

（2）樗蒲

六博随着社会的发展和人们对游戏兴趣的需求，衍生出了诸如樗蒲、弹棋、双陆、塞戏等博类。以后的象棋和围棋也与此有着一定的血缘关系。因此可以说，六博戏是我国博弈文化的圭臬，是各类博戏的共同起源。

樗蒲之得名，缘于五木的质料。樗，即臭椿。它是一种掷彩行棋的游戏，在中古时期一直非常流行。据葛洪撰的《西京杂记》卷四《古生杂术》载：“京兆有古生者，学从横、揣摩、弄矢、摇丸、樗蒲之术，为都椽史四十余年，善施谩。”看来，至晚从西汉中后期，樗蒲这种游戏就开始在社会上流行。

现存最早对樗蒲有论述的是马融撰的《樗蒲赋》，从中可知，樗蒲的博具有“枰杯”“矢”“马”“五木”等。其中“五木”与“齿采”“荚数”有关。这在宋人程大昌的《演繁露》中有所记述，唐代李翱的《李文公集》卷十八所收的《五木经·元节注》，以及唐代李肇《唐国史补》卷五所收的崔师本《樗蒲法》的记载，说明五木各黑白两面，共10面。其中的两枚白面画雉（小鸟），黑面画犊（小牛），另三枚保持黑白面。这样，黑白两色搭配种类为2的5次方，即32种组合形式，并以“卢”“雉”“犊”“白”“黑”为“王采”（也称“贵采”），其余为“氓采”。其玩法是二人至五人对枰而坐，枰上摆着由咏及樗蒲的诗文，如郑嵎的《津阳门诗》，岑参的《玉门关盖将军歌》《送费子归武昌》，韦应物的《逢杨开府》，殷晓藩的《旅行》，薛能的《并州》，郑谷的《永日有怀》，薛侹则的《戏樗蒲头赋》，李白的《少年行》等。他们在诗作中，生动地描写了当时的士大夫们痴迷樗蒲游戏的心态。另外，在边陲敦煌莫高窟第17窟藏经洞出土的文献中也有不少对樗蒲游戏的记载，如敦煌文献 P.2418《父母思重经讲经文》、S.525、S.6022《搜神记》、P.3266《王梵志诗残卷》等都有对人们热爱樗蒲游戏的描绘。更为珍贵的是在甘肃河西一带的魏晋古墓群中发现的绘有樗蒲图像的墓葬彩绘砖画。1973年，嘉峪关市文物清理小组与甘肃省博物馆合作，在新乡以西发掘清理了13座墓葬，其中在第7号墓的中室东壁第一层第五块砖上绘有一幅彩绘樗蒲图像。2001年，甘肃省高台县苦水口镇发掘的魏晋墓室壁画砖中绘有两幅博戏图。画面表现了两位身着红白不同色的长袍，头戴元宝帽的男子，跪坐在棋局的两侧，一博者掷出五木，两人全神贯注地盯着掷采的结果。另一座墓室中也有一幅彩绘樗蒲图像。画面表现出两人对枰跪坐，左侧一人身着红袍，左手高举，右手前伸；右侧一人着白袍，右手伸向棋局。枰呈方形，下侧布有石子。据有关文献记载的樗蒲着法，一般枰上有40枚至120枚石子，组成三个矢阵，马入矢阵后，数矢而

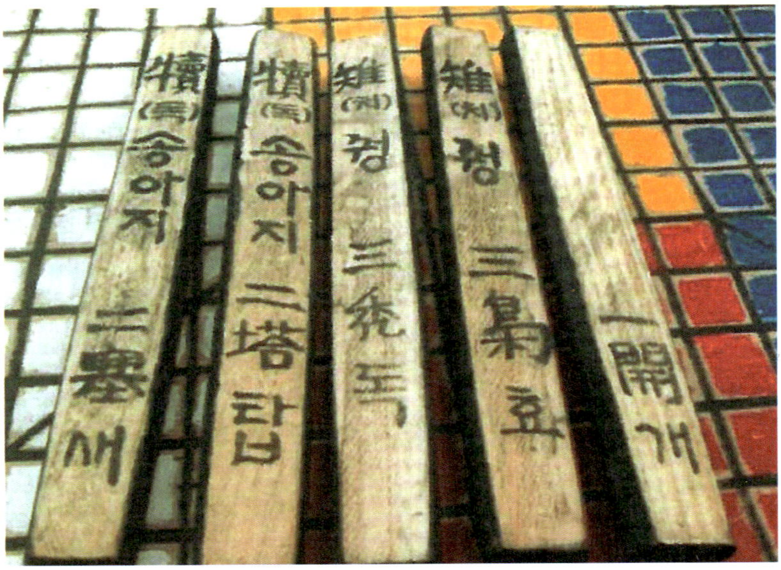

图139　樗蒲五木

现藏于韩国博物馆

图138　彩绘樗蒲砖画

甘肃嘉峪关魏晋7号墓　位于中室东壁第一层第五块砖　画面规格为长34.5厘米　宽17厘米　1973年清理发掘　M7出土　魏晋时期（公元220—420年）壁画

图140　彩绘樗蒲砖画

甘肃高台县许三湾魏晋墓

图141　彩绘樗蒲砖画

甘肃高台县许三湾魏晋墓

隅之，可俘获矢卒以得筹。

从甘肃河西一带考古挖掘魏晋古墓所发现的樗蒲彩绘砖画中能清晰地看到古人进行樗蒲时，神情紧张、呼卢喝雉、热闹非凡的生动情景。而且从文献记载中还发现樗蒲与饮酒结合，边饮边博，有时还与“打论”（蹴鞠）结合等特色的信息。这充分反映出古人休闲生活的丰富多彩，同时也为研究博戏的演变提供了参考依据。

隋唐时期，樗蒲还传入西域各地区，如在突厥就非常流行这种游戏，“男子好樗蒲，女子踏鞠”。这时期樗蒲还传入到了日本和朝鲜半岛，深受这些国家和地区人民的喜爱。

樗蒲作为历经千余年风靡的游戏，到了宋代之后，逐渐消亡和失传，取而代之的是打马戏。我们从文献中所记载的打马戏或其他博戏中仍然依稀可以找出汉唐樗蒲流行时的一些影子。

（3）骰子

骰子戏是一种世界性的文化、社会现象，自古至今，它一直活跃在人们的生活中。

据说，西汉时期的博戏是由秦代六博棋发展而来，但增加了博具——骰子，当时称之“茕”“琼”。在我国保留至今的古代文献、墓葬砖画、石窟壁画中有许多关于骰子戏的记载和绘画图像。例如：《史记·殷本纪》载：“帝武乙无道，为偶人，谓之天神，与之博，令人为行，天神不胜，乃戳辱之。”《穆天子传》载：“北入邴，与井公博，三日而快。”这表明，我国博戏不晚于商代。《史记·滑稽列传》记载：“若乃州闾之会，男女杂坐，行酒稽留，

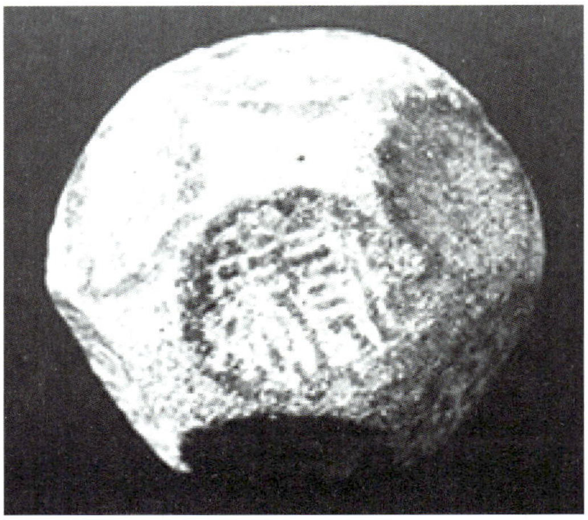

图142　骰子14面体

陕西临潼秦皇陵出土

图143　铜筛子

直径2厘米　河北省满城县出土　现藏河北博物院

六博投壶，相引为曹，握手无罚，目眙不禁。”另外，先秦的文献如《论语》《左传》《庄子》《战国策》《楚辞》《史记》等都有许多关于博戏的记载。还有在《唐诗》和《红楼梦》《金瓶梅》《水浒传》等文学作品中也有对古代骰子戏的描述。常任侠先生曾对骰子戏的流传著文论述。除文献记载外，1976年在陕西省临潼秦皇陵发现一枚秦代十四面体的石制骰子。1968年在河北省定县满城的一座西汉墓中出土一

枚铜骰，为二十二面体，除刻一至二十数字外，另两面一为“骄”，一为“酒来”。据考证，“骄”有取胜之意。而二十二面体骰子，一般用来掷采行酒令。

骰子又称“色子”“浑花”“撒家”“投琼”“彩战”等，有十几种别名。它在中国的博弈史上有着比较显要的地位，许多博戏活动都需要用骰子来作辅助工具，如六博、樗蒲、双陆、打马、彩选、状元筹、升官图、麻将等。因此，骰子在当时被称之为“博戏之魂”。它不仅仅是赌具，而且还用于占卜、行酒令或游戏等。骰子最早产生时形状各异，后来统一为方形。骰子的六面分别刻有一至六的点数，每面的骰子点穴上涂黑色。唐以后骰子的刻纹面出现了涂红，其中一、四涂红色，其他均涂黑色。如唐代诗人温庭筠曾作诗云：“玲珑骰子安红豆，入骨相思知不知。”

秦汉时期，骰子一般都是一种十八面形状的小球体，直到魏晋时，骰子逐渐演变为六面体。到了唐代，出现了骨制正方形六面有红黑点数的骰子，当时也称之“色子”。六面体骰子的创造是博戏史上的重大飞跃，它把“六箸”“五木”的黑白标记改为点数标记，把十八面体的茕改进为正立方体的六面形，不仅简化了投掷的程序，也使点数的组合数目适宜，便于博戏者记忆和掌握。它继承了“五木”的采数，使得规则简单，机会均等，给博戏者增添了无穷的兴趣。因此，六面体骰子的出现很快从樗蒲、双陆等博戏中游离出来，自成一宗。同时，也导致了六箸、五木、双陆等博戏的逐渐消亡。于是掷骰子成为了我国千余年来最为盛行的游戏方式。后来又出现刻着色点数的骨牌，即称“牌九”。再后来骨牌上的点数印到纸上，演绎出“叶子”“马吊”等纸牌。而今天的麻将牌却源自“马吊”，并集骰子、骨牌和纸牌的主要内容和形式于一身，成为对人们最有吸引力的娱乐游戏活动之一。

（4）双陆

双陆也称“双六”，因对局双方各六枚棋子而得名。双陆也是中国古代的一种棋盘游戏。它出现于魏晋南北朝时期，到隋唐五代时已广为盛行。据《资治通鉴》卷一六二载：“陈思王（曹植）制双六局，置骰子二。”由此可见，双陆早在三国时已出现。唐代李肇的《唐国史补》、宋代高承的《事物纪原》、元代陶宗仪的《说郛》、明代谢肇淛的《五杂俎》、清代孔继涵的《长行经》等，都对当时流行的双陆游戏的棋制、棋法、布阵等进行了记载。20世纪70年代以来，陆续考古发现了一些实物资料，1973年新疆吐鲁番阿斯塔那唐墓壁画和镶嵌螺钿的木制双陆局，长28厘米，高7.8厘米。1977年在江苏江阴发掘明初夏颧墓出土了30枚双陆棋子。北宋摹唐双陆仕女图，美国费城艺术博物馆藏明清之际的黄花梨木双陆桌。

双陆的行棋方法，据《资治通鉴》卷二八〇唐中宗神龙元年（705年）二月条胡注曰：“双陆者，投琼以行十二棋，各行六棋，故谓之双陆。”“琼”即骰子，为正立方体形，六面镂点。双陆为二人博戏，每人各六枚棋子，子称“马”，分为黑、白两色，在长方形的棋盘上，“按掷骰所得之采行马；各自棋盘一方行至另一方，以叠行之马打对方单行之马，据到达目的

图144　双陆木棋盘

新疆吐鲁番市阿斯塔那第206号古墓出土　公元7—10世纪

地的先后和打落敌马的多少决定胜负”。

双陆在古代还成为文人士大夫创作的源泉。如王建的《宫词》载：“分朋闲坐赌樱桃，收却投壶玉腕劳。各把沉香双陆子，局中斗累阿谁高。”敦煌文献P.2718《王梵志诗一卷》载：“双陆智人戏，围棋出专能。解时终不恶，久后与仙通。”朱湾《咏双陆骰子》和李贞白的《咏罂粟子》都吟咏了双陆骰子的形制与作用、双陆子的形状等。除诗作之外，唐代的民间传说、俗讲变文中也有对当时双陆游戏盛行的描写。如张鷟在《游仙窟》中描写了他与主人十娘等诗书相酬，宴饮娱乐的故事，其中就有着双陆的情节：“十娘笑曰：‘莫相弄！且取双六局来，共少府共赌酒。’……”敦煌变文P.2999《太子成道经》载：“是时净饭大王，为宫中无太子，优（忧）闷寻常不乐。或于一日，作一梦，（梦见）双陆频输者。明日（即）问大臣是何意旨？大臣答曰：陛下梦见双陆频输者，为宫中无太子，所以频输。”

双陆的传承有大食、阿拉伯、印度之说。据《魏书》《北史》《北齐书》记载来看，双陆为北朝时传入中国之胡戏，而“胡”应指阿拉伯、波斯地区。早在张骞开通丝绸之路时，中国人已开始与阿拉伯、波斯等国有着经济贸易和文化体育的交流活动。《三国志》《晋书》及《魏书》都称该地区为“条支”。据说，当时阿拉伯地区流行一种依骰子点数来行棋的博戏，阿拉伯、波斯人称其为“纳尔德（Narde）”，即双陆。后经陆、海两道由西向东传入我国，并传至中亚、南亚、东南亚及日本等地。至于南宋遵《谱双》所谓“双陆出天竺”，也许系考查条件等问

图146　螺钿木双陆棋盘（俯视）

唐

图145　紫檀双陆棋盘与棋子

现藏北京故宫博物院

图147　螺钿木双陆棋盘

唐

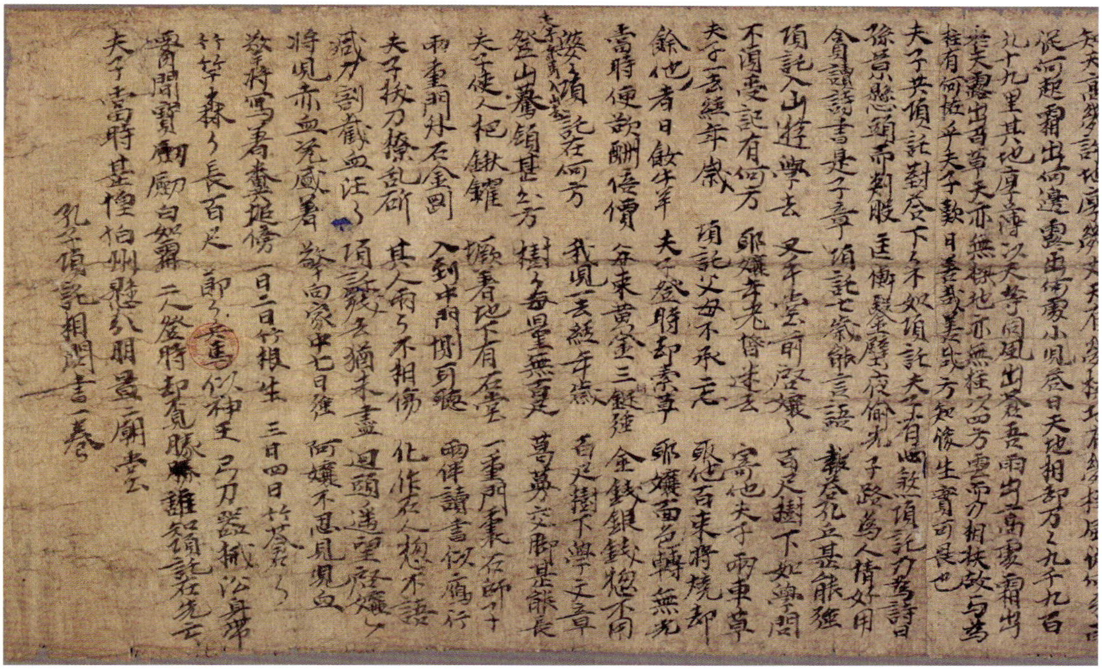

图148　双陆

敦煌文献P3883《孔子项橐相问书》

题出现了误证。

①双陆的渊源

唐代高宗、中宗、显宗、武则天、肃宗等均喜欢以双陆休闲娱乐，这意味双陆在历代帝王的影响下，不断得到发展和传承，成为当时与围棋、象棋并列的主要博戏活动。

由于双陆由西域首先传入我国敦煌地区，因此在古代敦煌十分盛行此种游戏。P.3883《孔子项橐相问书》云："夫子曰：'吾车中有双陆局，共汝博戏如何？'小儿答曰：'吾不博戏也。天子好博，风雨无；诸侯好博，国事不治；吏人好博，文案稽；农人好博，耕种失时；学生好博，忘读书诗；小儿好博，笞挞及之。此是无益之事，何用学之！'"P.2718《王梵志诗一卷》云："双陆智人戏，围棋出专能。解时终不恶，久后与仙通。"这说明了双陆是当时最为流行的一项游戏娱乐活动。

唐之后，到了五代、宋时期，双陆在宫廷和民间依然十分盛行。《宫词》《李师师外传》《能改斋漫录》等文学作品中均反映了双陆的风行，并出现了专门的组织。

双陆起源于两河流域的美索不达米亚（Mesopotamia）文明，考古学家在今伊拉克东南部的乌尔古城——古代苏美尔人（Sumerians）居住的吾尔镇（今）伊拉克遗址上发掘出距今5000年的双陆棋盘。这种棋盘至少在六个王室古墓中被发现，棋盘上镶嵌着贝壳、红玉髓和天青石装饰的图案，棋子则放在棋盘下面的抽屉里。

②双陆的传播与交流

关于双陆的传播有一种说法是：两河流域与埃及之间，有一个民族叫作腓尼基人（The Phoenicians），这也是一个擅长贸易的民族。他们来往于埃及、亚洲西部及希腊之间，双陆大约是经过他们传播到埃及和希腊的。考古学家在埃及及法老图坦哈门（Tutankhamen）的陵墓中

图149　象牙雕双陆棋子

甘肃武威市南营乡弘化公主墓出土　唐

发现距今3500年的双陆棋盘，说明公元前1500年的埃及人已经流行双陆游戏了。至此双陆已传播于亚洲、欧洲及非洲各国。

双陆源于古伊拉克，于汉魏时由印度随佛教经丝绸之路传入中国，到魏晋南北朝时已在宫廷和权贵中广泛流行，并被视为“胡戏”；隋唐时期双陆更为盛行，人们对棋法做了一些改进，使之更适合时人的兴趣和要求；两宋时期，双陆在民间的茶肆、酒楼广泛开展，并已整合于中国传统文化之中；辽金元时期，又受阿拉伯、波斯双陆的影响，双陆的行棋、规则等有了许多新的变化。

双陆由汉魏时期传入中国，并逐渐广泛传播和风行，到了唐代更为盛行。武则天、狄仁杰均好此道。日本正仓院藏有唐代紫檀木双陆博具两件。1980年，甘肃武威市南营乡青嘴湾弘化公主墓出土涂彩象牙双陆棋子，表面刻有各色花朵、飞鸟等。现存21枚，底径1.6厘米，高1.7厘米，重80克，棋子数不全。

对双陆的渊源和传播做多元的研索，阐微识巨，发现双陆是人类有史以来最古老的体育游戏之一。并考得双陆源于今伊拉克东南部的乌尔古城苏美尔人居住的遗址墓群中发现的距今5000年的双陆棋盘。这一考证，使我们认识到伊拉克的双陆早于阿拉伯、波斯、埃及和印度，了解了双陆由印度传播至中国的轨迹。这不仅见证了丝绸之路上的中西古代体育文化的对话、碰撞交流与融合，而更重要的价值是为人们提供了双陆渊源与传播的新思考、新发现和新结论。

（5）弹棋

在古代的博戏之中，弹棋应为最高雅的一种。由于它不以争胜为能，淡泊自如，喻以修身，故被称作“仙家之戏”。弹棋至少产生于曹魏时期，据北宋陆游的《老学庵笔记》记载，大名龙兴寺佛殿有魏宫玉石弹棋局。这说明，弹棋至少在曹魏初年或更早一点就已流行。又据《世说新语·巧艺第二十一》记载：“弹棋始自魏宫内用妆奁戏。文帝于此戏特妙，用手中角拂之，无不中。有客自云能，帝使为之。

图150　双陆图

清

图151　弈双陆图

甘肃敦煌莫高窟第7窟壁画　东壁门南　唐

客著葛中角，低头拂棋，妙逾于帝。”魏文帝曹丕酷爱弹棋，不仅作有《弹棋赋》（见《全三国文》卷四），而且技艺精湛，能以手巾角拂之。曹丕在《典论·自叙》中述：“戏弄之事少所喜，唯弹棋吃力尽其妙，少时常为之赋……”邯郸淳在《艺经》中述：“弹棋，二人对局，黑白棋各六枚。先列棋相当。下呼，上击之。”梁元帝写过《谢东宫赐弹棋局启》，北周王褒写过《弹棋》等，足见弹棋在魏晋时的风靡。直到唐代，弹棋依然很盛行，并开始流行一种二十四子的弹棋。这在柳宗元的《弹棋序》和佛经《梵网戒本疏日珠钞》中都有较详细的记载。唐代精通弹棋的人很多，据《太平御览》卷七五五《工艺部·弹棋》《新唐书》卷一三〇《裴宽传》《唐国史补》卷下、《唐语林》卷三、《唐律疏仪》卷十《职制》等都对当时弹棋高手和弹棋在社会上的流行有记载。尤其是当时不少诗人，如杜甫、白居易、李贺、韦应物、王建、王涯等都十分喜爱弹棋，写下了不少美妙诗句。弹棋到了北宋时期已经非常罕见，濒临失传，到南宋初年，弹棋基本消亡。因此，目前在国内几乎没有留下有关弹棋局、谱的实物或图式，只在《隋书》卷三十四《经籍志三》中还记载有徐广撰写的《弹棋谱》一卷，可惜也早已失传。不过，结合汉、魏和唐以来的有关记载，我们大致还可对弹棋的着法有个基本的了解：

弹棋盘的形制为长方形，其有玉、石、木等几种材质制成局。棋盘中心隆起，故称“隆局”，其余部分则砥砺打磨得非常光滑。方局上有十二辰，棋局以“雕错”或“华丽”为能事，并以十二生肖为棋道。而且以龙、蛟等神兽为装饰，并且有黑、黄、白等色别。

弹棋子为双方各十二枚，分为上、下区。上区六子，为红色（或白色），也称“贵子”或“上子”，分值较高；下区六子，为黑色，称“贱子”或“下子”，分值较低。开局时，“先列棋相当”，即双方六子都相对而立，再轮流“弹”或“击”子。

弹棋是古代一项高雅的游戏，从宫廷

到民间、从权贵到士人、从儿童到妇女，都对这种高雅的游戏十分崇尚和钟爱。弹棋的行制虽已失传，但从现代仍流行的台球、沙弧球等体育游戏中依然能找到它的踪形。

（6）围棋

围棋在古代称之为“弈”，“烂柯”是别称，《左传》《论语》《孟子》中都有记述，西汉时“围棋”才正式成为棋种之名。丝绸之路自魏晋以来，一直盛行围棋活动。十六国时期，西域与后凉政权建立者吕光家庭政治、文化关系十分密切，对围棋的西传有一定的推动作用。如，当时西域著名高僧鸠摩罗什经常出入王室，与品氏弈棋。尤其是鸠摩罗什所译《维摩诘经》对南北弈坛影响颇深。

围棋以“围”字概括了它的性质和特征，围与反围始终是双方斗胜的焦点，从古至今不变。围棋多为两人对局，用棋盘和棋子进行。开局后，双方在棋盘的交叉点轮流下子，一步棋只准下一子，下定后不再移动位置。围棋的着法复杂多变，双方运用做眼、点眼、劫、围、断等多种技术和战术吃子和占有空位，制胜对方。围棋的棋法、棋理较为深邃，下棋者思维往往要与政治、哲学、军事、文学、美学、天文、天理等联系在一起。因此，围棋一直是我国重要的传统棋艺之一，并被视作文化修养的必习雅艺。

图153　小儿弹棋局

图152　敲地击飞壤

图154　青花瓷版画《弈棋图》

清

图156　香山九老图

佚名　纵23.8厘米　横24.8厘米　现藏台北故宫博物院　明

图155　琴棋书画图

任仁发（传）　绢本　设色　纵172.8厘米　横104.2厘米　现藏日本东京国立博物院　元

图157　十八学士图

佚名　纵173.6厘米　横103.1厘米　现藏台北故宫博物院　宋

图158　围棋图

图159　弈围棋图

甘肃敦煌莫高窟第454窟壁画　屏风画　清

图160　华山五老图

明

1987年，在陕西宝鸡市扶风法门寺塔基地宫出土一件唐代银茶具，上面刻绘了一幅形象生动的两人弈棋图。茶具通高24.7厘米，盖高7.1厘米。

1991年至1998年，陕西省历史博物馆考古发掘汉阳陵时，在陵南阙门遗址出土了一件西汉陶质围棋盘，棋格刻画在一块残缺的方砖之上。

陕西省历史博物馆藏有一件清代粉彩碗，高6.9厘米，口径13.2厘米，其上绘有弈棋画面。西安市博物院也藏有一件明代的青瓷碗，高8.5厘米，口径13.5厘米，碗上绘有弈棋图。1975年，在西安市东郊隋墓出土了玛瑙围棋子。

图162　围棋石盘

陕西咸阳市汉阳陵出土

图163　唐套棋盘与蚌棋子

西北大学文博学院藏

图164　唐代的围棋盘

图161　银茶具

通高24.7厘米　盖高7.1厘米　1987年4月陕西扶风法门寺塔基地宫出土　现藏法门寺博物馆　唐

图165　日本正仓院藏棋几

敦煌莫高窟和瓜州榆林窟中有关围棋壁画及遗书卷子亦均保存有弈棋的史料。如：榆林窟五代第32窟北壁的对弈图，画面反映两人正在弈棋，右边的人举手走棋，左边的人出神地观看棋局。莫高窟五代第61窟西壁佛传故事屏风画第21扇，绘有悉达多太子弈棋图。宋代第454窟东壁绘有二人席地对弈的生动场景。另外在主室中心佛坛上，南北两面有六扇屏风画，其中南面有一扇两人对弈图。敦煌遗书 S.4571《维摩诘经讲经文》曰：“若至博弈戏处，辄从度人。”意思是维摩诘经常到下棋处，借观棋之机说法度人。这反映了佛门僧人在参佛中可以行棋，认为棋中自有佛意。敦煌一带的僧人开了风

图166　弈棋图

唐　瓷器　陕西西安市出土

图167　玛瑙围棋子

陕西西安市东郊出土　隋

图168　围棋子

陕西西安市吕氏四贤墓出土　北宋

图169　弈围棋图

甘肃瓜州榆林石窟第32窟壁画　北壁　五代

图170　弈围棋图

甘肃敦煌莫高窟第61窟

壁画　西壁　五代

图171　围棋图

甘肃敦煌莫高窟第61窟

西壁壁画　五代

图172　弈围棋图

甘肃敦煌莫高窟第454窟 壁画　东壁　宋

气之先。另外，P.2718《王梵志诗一卷》云："围棋出专能。"说明弈棋具有培养专门思维的能力。S.5725还记载了"玉女降，帝与之围棋甚娱"的故事。有的卷子，如S.102《梵网经》也提到僧人"不得樗蒲、围棋"。此外，敦煌石窟的藻井、龛顶、窟顶等处，绘有棋格雁衔璎珞、棋格千佛、棋格团花等图案，如初唐第67、78、328窟，盛唐第23、25、27、38、46窟，中唐第7、92、112、154、222、359、360窟，晚唐第8、9、12、14、29、94、106、142窟，五代第6、22、35、99、100窟等。

另外，在中国围棋史上有一项重大的成就，就是1900年在莫高窟藏经洞（17窟）出土的文献中，有一卷名为《碁经》的卷子，它是世界上记载最古老棋艺的孤本。此卷自发现至1914年被英籍匈人斯坦因（A.stein）盗去，并作了简要评述，还抄录了经文卷末所附的梁武帝《碁评要略》。敦煌抄卷《碁经》在大英博物馆中的编号是S.5574号。原文写在一卷佛经卷子的背面，无撰者姓名。卷首已残缺约三五行，卷末题"碁经一卷"，另有藏文题记一行。现共存本文160行。《碁经》以骈文体裁写就，处处可见对偶式的四六句子，全文不分段。内容可分正文和附录两个部分。

1972年，新疆吐鲁番文物保管所在阿斯塔那古墓群东南清理了唐代西州豪门张氏家族的茔区，在一座编号为第187号的墓中出土了木框联屏绢画，描绘身着盛装的两位贵族妇女（残缺一人）对弈围棋，左右有观棋者，构成了一幅以对弈为主题的仕女图。此图出土时已破碎，经新疆维吾尔自治区博物馆和故宫博物院研究人员

图173　粉彩弈棋人物瓷瓶

现藏西宁博物馆　清(1616年—1911年)

的精心修复，重现了大体完整的十一个妇女形象。画面中心是对弈的两个妇人，右方的一个正在聚精会神地下棋，身后是双手托茶的侍女。左方一个已残损，后面有侍女二人，一人正从盂中取子，一人左手执棋，似乎正关注着棋局。

1965年，在新疆吐鲁番阿斯塔那古墓区的西北、高昌城北部，发掘清理的第38号的唐墓中主室后壁有六条幅壁画，保存尚好。每条幅高约140厘米、宽约56厘米，均有勾出的紫色边廊。其中第三幅坐于树下的主人头着幞头，身穿绿袍，衣袖卷起，身旁一侍女持围棋盘，侍女后一男侍拱手而立。此图疑是东晋谢安转棋故事。1972年，在阿斯塔那第206号唐墓出土了围棋盘一件，边长为18厘米。

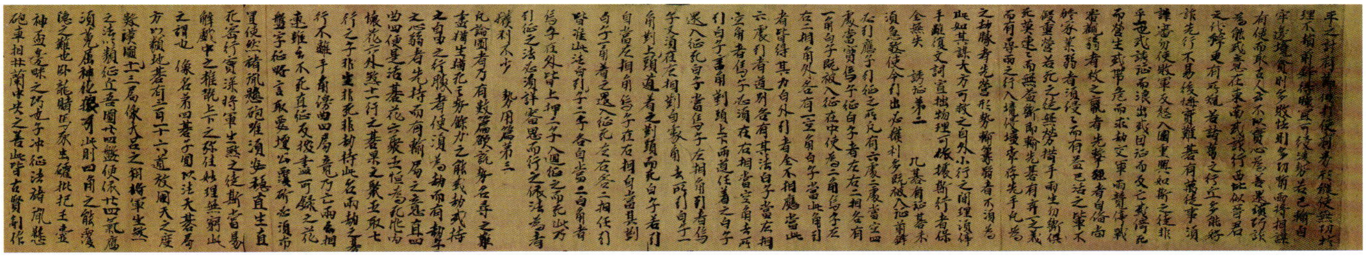

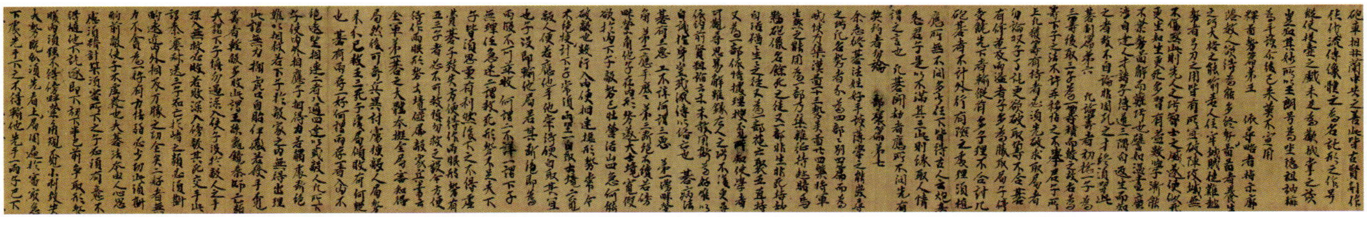

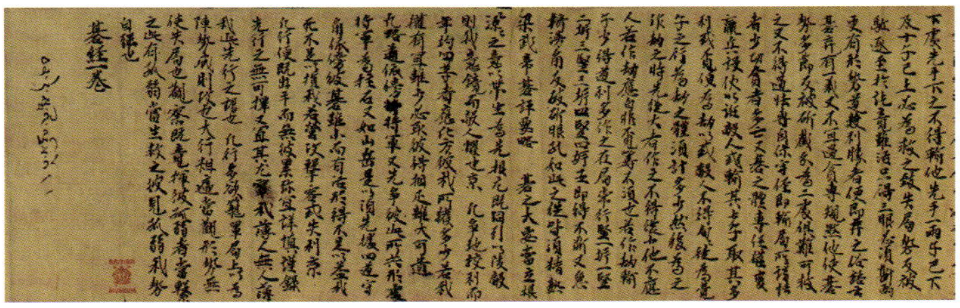

图174　碁经

敦煌抄卷 S.5574　现藏于大英博物馆　北周

图175　弈棋图

新疆吐鲁番市阿斯塔那187号古墓出土　唐

图176　木围棋盘

新疆吐鲁番市阿斯塔那第206号古墓出土　公元7—10世纪

（7）象棋

古代象棋被赋予“象天则地、仁义备载、足堪法式”的崇高的社会功能和文化功能。古人以象棋为依托，寄寓了对天地自然法则和人间社会法则的总的认识。根据有关学者考察发现，象棋的发明、演变及其设计思想，都与中国传统的术数文化有着密切关系。中国象棋反映的是阴阳六十四卦和九宫的思想，而这些术数文化思想恰恰是古人对自然界和人类社会的包罗万象的总体认识。

陕西省历史博物馆藏有一幅北宋时期的象棋盘和铜质象棋子。

1972年，甘肃西和县南村出土了宋代青铜象棋子。棋子成套完整，共32枚，直径2.7厘米，厚0.3厘米，分红、黑二色，圆形片状，双面铸有宋体楷书“将、仕、象、车、马、炮、卒”。字口极其清晰，

图177　铜象棋子

陕西出土　北宋

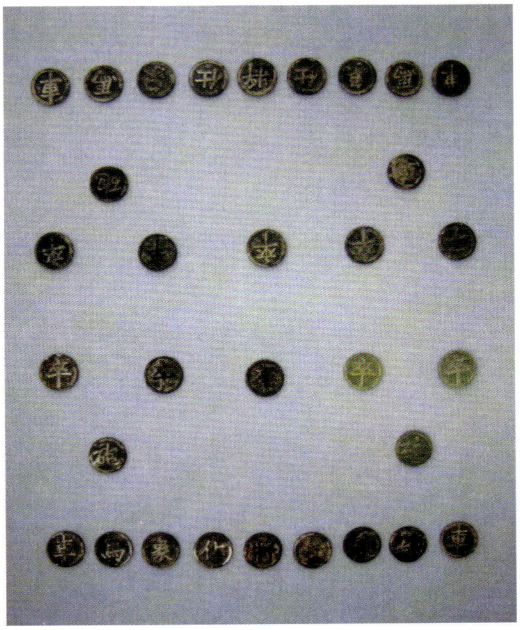

图178　铜象棋子

1972年甘肃西和县南村出土　宋

图179　下棋图

是国内古代象棋遗物的精品。

敦煌莫高窟藏经洞（第17窟）出土的遗书中，有对象棋驿弈情景的描述。莫高窟初唐第96窟殿前门上有幅清代绘制的象棋对弈图。它对研究象棋的演变轨道具有一定的参考价值。

博、弈本来属于游戏，甚至还与赌博有着千丝万缕的联系。弈与靠掷骰子行棋的博戏为伍，谓之“小道”。但当班固的《弈旨》将弈与天地之象、帝王之道联系在一起时，围棋则由小道而通于人道，打通了形而下之技与形而上之道的贯连。围棋成为“道”，成为“艺术”，不断被赋予新的意义。称围棋为“手谈”“坐隐”，是雅化之开始。由俗而雅的过程，就是一个逐渐淡化世俗物质欲望、感生追求、更多追求精神满足的过程，也是一个逐渐艺术化、审美化的过程。正是在这一过程中，围棋逐渐与博分家，与琴、书、画为伍，成了一门高雅之艺术，从而也成就了弈之三种境界：天地之境、道德之境、审美之境。

博弈游戏给丝绸之路上的各族民众也留下了特殊的生活印记。从文献和文物的记载中不难看出它给人们留下了磨不去的历史回忆，逼真地再现了博弈是当时人们休闲娱乐的主要内容。在田地村头、街头巷尾，茶楼酒屋、河滨柳荫、节日庆典，随处可见捉对厮杀者和围观的人群。人们从紧张激烈的“争博”中，体味人生的真谛；从“枰声局影”中忘却人间烦恼，从而使人们的身心得以休息和满足。这些资料同时也真实地烘托出古人的博风和弈艺，以及时人的博弈之乐、博弈之思。

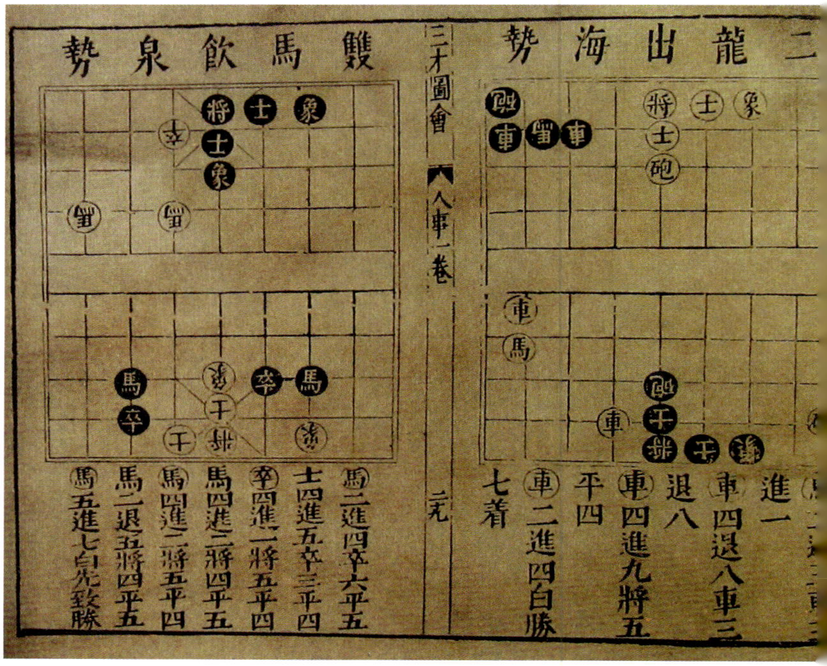

图180　《三才图会》中的象棋棋谱

明

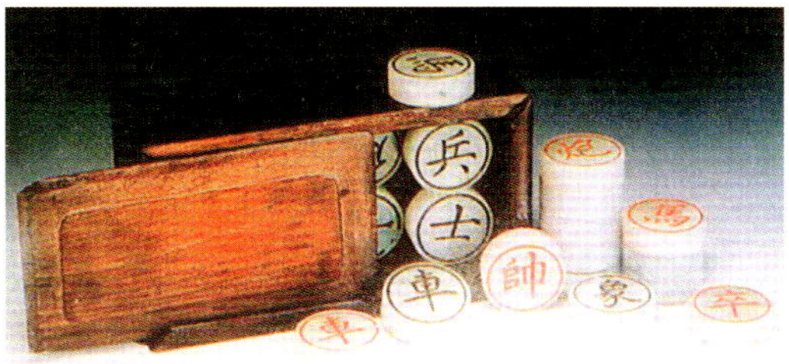

图181　翡翠象棋

《中国文物世界》第44辑著录　清

图182　象棋

象棋子直径3.5厘米　厚2厘米　中国体育博物馆藏品　清

图183　陶质象棋模型

广东省大埔县湖寮圩吴六奇墓出土　清

图184　铜质蒙古象棋

图185　象牙制象棋子

清

图186　铜棋子

宋

图187　14世纪蒙古贵族下象棋

2. 藏钩

藏钩，又称“藏驱”“行驱”“意驱”“打驱”“藏阄”等，是一种男女老少皆宜的岁时娱乐习俗。据传藏钩可能是受先秦时期出现的“投钩”“投策”的启发而迁移出的一种游戏。不过，关于藏钩的起源流传最广的一种说法是来自汉代的钩弋夫人。据东汉时辛氏《三秦记》说：“昭帝母钩弋夫人，手拳而有国色，先帝宠之，世人藏钩法此也。”《宋书》卷二十七《符瑞志上》也记载：“武帝赵婕妤，家在河间，生而两手皆拳，不可开。武帝巡狩过河间，望气者言：‘此有奇女子气。’召而见之。武帝自披其手，即时申，得一玉钩。由是见幸，号曰‘拳夫人’。进为婕妤，居钩弋宫，大有宠。十四月生男，是为昭帝，号曰‘钩弋子’。”《荆楚岁时记》载：“岁前，又为藏驱之戏，始于钩弋夫人。”可见藏钩游戏至晚在汉代就已经开始流行。

到魏晋南北朝时期，藏钩游戏已经非常流行。当时的贵族士大夫经常玩藏钩游戏，《太平广记》卷二二八《桓玄》条引《渚宫故事》曰：“殷仲堪与桓玄共藏钩，一朋百筹。桓朋欲不胜，唯余虎探在。顾恺之为殷仲堪参军，属脾在廨。桓遣信，请顾起病，令射取虎探。即来，坐定，语顾云：‘君可取钩。’顾答云：‘赏百匹布，顾即取得钩。’桓朋遂胜。”《异苑》卷四记载：“晋海西公时，有贵人会，因藏驱。”可见藏钩已经成为宴集时的娱乐助兴游戏。

藏钩在民间也广为流传，并且成为岁时元日举行的一项重要的游戏活动。盛翁子《藏钩赋》序说：“以腊之后，因祭祀余胙，要命中外，以行钩为戏。”

文献《风土记》《藏钩赋》中都记载有藏钩游戏的方法与规则。将参与者分成人数相等的两组，即称“分曹”，接着有一人将一个玉钩或戒指之类的器物藏在众人的手掌中传递，最后落入一人掌中，同

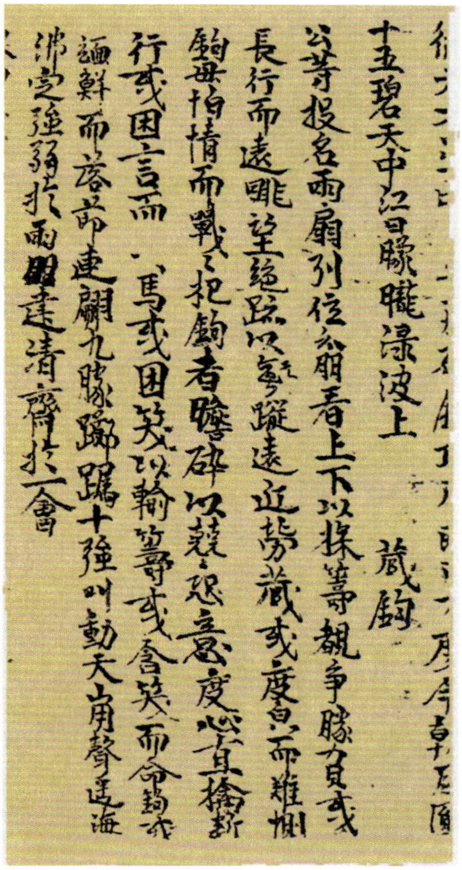

图188　藏钩诗

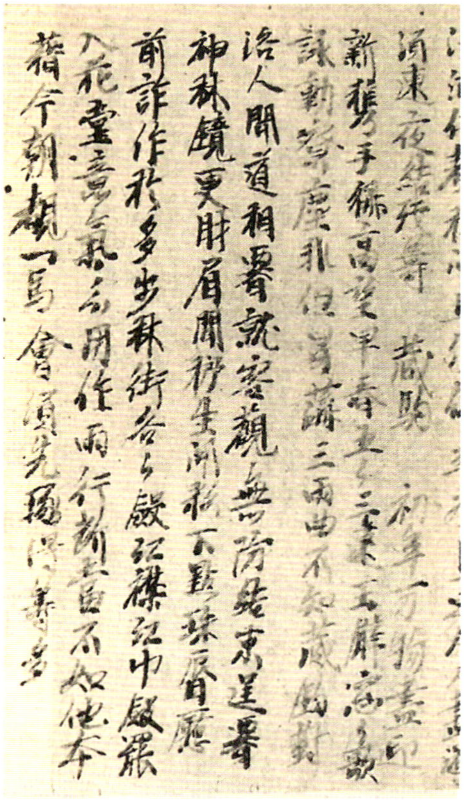

图189　藏钩诗

时其他人则故作姿态，以迷惑、误导对方；射钩的一队则察言观色，作心理分析，最后断定藏钩之人。最终，射钩的一组能否正确指出藏钩在谁手里就决定了胜负。

到唐代，藏钩之戏继续流行。唐初，皇室宫廷延续了传统的岁前玩藏钩之戏的习俗，杜审言《守岁侍宴应制》诗曰：

季冬除夜接新年，帝子王孙捧御筵。
宫阙星河低拂树，殿廷灯烛上薰天。
弹弦奏节梅风入，对局探钩柏酒传。
欲向正元歌万寿，暂留欢赏寄春前。

该诗描写了皇室在除夕夜守岁时玩藏钩游戏的情景。到唐后期，玩藏钩游戏的时间由岁前腊日移后到正月，据《酉阳杂俎》续集卷四“贬误”记载：“今为此戏，必于正月。”大概正月之时正是农闲时节。另外，藏钩游戏也经常在宴集时举行。如诗人岑参的《敦煌太守后庭歌》也曰：“敦煌太守才且贤，郡中无事高枕眠。……城头月出星满天，曲房置酒张锦筵。美人红妆色正鲜，侧垂高髻插金钿。醉坐藏钩红烛前，不知钩在若个边。为君手把珊瑚鞭，射得半段黄金钱，此中乐事亦已偏。”描述了边远的塞外敦煌太守在宴饮时玩藏钩游戏的情景。

另外，藏钩游戏在佛典中也有反映，如唐代中期高僧法照在《净土五会念佛略法事仪赞》卷二中就以藏钩来论佛理：

“藏钩乐，藏钩乐，藏钩本意解人愁。得往藏钩乐，得往藏钩乐。阿难迦叶共平章，文殊菩萨对商量。声闻缘觉两行坐，如来与汝作用头。金刚无碍取为筹，无价

图190　划拳藏钩画像砖

东汉

图191　六博和藏钩画像砖

东汉

图192　玉带钩

西汉

宝珠将作钩。持戒将为打钩仗，得见佛性即捻筹。藏钩心意莫游戏，只恐六贼竟来偷。强者直取波罗蜜，弱者勤修重更修。黄昏一坐至三更，贪筹不定共于事。弱者都缘心未志，强家不动证无生。”文中以如来、金刚、文殊菩萨、阿难、迦叶等为友人，以戒尺、宝珠为器具，从黄昏开始一直到三更还贪玩不止。在《敦煌变文集》中收有《父母恩重经讲经文》曰：“几度亲情命看花，数遍藏钩夜欢笑。”敦煌遗书S.4474《释门杂文》中也有对“藏钩”的描写：

“公等投名两扇，列位分朋。看上下以探筹，睹（赌）争胜负。或长行而远眺，望绝迹以无踪，远近劳藏，或度貌而难恻（测）。钩母怕情而战战，把钩者胆碎以兢兢。恐意度心，直擒断行。或因言而□（失）马，或因笑以输筹，或含笑而命钩，或缅鲜（腼腆）而落节。连翩九姓，踯躅十强，叫动天崩，声遥海沸，定强弱于两朋，建清斋于一会。”从这段遗书可见，唐代敦煌地区流行的藏钩游戏还与斋会结合起来进行。

在新疆吐鲁番遗书中也有反映藏钩的文书。如在阿斯塔那193号唐墓中出土了一份编号为73TAM193：11（b）《唐道俗藏钩文书》：

1．高五　翟都　高来　郭俨
2．道士张潼　僧思惠　□□　麹质
3．右件人今夜藏勾（钩）
4．作业。输者朋显出，
5．朋子并不知，壹取朋
6．显语。典郭俨。
7．张惠师西南尚尚尚尚尚
8．翟都东南尚尚尚尚尚

唐诗中也有许多对藏钩游戏的描述，如白居易《放言五首》诗云："祸福回还车转毂，荣枯反复手藏钩。"刘猛《苦雨》诗曰："自念数年间，两手中藏钩。"讲的是文人士大夫玩藏钩游戏。路德延《小儿诗》曰："抛果忙开口，藏钩乱出拳。"则是指儿童藏钩游戏。唐诗中更多的是关于妇女玩藏钩游戏的描写，如李白的《宫中行乐词》曰："更怜花月夜，宫女笑藏钩。"李商隐《拟意》诗曰："楚妃交荐枕，汉后共藏阄。"最有意思的是花蕊夫人写的一首《宫词》："管弦声急满龙池，宫女藏钩夜宴时。好是圣人亲捉得，便将浓墨扫双眉。"在急促的音乐声中，皇帝与宫女们一起玩藏钩游戏，被猜中的藏钩宫女被皇帝用浓墨涂抹双眉作为惩罚。

另外，在敦煌遗书 S.2049、P.2544 唐七言诗云：

欲得藏钩语少多，嫔妃宫女任相和。
每朋一百人为定，遣赌三千匹彩罗。
两朋高语任争筹，夜半君王与打钩。
恐欲天明催促漏，赢朋先起舞缠头。

敦煌遗书 S.2049《藏驹（钩）》诗曰："初年万物尽迎新，携手偁（称）高望早春。五五三三连玉辟（臂），窗窗歌咏动寮尘。非但昌（菖）蒲三两曲，不知藏钩对洛人。闻道相腰（邀）就容观，无防（妨）结束逞腰神（身）。林（临）镜更财（裁）眉间柳，生开粉下点珠（朱）唇。厅前诈作于多步，林（临）街各各敛红襟。红巾（襟）敛罢入花堂，意气分用（朋）作（坐）两行。断的当不如他本藉（籍），今朝睹（赌）一马，会须先琢得筹多。"

由于藏钩游戏具有较强的趣味性和娱乐性，其方法简单，因此深得人们喜爱，广大妇女儿童往往在岁时元日将其作为庆典的主要游戏内容之一。

3. 投壶

投壶最初是一种从"六艺"中的"射礼"演变而来的宴集游戏。其玩法是投壶者站在离壶有一定距离（约5—9步）的位置，把箭投向壶中来计算筹（得分）的多少以决胜负。

魏晋南北朝时，随着投壶的广泛流行，投壶的技巧也有了较大的发展。比如可以闭着眼投壶，隔着屏风投壶，还可以将壶背在身后，由身前反着投掷。据晋光禄大夫虞潭撰《投壶道》中，把投箭入壶耳使之呈佩剑状称作"带剑"；把投箭入壶使其靠在左右呈狼尾状称作"倚"；把使箭在壶口圆转称作"狼壶"。此外，还有"剑骁""豹尾""龙首""莲花骁"等投壶技巧。北朝颜子推在其著作《颜氏家训》卷七《杂艺》中，对当时投壶的技巧和名目作了详细的记载。其他文献如《淮南子》中有"投高壶"

的记载；《后汉书》卷二十《祭遵传》载："遵为将军，取士皆用儒术，对酒设乐，必雅歌投壶。"《献帝春秋》中有袁绍投壶的记载；《魏略》《王弼别传》《三国志》卷五十二《吴书·诸葛融传》等也都有关于投壶的记载。

隋唐五代的投壶活动，仍主要见于宫中和文人雅士之间。王勃在《梓潼南江泛舟序》中载："于是间以投壶，酬以妙论，亦有嘉肴旨酒，鸣弦朗笛，以补寻幽之致焉。"孙逖在《伯乐川记》中载："歌蔓草之相遇，笑投壶之失辞。"何延之在《兰亭始末记》载："围棋抚琴，投壶握槊。"《新唐书》卷一三〇《裴宽传》载："宽性通敏，工骑射、弹棋、投壶。"《大唐新语》卷十载："（卢）藏用博学，工文章，善草隶、投壶、弹棋，莫不尽妙。"张说在《大唐中散大夫行淄州司马郑府君神道碑》中载："其人善击剑，好投壶，尽五射之妙巧，究六书之体势。"韩愈在《郑公神道碑文》中载："公与宾客朋游，饮酒必极醉，投壶博弈，穷日夜，若乐而不厌。"司马图在《复安南碑》中载："麾下从容，每投壶而讲礼。"唐代还有不少文人雅士谱写下了传诵千古的投壶诗篇。如高适在《巨鹿赠李少府》一诗中载：

投壶华馆静，纵酒凉风夕。
即此遇神仙，吾欣知损益。

李白的《登邯郸洪波台，置酒观发兵》载："击筑落高月，投壶破愁颜。"白居易的《和春深》也写下了"鼓应投壶马"的诗句。他们将投壶者们身手不凡的投技和妙趣横生的场景描写得惟妙惟肖、淋漓尽致。其他还有历史典故、神话传说等文

图193　投壶图

学作品中都有对投壶的描述。如杜甫《能画》:“投壶郭舍人。”唐彦谦《汉代》:“饮酒阑三雅，投壶赛百娇。”

投壶是由春秋时期的射礼演变而来的，这种活动多半是贵族士大夫饮宴中进行的游戏。游戏中所用的酒壶象征箭靶，以棘制作的矢投入小壶，投距约七尺，中者（箭投入壶口或穿入壶耳）为胜。汉武帝时期，长安的郭舍人发明了一种“骁”式投壶法。将矢改用竹制以增强弹性。这样，竹矢从一定角度投入壶口即可反弹回来，投掷者若能敏捷地接箭在手，再迅速投进壶口，就可以一投一反，连续不绝。这不仅提高了投壶的难度，而且也增强了它的娱乐性。

敦煌莫高窟晚唐第9窟中心柱南平顶绘有投壶的场景。五代第61窟西壁佛传故事屏风画第21扇绘有投壶，画面表现出悉达多太子与四释子围绕一台，台右上角有一壶，正进行着比赛。敦煌遗书P.3866李翔《涉道诗》中描述了投壶是修道之人优雅的游戏。

经过爱好者的世代传承和实践，以及器材设施的更新、技术难度的加大、游戏规则的完善，不断为投壶演变发展开创着新的契机。投壶还传至日本、韩国。今天，在日本、韩国还能见到此项活动。

图194　铜投壶

图195　铜投壶

图196　投壶图

图197　投壶消夏图

清

图198　投壶

1937,0716.74　AN1613063146　现藏于英国大英博物馆

图199　投壶

1993,1028.1　AN1612987404　现藏于英国大英博物馆

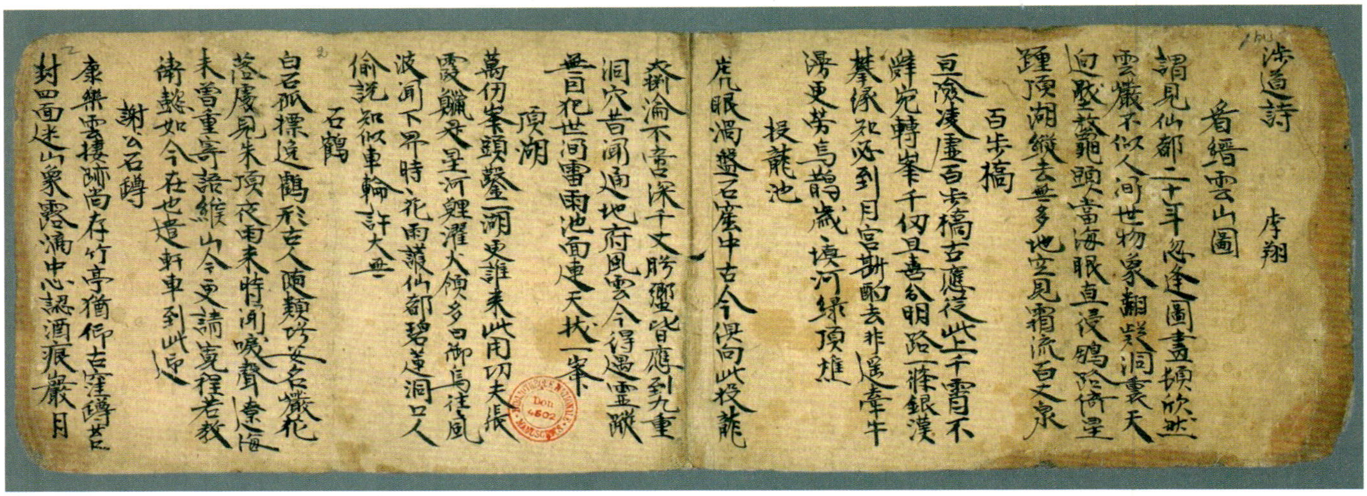

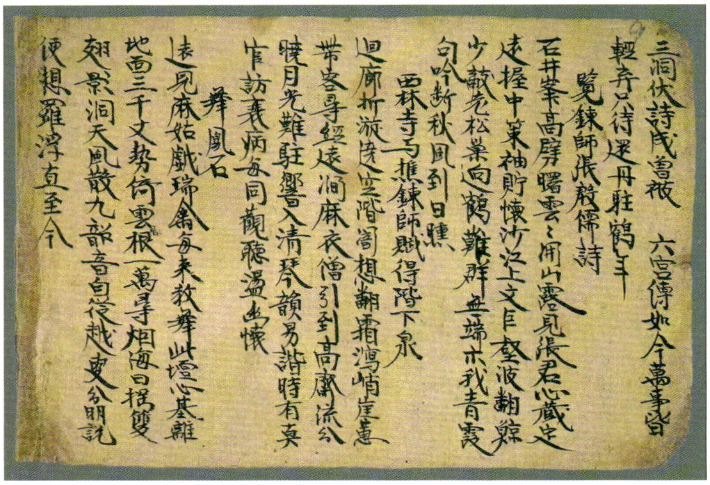

图200　投壶

李翔《涉道诗》中有诗《卫叔卿不宾汉武帝》 敦煌文献 P.3866

六

『上元』节日民俗体育的宗教特征

上元，又称元夕节、元宵节、灯节。由于正月十五为望日，月亮正圆，所以为团圆、美满的象征。该节起源较早，起初人们打着火把驱疫，道教在此日祭天，佛教又在正月十五燃灯敬佛，所以庆元宵节十分隆重。

（一）燃灯、赛社

1. 燃灯

从文献记载和敦煌石窟壁画中的燃灯画面中，人们可以知道汉唐时期丝绸之路的元宵节日是十分多姿多彩的：元宵的明月、元宵的团聚、元宵的灯火、元宵的欢歌笑语、元宵的纵情娱乐、元宵的游人共同编织着元宵之夕的良辰美景，构成了上元节俗的独特景观。自汉唐以来丝绸之路各民族在元宵节俗中追求人性自由平等、享受节日带来的快乐。

上元张灯习俗起源于汉代。据《初学记》卷四《岁时部下·正月十五日》条说："《史记·乐书》曰：'汉家祀太一，以昏时祠到明。'"今人正月望日夜游观灯是其遗事。

魏晋南北朝时期，梁简文帝有《列灯赋》曰："何解冻之嘉月，值萱荚之尽开。草含春而动色，云飞采而轻来。南油俱满，西漆争燃。苏征安息，蜡出龙川。斜晖交映，倒影澄鲜。"这篇赋描述的是正月十五日夜张灯的情境：有油灯，有漆灯，或燃香，或燃蜡，灯月交辉，倒映水中。

《隋书》卷六十二《柳彧传》载：

或见近代以来，都邑百姓每至正月十五日，作角抵之戏，递相夸竞，至于糜费财力，上奏请禁绝之，曰："……窃见京邑，爰及外州，每以正月望夜，充街塞陌，聚戏朋游。鸣鼓聒天，燎炬照地，人戴兽面，男为女服，倡优杂技，诡状异形。以秽嫚为欢娱，用鄙亵为笑乐，内外共观，曾不相避。

到唐代，上元灯会更是热闹非凡。据韦述《两京新记》卷二称："正月十五日夜，敕许金吾弛禁，前后各一日，以观灯。其寺观街巷灯明若昼，士女夜游，车马塞路。有足不躡地，浮行数十步者。阡陌纵横，城关不禁。五陵年少，满路行歌。万户千门，笙簧未撤。"唐代的皇帝中宗、睿宗、玄宗也都十分热衷于上元观灯。《旧唐书》中有详细的记载。由于在历代皇帝的大力提倡之下，唐代的上元观灯活动更加盛行，许多诗人写下了有关灯会的诗篇。如王諲《十五夜观灯》诗："暂得金吾夜，通看火树春。停车傍明月，走马入红尘。妓杂歌偏胜，场移舞更新。应须尽记取，说向不来人。"苏颋《和黄门舅十五夜作》诗："闻君陌上来，歌管沸相催。孤月连明照，千灯合暗开。宝装游骑出，香绕看车回。独有归闲意，春庭伴落梅。"敦煌写本P.2555号文书还存留有一首五言诗，诗题为《御制勤政楼下观灯》曰："明月重城里，华灯九陌中。开门纳和气，步辇逐微风。钟鼓连宵合，歌笙达曙雄。彩光不为己，常与万方同。"该诗描写了君臣于明月华灯之下观灯行乐的盛况，诗题称为"御制"，有人推测该诗当为唐玄宗所作。

白居易《正月十五日夜月》诗："岁熟人心乐，朝游复夜游。春风来海上，明月在江头。灯火家家市，笙歌处处楼。无妨思帝里，不合厌杭州。"这是作者在长庆四年（824年）杭州刺史任上所作的一首描写杭州上元灯会景象的诗。李商隐也作有"月色灯光满帝都，香车宝辇隘通衢"的诗句。

宋代的元宵夜更是盛况空前，灯会更为壮观。苏东坡有诗云："灯火家家有，笙歌处处楼。"词人辛弃疾曾有一首《青玉案·元夕》，云："东风夜放花千树，更吹落，花如雨。宝马雕车香满路。风箫声动，玉壶光转，一夜鱼龙舞。……"上述千古传诵的诗词妙语所描述的正是宋代元宵节的盛况。

明代的灯会更加铺张。唐寅（唐伯虎）曾作诗盛赞元宵节，诗云："有灯无月不娱人，有月无灯不算春。春到人间人似玉，灯烧月下月如银。满街珠翠游村女，沸地笙歌赛社神。不展芳尊开口笑，如何消得此良辰。"

清代的北京放灯异常的壮观。除了放灯外，还举行赛灯活动，其中以龙灯最有名。京城还有灯市。

敦煌文献中亦保留有道教尊长在正月十五日为皇帝或百姓所举行的上元斋文，从中可以看到道教在上元节燃灯的习俗。如S.3071记载有燃灯斋文载：

皇帝玄精启历，鼎运克昌；埏埴百王，范围千古。处青蒲（蒲）之上，有功于乘奔；居黄屋之下，无忘于斋醮。臣等谨为皇帝依上元《金录（箓）》简文《明真》太阴宫科品，建立黄坛，法天象地，敢披玄蕴，敷露真文，并赍龙璧纹缯，归命西北方无极太上灵宝天尊、梵气天君、西北乡诸灵官。今故立斋烧香，然灯朗耀诸天。愿以是功德，归流皇帝。七庙尊灵，九祖昭穆，即得开度，身入光明。愿皇帝圣历永昌，皇风遐振；静符万福，动合千祥；三晨（辰）会铜雀之鸣，五纬协珠囊之度；边烽息焰，炎徼（檄）归淳；帝道兴隆，万姓安乐。今故云云。

另在中国国家图书馆藏BD02983号敦煌文献中也有一篇燃灯斋文。从敦煌文献记载中可以看出，道家对上元燃灯习俗的形成具有一定的推动作用。

燃灯源自于佛教礼佛活动的说法也颇流行。上元燃灯受西域佛教社会燃灯礼俗的影响，并定型于南北朝隋唐时期的观点得到了较多学者的认可。传统史籍中所能发现的表明燃灯与佛教有直接关系的记载，当属梁简文帝萧纲的《正月八日燃灯应令诗》："藕树交无极，花云衣数重。织竹能为象，缚荻巧成龙。落灰然蕊盛，垂油湿画峰。天宫倘若见，灯王愿可逢。"此诗中虽言"正月八日"，却被《岁华纪丽》收入上元诗中。佛教文献中对此也有较多的记载，西晋时期白法祖所译的《佛般泥洹经》云："天人散华伎乐，绕城步步燃灯，灯满十二里地。"隋炀帝《正月十五日于通衢建灯夜升南楼诗》更是直接点明了上元燃灯与佛教的关系：

法轮天上转，梵声天上来。
灯树千光照，花焰七枝开。
月影凝流水，春风含夜梅。
幡动黄金地，钟发琉璃台。

此外，崔液《上元夜六首》云："……神灯佛火百轮张，刻像图形七宝装。影里如闻金口说，空中似散玉毫光。……"张说《十五日夜御前口号踏歌词二首》亦云："帝宫三五戏春台，行雨流风莫妒来。西域灯轮千影合，东华金阙万重开。"由以上材料可见，上元燃灯习俗确实受到西域佛教社会燃灯供佛宗教习俗的影响，其大约在南北朝隋唐时期发展并最终确立起来。

从文献记载可以看出，上元燃灯习俗的形成融合了民俗传统和宗教因素：汉武帝太初历的施行，为上元节地位奠定了基础；而后受到西域佛教社会燃灯礼佛信仰的影响发展起来；加之与本土道家上元节相互渗透，最终形成了以燃灯、观灯为显著特征的上元节习俗。

上元节观灯作为一个岁时节日习俗在长安、敦煌地区流行，民间甚至有说法认为："元宵灯会，长安第一，敦煌第二，扬州第三。"地处西陲的凉州，元宵灯会也很繁盛，"灯烛连亘十数里，车马骈阗，士女纷杂"。道士叶法善曾对唐玄宗说："（洛阳）影灯之盛，天下固无与比，惟凉州信为亚匹。"王粲《玄宗幸西凉府观灯赋》也称赞："到沓杂繁华之地，见骈阗游看之人。千条银烛，十里香尘。红楼迤逦以如昼，清夜荧煌而似春。郡实武威，事同仙境。彩摇金像之色，光夺玉蟾之影。"可见这里的上元灯会丝毫也不逊于内地。在敦煌文献中亦有较多关于敦煌上元节燃灯、观灯的隆重热闹场景的记载。如敦煌文献S.6836《叶净能诗（话）》中详细描述了唐玄宗在上元节观灯的情节。S.2832《诸杂斋文范本》中载："十五日，初入三春，新逢十五。灯笼火树，争燃九陌之时；舞席歌筵大启千灯金之夜。"在P.2631《释门文范》也有记载，"火树燃着银花，九陌连着灯影。……"

敦煌、吐鲁番的石窟壁画中所绘制的

燃灯树图像，可以印证文献记载有关燃灯的场景。如敦煌莫高窟初唐第220窟北壁就绘有燃灯对图像。

上元应该是中华民族的重大节日之一。它以极富民俗特色的游戏、娱乐、赏灯来愉悦人们，使人们充分释放和享受节日所带来的欢乐。因此，上元观灯的风俗历经千余年而长盛不衰，成为世代相沿的习俗。

2. 赛社

丝绸之路岁时节日的“赛社”和宗教祭礼仪式等节庆活动，无疑是远古时代图腾崇拜的遗迹。图腾崇拜的全民性、礼仪性和欢娱性，成为民间岁时节日的主要特征。在“赛社”等岁时节日的既娱神又娱人的各种形式活动中，丝绸之路古代民俗体育的诸多因素得到了创造、提炼、砥砺、聚合，最终凝结成光彩夺目的文化瑰宝。

“赛社”也正是丝绸之路各民族最喜爱的欢娱活动，体育被作为“神圣的”迎神仪式的组成部分而存在。实际上，体育在形成和发展过程中，作为宗教仪礼体育的原型，虽然在自身向竞技演进的过程中具有相对的独立性，但两者之间从未中断过交叉和融合。可以说，体育形成的过程，实际上就是“娱人”的体育与“娱神”的宗教仪礼不断交叉、融合并最终走向统一的过程。正是“赛社”所拥有这种“体育”和“宗教仪礼”的双重原型，决定了体育所具有的双重品性。

“赛社”主要祈求丰收、祈求晴雨、祈求子嗣，如敦煌文献P.2807《赛天王斋文》、S.0381《龙兴寺毗沙门天王灵验记》、P.2854《佛事斋文》、P.2005《沙州都督府图经》、P.4640《晚唐衙府账目纸破历》、S.5448《敦煌录》等所记述的赛天王、赛祆、赛金鞍山神时的各种景象。

（二）狮舞　龙舞

1. 狮舞

在西域的广大地区，自古以来就一直盛行拟兽技能的表演。这些拟兽技能发端于图腾崇拜。《尚书·舜典》记载了公元前帝尧手下有个掌管音乐的官，名叫夔的，能奏起石制的乐器，指挥“率百兽舞”，葛天氏“持牛尾舞八阕”，古傩中的“十二兽衣角”，在披着熊皮的方相氏的率领下舞蹈驱傩，蚩尤、炎帝（神农氏）的部族都是以牛为图腾。蚩尤的形象是牛首、牛蹄，还有尖利的牛角，都可以看作这方面的例证。随着时代的变迁，人对兽从搏斗、赶杀到驯养，进而发展到供人娱乐的动物戏，如马戏、猴戏、象戏，以及狮子舞演艺。但是，狮子崇拜及狮子演艺却与佛教东传有关。据文献记载，狮子是作为宗教的伴随物进入了我国的新疆、敦煌、河西和长安一带，与这一地区各民族的信仰、风俗等发生了融合，并取代了一些地方原有的瑞兽崇拜和拟兽演艺。

古代佛教一直把狮子作为瑞兽来崇拜。因狮子习性凶猛，头大肥长，铜头铁额，钩爪锯牙，弭耳昂鼻，目光如电，吼声如雷，威严无比。所以，佛教把兽中之王的狮为佛守法护神，而民间把狮子列为天龙九子之一。龙是中国人想象的动物形象，是中华多民族糅合的图腾崇拜。由于传说狮子是天龙之子，民间就把外来图腾和中国原有的图腾融合在一起，狮子成为中国令人信仰的“神兽”或“瑞兽”。狮子有“瑞”和“猛”的特征，所以民间认为它有辟邪驱鬼的功能，既能为佛护法，又能为民守卫。因此，古代一般在宫殿府第门前，都要竖立一对石狮子，分别放置左右以护宅镇邪。

狮子产于非洲和西域。汉武帝派张骞凿通丝绸之路之后，狮子随着经贸与文化交流传入中国。《后汉书·西域传》记载：“公元87年，安息王（今伊朗）遣使献狮。”第二年，月氏王（今阿富汗及克什米尔）也向中原献狮。杨衒之《洛阳伽蓝记》载：“永桥南道东有白象、狮子二坊……狮子者，波斯国胡王所献也，为逆贼万俟丑奴所获，留于寇中。永安末（530年），丑奴破，始达京师。”李肇《唐国史补》载：“开元末（约741年），两国献狮子。至长安西道中，系于驿树，树近井，狮子哮吼，若不自安。俄顷风雷大至，果有龙出井而去。”由上述几例可以看出，西域国家常向中国献狮子。

狮子舞，早在隋唐时期就在丝绸之路流行，尤其是“凉州狮子”更受当地民众欢爱。据文献记载，当时的宫廷乐舞都以西凉伎表演的狮子舞为主要节目。西凉，正是如今的甘肃河西武威市（古代称凉州）。《凉州狮子》的表演场地，设在边防将士的营地，用丝绸扎制成的金眼睛、银牙齿，精致优美的狮子，在两位化装成紫髯深目的少数民族狮子郎的调弄下上场，摇头摆尾、抖动毛衣，欢乐歌舞。当每舞一段落时，狮子郎上前致辞，叙述他们的经历，表演十分感人。唐代著名诗人白居易的《西凉伎》如实记录了《凉州狮子》表演的生活场景：

到了唐代，舞狮被列入宫廷《太平乐》即“五方狮子舞”，表演者分披青、红、白、黑、黄五色缀毛狮皮，位于东、南、西、

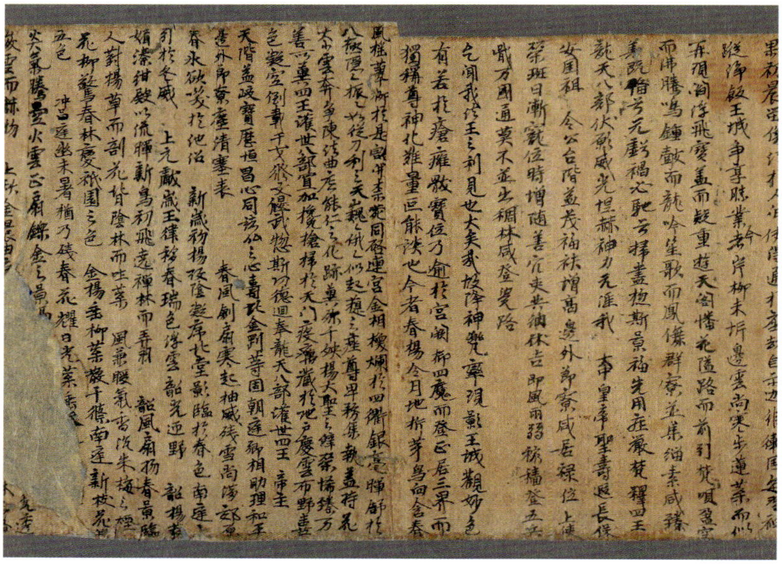

图201　舞狮

敦煌文献 P.2631

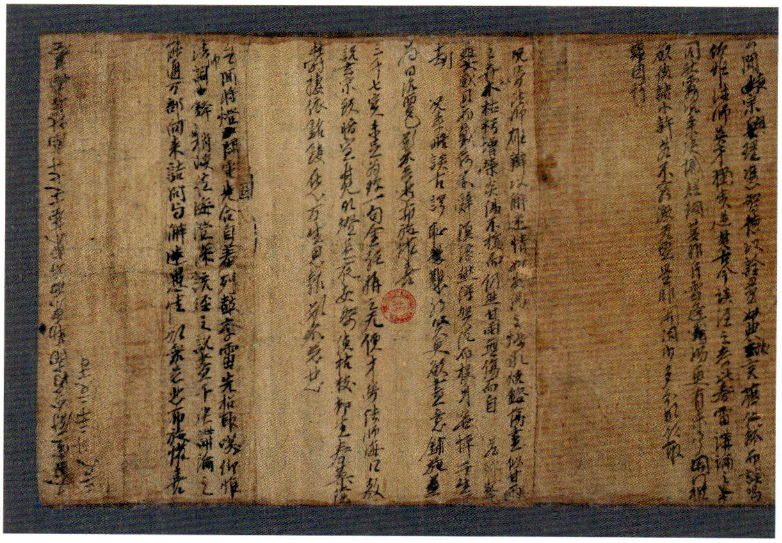

图202　舞狮

敦煌文献 P.2985

北、中五方。“五头狮子”在头扎红巾，身穿彩衣，手执红拂子一身西域装束的引狮郎的逗引下“俯仰驯狎”，表现出各种情态。同时，另有一百四十人高唱《太平乐》，边唱边舞，颂大唐兴盛，场面壮观，气势磅礴，呈现出威武与祥瑞。而在《教坊记》“曲名”中就有《西河狮子》和《狮子》，都应该是各种狮舞表演时的伴奏乐曲。中唐以后，在民间流行了“凉州狮子”的表演形式。另外，在《乐府杂录·鼓架部》中还提到“九头狮子”，其组成的狮舞，场面更为壮观。同时，当时的军中也流行以狮子舞来犒军，白居易和元稹写有的《西凉伎》可以印证舞狮在军中的流行。舞狮的发展历史悠久。自汉代的“象人”、北魏的“辟邪狮子”、唐代的“五方狮子”和“凉州狮子”、宋代的“狮子戏球”、明代的“滚球狮子卧倒”、清代的“大小狮舞”至近代发展的“高台狮子”“高跷狮子”“狮子灯”“狮子踩球”“罗汉戏狮”等等。随着时间的流变，狮舞经历了由西域到中国，由宫廷到民间，由河西到中原的流传，经过代代传承与提炼，逐渐演变为具有多元化特征和丰富的文化内涵的传统民俗演艺，并以长江为界形成了北狮和南狮两大流派。

狮子舞在古代主要归类于百戏杂技，主要流行于丝绸之路一带和中原地区，而“西凉伎”主要流行于甘肃河西和敦煌汉胡杂居地区。白居易在诗中对“凉州狮子”的表演进行描述：“西凉伎，假面胡人假狮子。刻木为头丝作尾，金镀眼睛银

图203　狮子图

佚名　纸本　设墨　长42.8厘米　宽20.8厘米　1907年被斯坦因拿走　甘肃敦煌莫高窟第17窟壁画　晚唐

图204　狮戏图

白沙乡箭峡墓　现藏清水县博物馆

图205　狮子舞泥俑

新疆出土　唐

图206　狮子图

甘肃敦煌莫高窟第61窟壁画　五代

图207　舞狮图

16世纪舞狮图（西藏古格王国宫中壁画）

贴齿。”又有“五方狮子舞”为礼部太常寺所典，服饰十分豪华。其中“黄狮子”，非“御前”不舞，甚为尊贵。据《乐府杂录》记载：“每一狮子有十二人，戴红抹额，衣画衣，执红拂手。”合乐而舞，全队舞人、歌工、伴奏共140人。其规模之盛大，由此数目可见一二。而其名“五方”云云，则来自我国的“东西南北中”五方思想，其主题为五方驱鬼、守卫五方之意。

1956年，陕西西安市八府庄出土一件唐代狮纹金花银盘，高6.7厘米、口径40厘米。

敦煌莫高窟中唐第159窟文殊菩萨图中狮奴赤膊卷发，肤色黝黑，应即所谓“昆仑奴”。他绳挽臂丰，手中持驯狮所用狮头杖。此外，莫高窟藏经洞（第17窟）出土一幅晚唐时的狮子图，长42.8厘米、宽29.8厘米，1907年被斯坦因窃去，现藏于英国伦敦大英博物馆；晚唐第9窟南壁，绘有狮子搏牛图；晚唐第16窟佛坛南侧，绘有双狮图；榆林窟中唐第25窟，绘有文殊坐狮图。

考古发掘中也发现有唐代的舞狮子俑，在新疆吐鲁番阿斯塔那唐墓中就曾出土过一尊狮子舞俑，从狮子的造型来看，和文献记载中的“缀毛为之，人居其中”的描写非常吻合，狮子俑的四脚明显是由两个人的腿脚来代替。另外，还有传世的唐代“胡人戏狮俑”。这些实物形状所表现的情景与现代狮子舞基本相同。

2. 龙舞

龙舞是一项流行于我国各地的民间竞技性舞蹈。每逢岁时节庆或盛大庆典，人们都以舞龙来表示庆贺。

舞龙是在远古龙图腾的基础上演变而

图208　舞龙

清代年画中的舞龙图

逐渐形成的。据文献记载，“舞龙”的习俗源自殷周时期的“祭天”遗风。考古出土的商、殷、周时代的青铜器中，就刻有龙形图案。汉代王充在《论衡·明雩篇》中载，龙舞是一种多人在渡河时所表演的像长龙一样的行列舞蹈。一般在暮春时分举行的祭礼中，表现出龙图腾崇拜及祈雨等多种含义。当时龙舞已开始在民间广泛流行，并演变成耍龙灯的形式。龙舞将龙的千姿百态活灵活现地表现出来，深受人们喜爱。

唐宋时期的“社火”“舞队”表演中“舞龙”已是一种常见的表演形式。宋代吴自牧的《梦粱录》中记载，南宋都城临安（今杭州）“元宵之夜……单缚成龙，用青幕遮草上，密置灯烛万盏，望之蜿蜒如双龙之状”。到了明清时期，舞龙便以其丰富的文化内涵和独特的风韵出现在年节的民间娱乐活动之中。龙的制作风格和舞龙的方式和动作等也因时代和地区不同而千变万化。其中有竹篾或钢丝扎成龙的身架，再饰以丝纱，里面置有灯烛，通体明亮。另外，还有用长条板凳作架，装饰成龙形，人们双手持板凳腿而形成的

图209　百子图·龙灯胜会

图210　舞龙图

明清

舞动的板凳龙以及用草扎成的草龙等等。舞龙的动作花样也十分繁多，如“蛟龙漫游”“摆尾脱皮”“双龙戏珠”“龙蟠九叠”“蛟龙过桥”“单龙戏珠”“龙头钻裆子”“头尾齐钻”等。但无论表演哪种花样，舞龙者都得用碎步起跑。引狮人手持宝珠，做各种翻腾动作，龙追捕着宝珠飞腾跳跃，忽冲入云端，忽入海破浪，蛇蜒腾挪，千变万化，场面热闹非凡。

古代，人们把“龙”作为吉祥的化身，代表着风调雨顺的愿望，因此，用舞龙祈祷神龙的保佑，以求得四季丰收。千百年来，这一颇具特色的民俗体育娱乐活动代代相传，并已被列入我国非物质文化遗产，成为中国象征性的民俗传统文化走向世界。

（三）走百病与走桥

走百病，亦称“游百病”“遣百病”“除百病”“走三桥”“走桥”“度厄”等等，在我国具有悠久的历史。唐代医学家孙思邈有曰：“行不宜疾”“饱食走百步，常以手摩腹”,《内功图说》中也有“两手摩腹，移行百岁除滞”之说。走，是我国古代最简便易行的养生方法之一，是古代较为盛行的妇女避灾禳病的民俗娱乐健身活动。

其方式是，每年正月十五之夜，或正月十六之夜，女子们梳妆打扮后，相约结伴，联臂出游。出游的路线都是事先选择好的，从出门到回家，穿街走巷，沿途必须走过三座桥。途中还有一些用于禳病的神秘行为，如抛铜钱逐鬼祟，抛石块镇疫气，在路口扔旧衣除病害，摔抛瓦罐免灾厄，甚至在地上打滚以脱晦气等。这种主要由女子参与的避灾求福祛病游乐活动，是将游乐与信仰交混的岁时民俗现象。

明清时期，走百病十分盛行。明人沈榜《宛署杂记·民风》记述京城元宵游灯市民走桥摸钉祛百病云：“正月十六夜，妇女群游祈免灾咎，前令人持一香辟人，名曰：‘走百病’。凡有桥之所，三五相率一过，取度厄之意。或云终岁令无病，暗中举手摸城门钉一，摸中者，以为吉兆。”明末刘侗、于奕正《帝京景物略·春场》亦有走百病的记载：“正月八日至十八日，集东华门外，曰灯市。贵贱相逐，贫富相易贸，人物齐矣。妇女着白绫衫，队而宵行，谓无腰腿诸疾，曰走桥。至城各门，手暗触钉，谓男子祥，曰摸钉儿。”

走百病的现实意义，一是游乐，二是祈嗣，走百病在价值取向上有祛病求福的功利追求，而祛百病并非实指“臂枯眼暗兼头风”之类，乃暗指女子不孕为无子之疾，借以祝孕乞子。女子们来到各城门，以银钱贿买守门兵，好让她们暗中手摸门钉，谁摸中了，这是个吉兆，以寓生男儿。

走百病与走桥在丝绸之路上一直十分流行，它是中国古代妇女的一种简易的运动养生方式。她们以走路、远游陶冶性情、闲庭信步，呼吸新鲜空气，使百脉疏通，内外协调，达到休闲健身的效果。由于此项活动简便易行，深受人们的喜爱，直到现代，仍是人们用以养生的方法之一。

图211　走百病图像

（四）傩舞、跳百索、捉迷藏

1. 傩舞

傩源于原始社会巫术驱邪仪式，融合了原始图腾，借助图腾驱除鬼疫，演化为傩仪，在甲骨文和金文中，可以看到许多含有图腾意义的象形字符，显示出远古图腾与文明社会之间的联系。这种人兽合一的图符般的文字向人们传达着先祖们昔日热衷图腾乐舞的信息。

傩仪本身不仅是图腾的代表，傩仪的主体应当是原始部族宗教中的驱邪仪式，而商周傩仪是原始部族宗教中的驱邪仪式同图腾结合的产物。西周时期，方相氏驱傩已经被列为宫廷例行活动。《周礼 · 夏官 · 方相氏》曰：

“掌蒙熊皮，黄金四目，玄衣朱裳，执戈扬盾，帅百隶而时难（傩），以索室殴疫。大丧，先柩，及墓，入圹，以戈击四隅，殴方良。”这是“傩”字最早出现的文献。

在夏、商、西周三代，驱傩仪式是人们克服同自然、社会之间的“冲突”的宗教手段之一。这种手段也借助了装扮行为。这种行为虽历经变化，但其借助图腾驱赶疫鬼的宗教性质和方式未变，所以它在性质上尚属宗教仪式；在方式上，因有佩戴图腾面具、披熊皮等装扮行为，且方相氏驱傩之时会有带有表演性质的傩舞，所以亦具扮演成分。

在敦煌文献中共有18卷29首驱傩词，是唐宋时期敦煌岁时驱傩的真实写照。如：

（1）时间。除夕之夜。“玄英斯夜将末，孟春来旦初开。”（P.4055）“旧年初送玄律，迎取新节青阳。”（P.4976）“今夜旧岁未尽，明朝便是新年。”（P.3270~2）从黄昏开始，至午夜结束，前后约四小时。“自从人定亥，直至黄昏戌。”（2）地点。一是归义军衙府。驱傩词以歌功颂德者居多，节度使当年是为赫政绩，僚佐们的同心协力，这只能在官府中进行。二是官宅。P.3552~6、P.2569~6“咒愿太夫人”中唱道：“幄帐纯金作，牙床尽是珍。绣襦鸳鸯被，罗衣笼上薰。”说明是在太夫人家中。S.0329：“大夫家门，鼎族阀阅。”这是名门望族之第。P.2569~7：“适从远来至官宅。”三是百姓家中。这是古代乡傩的遗风，如P.3270~2卷通篇都是百姓的祝愿：“牛羊遍满，谷麦如似太山。兄恭弟顺，姑嫂相爱相怜。男女敬重，世代父子团圆。”

（3）驱傩队仗。首先是已无以往的方相，代之而起的是钟馗、白泽。P.3552~3：“钟馗白泽，统领居先。”P.3552~6：“钟馗并白泽，扫瘴净妖氛。”S.2055：“咸称我是钟馗。”钟馗是开元以后捉鬼除妖的偶像。白泽乃神兽名。其次是五道神。P.3270~3：“岁暮追呼五道，天兵助我撒擅。”P.2058~2：“五道大神执按，驱见太山府君。”S.2055：“五道将军亲至，虎领十万熊罴。”五道将军本是五方力士，乃专司瘟疫之神，故又名五瘟神。

（4）驱傩仪式。保持了从汉以来大傩的舞蹈、唱和及埋祟等基本过程。

舞蹈者就是上述队仗中的成员，主要是做配合驱傩的象征动作：“弓刀左右趁，把火纵横烞。随头使蹶傩，个个教曲律。”他们的化装是：“长领铜头铁额，浑身总著豹皮，教使朱砂染赤。”（S.2055）

唱和者主要是学童，亦称“学郎”，在驱傩行列中相当于大傩的侲子。“从兹学童咒愿，社稷劫石同阶。”（P.4055）“儿郎齐声齐和，皆愿彭祖同年。”（P.3270~2）。驱傩时有乐器伴奏，众学郎唱和之。

（5）驱傩词的内容。据其内容的范围大致要分为三类：一类歌功颂德，另一类是祝愿，第三类是驱除疫鬼。其词的内容对我们研究宗教、民俗、民族、娱乐等具有一定的参考价值。

2. 跳百索

跳百索，亦名“跳白索”。是元日节庆期间妇女、儿童十分喜爱的民俗体育活动。古人称绳为“索”，今人称跳绳。跳索是我国传统的游戏，据传早在原始社会时期，内蒙古的狼山岩画中就绘有跳索的图像，到了魏晋南北朝时已开始广泛流行于民间。唐代李百药的《北齐书》卷八《幼主记》记载：“游童戏者，好以两手持绳，拂地而却上，跳且唱曰‘高末’，高末之言，盖高氏运祚之末也。”是一个人两手握绳边唱边跳的场面。明代，沈榜的《宛署杂记》第十七卷载：“十六日，儿以一绳长丈许，两儿对牵，飞摆不定，令难凝

图212　杂耍图

视，似乎百索，其实一也。群儿乘其动时，轮跳其上，以能过者为胜，否则为索所绊，听掌绳者绳击为罚。”刘侗、于奕正《帝京景物略》“灯市”也有“二童子引索略地，如白光轮，一童子跳光中，曰跳白索”的记载。清代，潘荣陛的《帝京岁时纪胜》也有“跳白索”的记载。清人彭蕴章的《松风阁诗钞》载：“太平鼓，声咚咚，白光如轮舞索童。一童舞索一童唱，一童跳入光轮中。”形象地描绘了儿童尽情地跳百索的情景。内蒙古墓葬壁画绘有儿童跳绳图。

走百索历经数千年的传承和发展，已成为一项跳绳运动项目，如今每年举行国际性的跳绳比赛。同时跳绳已成为训练运动员耐力的重要手段。

3. 捉迷藏

捉迷藏是元日的儿童游戏项目。它是以巾蒙目，相捉为戏。《致虚阁杂俎》及《琅嬛记》谓唐明皇与玉真于月下，以锦帕裹目，方丈之间，互相捉戏，谓之捉迷藏。元稹《杂忆》之三诗云：“寒轻夜浅绕回廊，不辨花丛暗辨香。忆得双文胧月下，小楼前后捉迷藏。”《全唐诗》卷

图213　婴戏图

捉迷藏　选自《中华民间美术·年画卷》

七九八，花蕊夫人宫词：“内人深夜学迷藏，绕遍花丛水岸旁。乘兴或来仙洞里，大家寻觅一时忙。”以上描写的全是唐时流行的捉迷藏游戏。

到了宋代，捉迷藏作为宫嬉的一种，更是得到诸位皇帝的推崇。尤其是南宋废帝刘子业，他竟能因玩捉迷藏游戏而杀人。南宋不仅宫廷中时兴捉迷藏，民间儿童也乐此不疲。如“司马光砸缸”就是由捉迷藏所引发的故事。

明代，捉迷藏更为盛行，尤其是岁时节日，宫廷和民间把其作为重要的娱乐活动。《天启宫词》载：“石梁深处夜迷藏，雾露溟累护月光。捉得御衣旋放手，名花

图214　碧纱笼目捉迷藏

图215　捉迷藏婴戏图

苏汉臣绘《长春百子》（局部）中的儿童藏猫猫情景（选自台北故宫博物院编《婴戏图》）宋

飞出袖中香。”皇帝熹宗朱由校经常在闲暇时间找人陪着他玩捉迷藏游戏，可见捉迷藏游戏深得明人的喜爱。

清代的捉迷藏有另一种玩法，就是一个或几个参与者找一个预先确定范围的地方藏匿起来，要另外的参加者把他找出来。如清代宫廷溥仪经常与他的兄弟一起在自己的养心殿玩捉迷藏游戏。由于捉迷藏的娱乐性强，一直流传至今不衰。

图216　捉迷藏婴戏图

沈庆兰

七

『中和节』与民俗体育的休闲意识

由于二月正是东风解冻万物萌生，春到人间的季节，所以《礼记》曰："（仲春）是月也，安萌牙，养幼少，存诸孤。"二月以休养生息为主。与时令息息相关的农事，在中和节所宣扬的节日行为中也表现得格外突出。"中和"二字，白居易在《中和节颂并序》中称，"中者揆三阳之中，和者酌二气之和"，"以畅中气，以播和风"。贞元十九年进士贾餗应试《中和节百辟献农书赋》云："中也者，表天地之交泰；和也者，象德化之优柔。"同年侯喜亦云："应天地中和之气，备朝廷中和之容，君告成中和之功。"由此看来，以"中和"命名，似乎主要基于时令的关系，象征皇德和煦，与时节同风。

汉代普遍在中和时节盛行宴乐娱乐的风气。汉代皇室中皇帝、妃子、皇子等众多不同角色在宴乐活动中歌舞自娱。在汉代宫廷中已设立了专门的乐舞管理机构"乐府"。

魏晋时期，宴乐除了有音乐相伴之外，有的官员和诗人在日常生活中也热衷于独自饮酒时弹琴助兴。如南朝晋时辞官后隐居乡里的陶渊明在其文中云："不解音声，而畜素琴一张，无弦，每有酒适，辄抚弄以寄其意。"竹林七贤之一的嵇康云："浊酒一杯，弹琴一曲，志意毕矣。"充分反映了文人们悠闲自在的宴饮娱乐生活，同时也说明当时饮酒之风更赫然在目，催人陶醉。

隋代开皇年间制定了礼乐制度，设置了《国伎》《清商伎》《天竺伎》《龟兹伎》《文康伎》等在内的七部乐。隋代的宴乐更为丰富兴盛。

唐代继隋代的旧制，即"燕乐。高祖即位，仍隋制设九部乐"。贞观年间，李世民为纪念唐高祖专门创制了《秦王破阵乐》。之后，又创制了《庆喜乐》《倾杯乐曲》《九部乐》等。

唐代的游宴有：曲江宴、探春宴、裙幄宴、赏花宴、船宴等。在这十几种宴会中，曲江大会因等级最高、内容最丰富、互动性最强而引起宴游进士的极大兴趣。

到了宋元时期，一年四季在不同的时节都有名目繁多的宴乐活动。较为流行的有“曲宴”“闻喜宴”“头鹅宴”“头鱼宴”“换衣灯宴”“诈马宴”等。另外，由于这时期与契丹族、女真族、党项族、蒙古族等民族习俗的交融，从而使这一时期的宴乐文化呈现多样纷呈的状态。

自汉唐直至明清的中和节，在宫廷或民间所举行的宴乐中，不仅伴有歌舞，而且人们还通过唱歌来抒发自己的情怀，同时还增加了别具特色的百戏表演，并与乐舞交叉进行，大大丰富了人们的宴乐娱乐生活。据文献记载，中和节的娱乐活动主要有：游宴、曲水流觞、斗草、印沙、乐舞等。

（一）游宴、曲江流觞

1. 游宴

中和时节，春光妍丽，芳草萌发，游宴极盛。《开元天宝遗事》卷下载：“长安春时盛于游赏，园林树木无闲地。”这描绘了唐代长安城市民携酒跨马、辗转于花圃园林，如痴如醉，若颠若狂的场景。杜甫在长安曾作诗吟云：“三月三日天气新，长安水边多丽人。”

敦煌文献 S.0361、P.2619V、P.3637等卷《屈宴书》：“三月三日，不审何处追赏，欲泛觞曲水，同往南亭，速驾。幸甚！幸甚！”这就是当时兴盛的相聚游宴的情景。文献 P.3333《词三首》之《菩萨蛮》载：“自从涉远违（为）游客，关条（迢）递千山隔。求官宦一无成，（操）劳不渐亭（暂停）。路逢寒食节，处处樱花发。携酒步金堤，望乡关，双泪垂。”诗人于节日“独在异乡为异客”，思故乡之情油然而生，由此在樱花盛开的郊外，借酒消愁，此情此景，令人动容。文献反映了敦煌游宴的场景，大写了敦煌人文的一曲风骚。文献对丝绸之路上所盛行的游宴风俗的描写，表达着时人徜徉在长安、凉州、敦煌等地区的大自然美景中时悠然自得的心情，以及对世事、人生的感悟。

游宴不仅令人能品味美食，而且通过途中所见所闻，构成了一幅幅景色醉人的图画，给人带来优美的视觉效果，舒展出人们心灵自由的天空，引发遥远幽渺的情思，真真幻幻，令人留恋，使人忘忧，从而心旷神怡，心静气和，不断提升自己的身心素质。

2. 曲江流觞

唐代的曲江园林，位于西安市东南六公里处的曲江村。早在秦汉时，曲江即是上林苑中的“宜春苑”“宜春宫”，因有曲折多姿的水域，故名曲江。新进士的曲江游宴，是唐代延续时间最长、内容最为丰富的游宴活动，从中宗神龙年间起到晚唐僖宗乾符年间止，延续了一百七十余年。

“曲江流觞”是一种野外的娱乐性饮宴方式，是每年三月三日上巳日的一种传统游戏活动。流行于丝绸之路各地区，朝野士庶同此活动。亦称“流杯”“泛酒”“曲水流杯”“游觞曲水”“流杯曲水”等。觞即酒杯，通常为木制，小而轻，底有托，可浮于水上；也有陶制者，两旁有耳，称

"羽觞"，需置于荷叶上方能浮动。届时，人们在环曲的水旁宴集，放酒杯于水中，任其漂流，流杯停在谁面前，当即取饮，以为游戏。又有流杯打转或停于面前，主人即需赋诗饮酒、无诗罚酒之俗。晋王羲之《兰亭序》记其事云："此地有崇山峻岭，茂林修竹。又有清流激湍，映带左右，引以为流觞曲水，列坐其次。虽无丝竹管弦之盛，一觞一咏，亦足以畅叙幽情。"此俗一说起于周公曲水之宴。唐徐坚《初学记》引《续齐谐记》:"昔周公卜成洛邑，因流水以泛酒，故逸诗云'羽觞随波'。"

曲江之宴场面十分盛大，也是新进士宴集规模最大、时间最长的活动。他们肆意庆贺，大喜若狂。为了狂欢尽兴，不仅在湖中备有画舫彩船，还要在船上演绎歌舞百戏极尽欢愉之乐。曲江进士宴会作为当时士子狂欢的压轴大戏，历来受到官方重视和民间艳羡，《唐摭言》载："曲江之宴，行市罗列，长安城几于半空。公卿家率以其日拣选东床，车马阗塞，莫可殚述。"如此景象盛况空前，整个长安城男女老幼几乎倾城出动，整个曲江不仅仅是新科进士的宴会之繁盛。曲江大宴后是杏园宴，亦称"探花宴"。这种壮观的宴集场面中，杏园、雁塔组成进士精英文化的载体。曲江人文荟萃、文兴诗盛，成为众多诗人和士子展示才能的舞台；进士是人间精英，他们的言行举止为万众瞩目，而世人的仰慕便促进了狂欢活动，使人不由自主地加入到热烈的气氛中，沉浸在个性释放的欢愉中，这种张扬宣泄的狂欢形成丝绸之路岁时节日的一道独特的人文景观。曲江作为公共园林，也是市民百姓自由出入的外苑。曲江节庆风俗活动非常兴盛。每逢上巳、中和及重阳节之时，"曲江滨，喧于市朝路。相寻不见者，此地皆相遇"，"曲江初碧草初青，万毂千蹄匝岸行"。真可谓一幅车水马龙、摩肩接踵的繁荣景况。全民汇聚、百技杂艺荟萃，汇成了一幅幅鲜活的风情画卷。

至清，其俗渐湮。在宫廷中则限制在流杯亭举行，即人工筑造环曲水槽，众人环坐，泛酒其上，作曲水流觞之戏。但此时已没有上巳流觞的神韵了。"曲水流觞"还传到了朝鲜和日本。

（二）斗草、斗花、印沙、弹弓

1. 斗草

斗百草游戏渊源于古代避邪除毒风俗的活动。有研究认为，斗草与我国古代的中药发展有关，每当人们结群到山里采回各种草药之后，就总要互相比：看谁采的花草多，谁的花草品种丰富，于是就出现了斗草游戏。其玩法有三种：第一种是斗草的韧性。比赛双方先各自采摘具有一定韧性的草，再相互交叉成"十"字状并各自用劲拉扯，以不断者为胜。第二种比花草的质量，看谁采的花草好。第三种是对花草名，其玩法是一方先说出一种花草名称，另一方则应以另一种花草名称相对，如君子竹对美人蕉等。由此可见，斗草完全是寓教于乐。通过斗草，可以增长人们的植物知识，增进人们对大自然的了解和热爱。

图217　斗草图

苏汉臣绘《长春百子》（局部）中的儿童斗草情景（选自台北故宫博物院编《婴戏图》）　宋

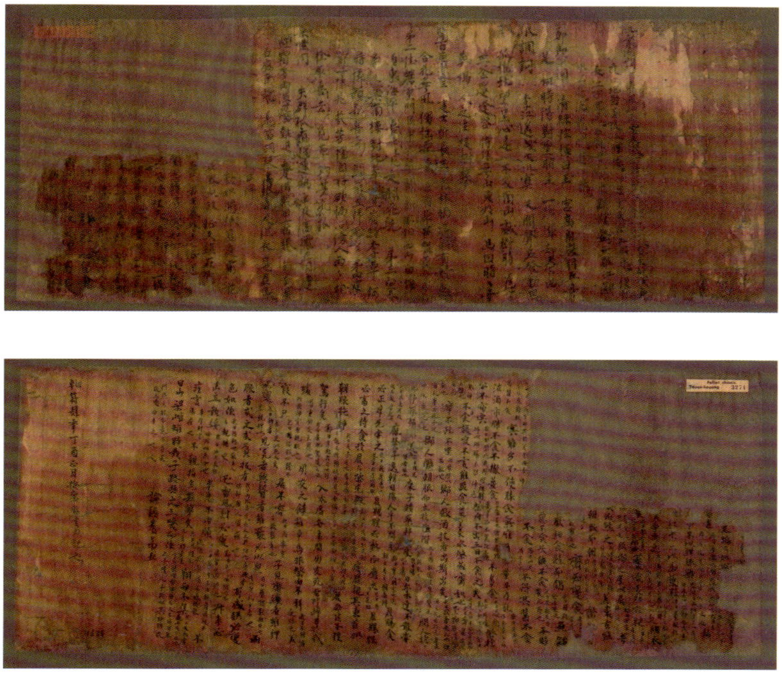

图218　斗草

敦煌文献 P.3271

最早见于女子斗百草的记载是《词林海措》，讲述了“吴王与西施尝作斗百草之戏”。到唐代，斗草游戏非常盛行。每当春天来临之际，百花争艳，人们纷纷从喧嚣的城市涌向园林郊外，在草地和花圃中举行各种各样的娱乐活动，斗花和斗草成为最常见的一种游戏。鲍溶《范真传侍御累有寄，因奉酬》诗：“玉管倾杯乐，春园斗草情。野花无限意，处处逐人行。”表现了春游的人们一边欣赏音乐，一边野宴、斗草游戏的情景。唐代白居易的《观儿戏》诗云：“弄尘复斗草，尽日乐嬉嬉。”贯休《春野作》：“牛儿小，牛女少，抛牛沙上斗百草。”描绘了一幅春日牧童斗百草的情景。崔颢《王家少妇》：“十五

图219　斗草图

嫁王昌，盈盈入画堂。自矜年得少，复倚婿为郎。舞爱前谿绿，歌怜子夜长。闲来斗百草，度日不成妆。”五代后蜀主孟昶的宠妃花蕊夫人作诗《宫词》，对宫女斗百草有生动描写。宋人诗词中也有不少对斗草的描述，北宋万俟咏《三台 · 清明应制》词中云：“近绿水、台榭映秋千，斗草聚、双双游女。”明清时期，歙县张潮山来的《补花底拾遗》，李声竹的《百戏竹枝词 · 斗百草》都描写了女子玩斗草游戏所获得的乐趣。其次在清代小说《红楼梦》《镜花缘》中都有对女子斗百草的精彩描述。元代的元曲和杂剧中也记述了许多少女、少妇斗草的翩翩倩影，使生活充满了诗情画意。

2. 斗花

斗花是指古代女子在游园时，比赛谁佩戴的鲜花名贵、美丽。许多富家女子为了在斗花中取胜，不惜花重金争购各种名贵花卉。游园时，女子们“争攀柳丝千千手，间插红花万万头”，成群结队地穿梭于曲江园林间，争奇斗艳。其实斗花也是女子自己比美，女人如花，自古皆然，百花的鲜奇和女子自身的美貌争妍斗艳。并借斗花之名，女子向彼此传递自己的美貌，传递自己的聪慧。文献《开元天宝遗事》卷下载：“长安士女，于春时斗花，戴插以奇花多者为胜。皆用千金市名花，植于庭苑中，以备春时之斗也。”《清异录》卷上“楼罗列”条亦载有五代十国时期南汉宫廷女子斗花的情景。斗花游戏可以增加女子对追求美的心态，了解花草树木的知识，非常有益于女子们的身心健康，所以深受人们的喜爱。

图220　斗花

明瞿佑《四时宜忌》：“《荆楚记》曰：三月三日，四民踏百草。时有斗百草之戏，亦祖此耳。”

3. 印沙

“印沙”是指“于海边或江河、沙滩之间，以塔形、像印，印沙滩，为塔形象”。印沙只需把有佛像或塔形的模子（亦称形木）往沙上一捺，即可完成。当然需依一定的仪轨：用右手印，左手持念珠记数，口诵真言。印沙起源于五百童子以聚沙兴塔为游戏，由是为成佛之结缘。《法华经·方便品》曰：“乃至童子戏，聚沙为佛塔，如是诸人等，皆已成佛道。”

文献《艺文类聚》卷35《逐贫赋》中就记载有汉代儿童玩沙土的游戏：“匪惟幼稚，嬉戏土沙。”《三国志》卷29《管辂传》载：“辂年八九岁……与邻比儿共戏土壤中，辄画作天文及日月星辰。”反映了管辂年幼时在沙土上作画的游戏。

聚沙是指在海边沙滩或沙漠印塔形、像形。这种印沙只需把有佛像或塔形的模子往沙土上一捺，即可完成。印沙时还需依一定的仪规：用右手按印，左手持念珠记数，口诵真言。聚沙这门儿童游戏的玩法，在许多文献中略有记载。敦煌文献S.2832《愿文等范本》之三三《妹三（亡）日》：“惟孩子禀乾坤而为质，承山岳已（以）作灵。惠和也，而（如）春花秀林；聪敏也，则秋霜并操。将谓宗枝永茂，冠盖重荣；岂期珠欲圆而忽碎，花正芳而□（凌）霜。致使聚沙之处，使伴无声；桃李园中，招花绝影。或者池边救蚁，或者林下聚沙。游戏寻常，不逾咫尺。岂谓春芳花果，横被霜霰之凋；掌上明珠，忽碎虎狼□之口。嗟孩子八岁之容华，变作九泉之灰；艳比红莲白玉，[化]作荒交（郊）之土。”这是一篇兄长悼念妹妹的愿文，其中提到了多种游戏活动。敦煌文献S.6613《九相观诗》之《童子相》载：“日月相催成幼童，五五三三作一丛。虽解聚沙为佛塔，心中仍未辩（辨）西东。”《九相观诗一卷并序》之《第二观》：“或聚沙来作米杂，或时觉走趁游风……巩城弄士（土）一丛丛。”敦煌文献《父母恩重经讲经文》载：“弄土雍泥向街里。”这都说明了敦煌古代儿童有聚沙游戏这一习俗。

敦煌每年正月举办印沙佛会，如P.3730V、S.6537V《立社条件》载：“逐年正月印沙佛一日，香花佛食，斋主供备。”S.0527《女人社再立条件》载：“社内正月建福一日……脱塔印沙。”当

图221　印沙图

甘肃敦煌莫高窟第23窟壁画　北壁　唐

地举办印沙佛会都由寺院和官府负责，并提供食品。如，P.4674载："（十月廿三日）又大众印沙佛买胡并，麦一斗、粟一斗。"P.4907载："辛卯年正月九日，孔库官社印沙佛，粟一斗。"敦煌文献P.3276V《杂斋文六篇》、P.2842《王梵志诗》均载有印沙佛会的概况。

敦煌莫高窟盛唐第23窟北壁下部《法华经变》画中，绘有四名儿童在田间玩聚沙游戏的场景，这为文献记载提供了一幅生动的写照，十分珍贵。

敦煌古代儿童游戏活动比较丰富多彩。聚沙、印沙、玩土等，往往乐此不疲。这不仅促进了儿童教育，而且也丰富了儿童的生活。

4. 弹弓

弹弓源自古之孝子不忍心死去的父母为禽兽所食而作弹弓以守之。《太平御览》载："弩生于弓，弓生于弹，弹生于古之孝子。古者人民质朴，死则裹以白茅投之中野。孝子不忍父母为禽兽所食，则作弹以守之。"而弹弓的形状，《绎史》中记述："弹之状如弓，而以竹为弦。"东汉李尤《弹铭》载："昔之造弹，起意弦木。以丸为矢，合竹为朴。漆饰胶治，弗用筋镞。"据文献记载，弹丸一般以小石子或泥丸制成，并分红、黑、白三种颜色。

弹弓早在春秋战国时期已是儿童的主要游戏工具。《汉书》卷六十《酷吏·尹赏传》、《三国志》卷九《魏书·曹爽传》、《北齐书》卷二十二《李元忠传》、《隋书》卷八十五《宇文化及传》、《唐六典》卷二十五等文献中均有对当时盛行弹弓的记载。唐诗中也有不少关于儿童、宫女和士人玩弹弓游戏的场景。如李白的《少年子》："青云少年子，挟弹章台左。鞍马四边开，突如流星过。金丸落飞鸟，夜入琼楼卧。"描写了贵族少年兵弹射鸟的情景。李益的《汉宫少年行》："才明走马绝驰道，呼鹰挟弹通缭垣。玉笼金锁养黄口，探雏取卵伴王孙。分曹六博快一掷，迎欢先意笑语喧。巧为柔媚学优孟，儒衣嬉戏冠沐猿。"描写了贵族少年挟弹、呼鹰、走马、养鸟、掏鸟窝、六博、戏弄等娱乐游戏活动。除此之外，崔鸿的《西秦录》记载：十六国时期西秦建弘初，甘肃陇西人辛进，"为散骑常侍，从乞伏炽磐游于后园。宵观弹鸟，丸伤暮末母面"。又据《太平广记》记载，甘肃陇西人李知礼，"少趫捷，善弓射，能骑乘，兼攻防弹，所杀

图222　弹弓图

钱选《五陵公子扶弹图》 纸本　设色　元

图223　弹弓图

甚多……”敦煌文献中也有对儿童玩弄弹弓而伤人的记载。P.2598《使榜》:“常年正月廿三日为城皇禳灾却贼，于城四面安置白伞法事道场者……访[得]安伞之日，多有无知小儿，于弹弓打运，趁不放（防）时□事，兼打□□□，众人眼目伤损。”这份文书是敦煌张淮深时期的榜文，前有题记:“中和三年（883年）四月十七日未待书了。”由于儿童玩弹弓游戏，经常伤人，归义军衙府还专门贴出告示制止这种游戏。

另据《唐六典》卷二十五载:“凡兵马在府，每岁季冬折冲都尉率五校之属以教其军阵战斗之法。捉捕持更者，晨夜有行人必问，不应，则弹弓而向之；复不应，则旁射；又不应，则射之。”这说明弹弓在唐代还是折冲都尉兵士巡夜的武器装备。

（三）踏歌、乐舞、斗歌

1. 踏歌

踏歌，又称“踏舞”，是一种“相抱聚蹈”“踏地为节”的集体歌舞活动，它的特点是用踏步来加强歌唱调或以鼓乐伴奏协调。它也是古人非常盛行的一种民间歌舞，其自娱性很强。《资治通鉴》有注:“踏歌者，连手而歌，踏地为节。”早在原始社会舞蹈中就有窥见“踏歌”之风貌。例如《吕氏春秋》载:“三个人执牛尾，踏足为节，载歌载舞。”1973年，在发掘青海大通县上孙家寨马家窑类型墓葬时发现一件距今5000年的舞蹈纹彩陶盆。陶盆主题纹饰为三组舞蹈人物，每组五人，手拉手，面向一致地连臂踏歌的画面。

1995年，青海同德县宗日遗址第157号墓葬中出土了11人、13人舞蹈彩盆。还有甘肃武威磨嘴子、临夏、会宁等遗址也相继出土了9人和11人的舞蹈彩盆。到了汉唐时期，“踏歌”已是人们岁时节庆中最常见的娱乐手段。据文献《后汉书》记载：“昼夜酒会，群聚歌舞，舞辄数十人相随，踏地为节。”唐代时，经常能看到和听到这种踏歌活动形式。张祜《正月十五夜灯》载：“三百内人连袖舞，一时天上着词声。”《朝野佥载》卷三记载：“睿宗先天二年（713年）正月十五、十六夜于京师安福门外制作灯轮……又从长安（今西安）、万年（今临潼）两地选来美女千余人，于灯轮下踏歌三天三夜，欢乐之极，前所未有。”另外，《宣和书谱》卷五载：“（唐文宗）大和中，进士文萧客寓钟陵。南方风俗，中秋夜，妇人相持踏歌，婆娑月影中，最为盛集。”还有，《全唐诗》中也有对踏歌生动的描绘。如，诗人刘禹锡的《踏歌行》载：“春江月出大堤平，堤上女郎连袂行。唱尽新词欢不见，红霞映树鹧鸪鸣。……新词婉转递相传，振袖倾鬟风露前。月落乌啼云雨散，游童陌上拾花钿。……”顾况《听山鹧鸪》载：“夜宿桃花村，踏歌接天晓。”储光义《蔷薇》载：“连袂踏歌从此去，风吹香气逐人归。”南朝梁吴均在《续齐谐记》载：“景如言，举家登山。……”及李白的《赠汪伦》等，这些诗文留下了一幅幅人们踏歌的欢乐情景。宋代，每逢元宵、中秋等节庆日子都要举行盛大的踏歌活动，到了元朝，踏歌仍然广为流行。

图224　舞蹈纹彩陶盆

甘肃会宁县出土　新石器时代（流失海外）

图225　舞蹈纹彩陶盆

青海同德县宗日遗址出土　新石器时代

从敦煌文献中也可以证实踏歌在丝绸之路的西端也十分盛行。如P.3272：“伏以今月一日……定兴郎君踏舞来，白羊羯壹口，未蒙判凭，伏请处分。丙寅年正月。”这是北宋初牧羊人呈报州府的牒状，正月初一定兴郎君来踏舞，赏赐白羯羊一只。踏者即踏歌，“相与联臂，踏地为节，歌《赤凤凰来》”。在定兴郎君率领下的一个舞队，一群人手挽手，载歌载舞。S.4705《年代不明（公元十世纪）诸色斗破历》记载：“寒食踏歌羊价麦玖斗、麻肆斗。……又音声麦贰斗。”此次活动还得到了寺院的资助。

踏歌以自娱为主，其主要特点是歌唱、踏地与舞袖。其中“踏”亦即和着歌声以足踏地，踏出鲜明的节奏，并与人的心理情感融合，激发出情绪。另外，“踏歌”虽是“连袂而行”，但并非只是手拉手的连臂踏节，还需配合衣袖的舞动，并边歌边舞，令人陶醉，使人流连忘返。民间的踏舞是载歌载舞、敬祭神灵、祛瘟辟邪、驱灾免祸、寄托祝愿和节日自娱的礼仪，体现着人们的衣食住行状况。踏歌凝聚着民族精神和顽强的生命力，表现出民族生命的浪漫情调，因此在人间广为流传。

2. 乐舞

丝绸之路古代乐舞的舞姿形态主要有“健舞”“软舞”等。凡动作刚劲雄健、节奏明快、气势粗犷、竞技性强的称“健舞”，如剑器舞、胡旋舞、胡腾舞、柘技舞、达摩支、蹴鞠舞等等；凡动作舒缓飘逸、柔媚抒情、轻盈缤纷的称“软舞”，如袖舞、巾舞、绿腰、霓裳羽衣等。软舞中有不少舞者双手挥舞长锦带，锦带在其周身左右回旋，上下飘举。透过变化无穷的绸花，传达出舞姿的形态。有关软舞的具体形象，在大量的汉代砖画、墓葬壁画、石窟壁画、陶俑以及文学作品，如汉赋、唐

图226　踏舞图

甘肃敦煌莫高窟第156窟壁画　南壁　唐

图227　石榻浮雕舞人

陕西西安市出土　北周

图228　石榻浮雕舞人

陕西西安市出土　北周

诗、宋词、元曲中都有所描写。健舞中的“胡旋舞”与“胡腾舞”更为翘楚，堪称唐代舞蹈之精华。其旋转如风、扭摆颤动、飘逸洒脱的特色，在当代的体育舞蹈中还可以看到其痕迹。

源自中亚的胡旋舞、胡腾舞最引人注目。胡旋舞出自康国（今乌兹别克斯坦、撒马尔罕一带），“胡旋”实是粟特语的音译，意为“上佳、漂亮”。唐时期，胡旋舞已风靡朝野，宫廷中，不仅杨贵妃擅长胡旋舞，即如体重三百三十斤之安禄山，“至玄宗前，作胡旋舞，疾如风焉”。该舞在唐诗中有详细记述，如元稹《胡旋女》：“天宝欲末胡欲乱，胡人献女能胡旋。旋得明王不觉迷，妖胡奄到长生殿。”又如白居易《胡旋女》：“天宝季年时欲变，臣妾人人学圜转。中有太真外禄山，二人最道能胡旋。”胡旋舞的表演者多为女性，其装束为头上梳高髻，衣着柔软贴身，腰间束有佩带，臂丰披有绸巾，也有上身裸

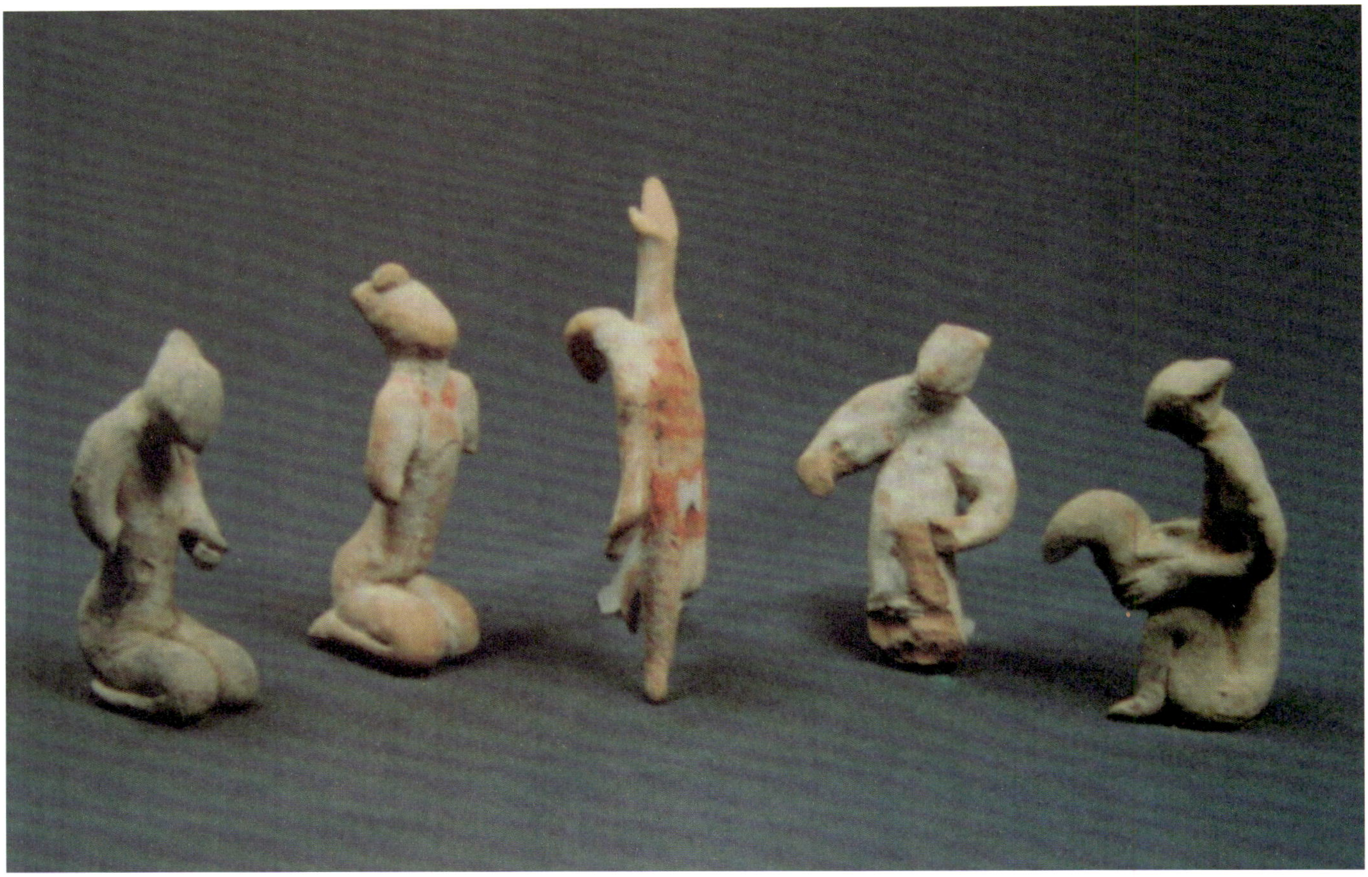

图229　粉彩乐舞俑

陕西西安市大兴路出土　唐

露、裸臂着钏、裸足者，舞者以快速、轻盈的连续旋转动作为主，也有在专门的小圆毯子上旋舞。其姿态白居易有具体生动的描写："胡旋女，胡旋女，心应弦，手应鼓。弦鼓一声双袖举，回雪飘颻转蓬舞。左旋右转不知疲，千匝万周无已时。人间物类无可比，奔车轮缓旋风迟。"诗中形容舞姿如飞雪飘洒，旋转疾速，千变万化。自唐室覆亡之后，历代均未见对胡旋舞的记载，唯有在清朝戏曲的一支《北江儿水》的曲牌中，发现了它的存在。另外，胡旋舞在敦煌石窟壁画的"经变"中有其具体形象，如莫高窟初唐第220窟北壁《药师净土变》，有两组双人胡旋舞之画面。舞者，头发披散，上身赤裸，项戴璎珞，臂佩银钏，下着长裙，手托锦带，双脚立于小圆毯上，正飞速旋转。另外，莫高窟第85、201、205、331、215、341、129、197等窟均有唐时期表演胡旋舞的画面。其舞者身披璎珞，着裙裤，托锦带，身体蹁跹，胡旋于小圆毯上。

据载，"胡腾舞"是由"石国胡儿"或"凉州胡儿"所跳的一种男性舞蹈，"石国"属西域"昭武九姓"之一。胡腾舞舞姿风格以急速的跳跃和多变的腾踏舞步为主。刘言史《王中丞宅夜观舞胡腾》和李端《胡腾儿》两首诗都形象地描绘了胡腾舞的形象。

图230　彩绘釉陶乐舞俑群（七人）

陕西礼泉县郑仁泰墓出土　唐

图231　舞乐图

出于陕西西安市苏思勖墓墓室东壁　高148厘米　宽137厘米　唐

图232　巾舞图

出于陕西西安市长安区郭杜镇执失奉节墓墓室北壁　高116厘米　宽70厘米　唐

图233　乐舞

陕西礼县烟霞村李勣墓壁画墓室东壁　1974年挖掘
唐

图234　乐舞

（陕西唐墓出土）李寿墓《乐舞图》

图235　乐舞图

出于陕西蒲城县洞耳村元墓墓室东侧　高182厘米　宽214厘米　元

图236　胡旋舞对舞（李其琼临摹）

甘肃敦煌莫高窟第341窟壁画　唐

诗中描绘了舞者头戴尖顶胡帽，身着窄袖胡衫，及扬眉动目的表情，跳转毂之舞姿，双靴柔软交替地在地毯上跳动，犹如醉酒般东倾西倒，并急促抬腿换踏，无不应和节奏。在甘肃山丹县文物馆收藏着一个跳胡腾舞的铜俑，形象极为逼真，舞者头戴尖顶帽，单足立于一个象征圆毯的莲蓬上舞蹈。敦煌莫高窟初唐第335窟主室南壁，绘有一幅一名男子正在舞胡腾的图像。

乐舞中的健舞体现旋转如风、洒脱、明快和急速多变的腾跳、踢踏等动律，以及技巧的运用等特征。健舞的这些高难度、竞技性较强的舞姿孕育着体育舞蹈的因子，沉浸着竞技体育的审美特征。

乐舞自汉唐以来，一直是宫廷和民间所盛行的一种节庆表演活动。其观赏性可用白居易的观霓裳羽衣舞的感叹："我昔元和侍宪皇，曾陪内宴宴昭阳；千歌万舞不可数，就中最爱霓裳舞。"跳舞的时候，正是"舞时寒食春风天"。跳舞的地方是"玉钩栏下香案前"。舞女的状态是"案前舞者颜如玉，不着人间俗衣服。"舞的时候，起初是"飘然旋转回雪轻，嫣然纵送游龙惊"，既而是"小垂手后柳无力，斜曳裾时云欲生；烟娥敛略不胜态，风袖低昂如有情"。舞罢之时是"翔鸾舞了却收翅，唳鹤曲终长引声"。白居易看了之后，

图237　胡旋舞（李其琼临摹）

甘肃敦煌莫高窟第341窟壁画　唐

图238　胡腾舞石刻墓门

宁夏盐池县苏步井乡窨子梁出土

图239　胡腾舞

河南范粹墓出土的黄釉扁壶

图240　胡旋舞

（陕西唐墓出土）韩休墓《乐舞图》

图241　胡腾舞铜俑

甘肃山丹县征集　唐

图242　乐舞图

甘肃敦煌莫高窟第156窟壁画　主室北壁下部　唐

一时生了无限的情感，所以他说道：“当时乍见惊心目，凝视谛听殊未足。”可见当时霓裳羽衣舞之美妙动人。

乐舞是载歌载舞，敬祭神灵，祛瘟避邪，驱灾免祸，寄托祝愿和节日自娱的礼仪。乐舞所凝聚的民族精神和顽强的生命力，所表现出的民族生命的盎然情调，使其数千年来在民间流传、发展、永恒。

图243　乐舞图

甘肃敦煌莫高窟第465窟壁画　西壁　元

图244　乐舞图

甘肃敦煌莫高窟第61窟壁画　北壁　五代

图245　经变舞伎

敦煌莫高窟第379窟　五代

图246　酒肆舞蹈图

敦煌莫高窟61窟　五代

图247　乐舞图

甘肃敦煌莫高窟第465窟壁画　南壁　元

图248　吉祥天女

公元6—8世纪　出于新疆策勒县丹丹乌里克遗址

图249　伎乐天女（摹本）

青海塔尔寺　明清

图250　乐舞图

新疆石窟壁画（现藏俄罗斯圣彼得堡艾尔米塔什博物馆）

图251　乐舞壁画

西藏夏鲁寺　元

图252　庆典乐舞壁画

公元15—16世纪　西藏古格王国遗址白殿

图253　供养天女

位于西藏札达县古格故城依佑洞东壁下部北侧

图254　舞蹈壁画

公元17世纪　西藏布达拉宫

图255　乐舞壁画

公元17世纪　西藏桑耶寺

图256　舞人壁画

公元17世纪　西藏布达拉宫

图257　舞仙

公元15世纪　西藏白居寺

图258　木板彩绘舞踏童女图

公元9世纪　新疆高昌故城出土

图259　斗歌

3. 斗歌

唐代长安城中有一种歌唱竞赛，白乐天之弟白行简的《李娃传》中有所记载。它类似歌剧或游吟诗人的竞歌。赛歌也是唐代都城流行的市井风俗。

《李娃传》中描述的歌唱比赛，不过是两凶肆唱《薤露》《蒿里》相互追逐。京师左右两街选派选手，在宫城前的广场或朱雀大街边竞唱一般歌谣，演奏钲、鼓、琵琶、阮咸等以分出胜负。另据段安节的《乐府杂录》记载，德宗贞元年间，长安西市的商贾在天门街“较胜负、斗声乐”。

八

『寒食、清明』节日的民俗体育的竞技特征

寒食又称“冷节”“禁烟节”“鬼节”“冥节”。它晚于上巳节又早于清明节。后来寒食节并入清明节中，使清明由一个节气上升为全国性节日。清明节的习俗除了讲究禁火、扫墓外，还有荡秋千、放风筝、踏青、斗鸡、拔河、蹴鞠、踢饼、击壤、马球、斗禽、射箭等一系列民俗体育活动。如敦煌文献 P.3608V《寒食篇》有云：

画阁盈盈出半天，依稀云里见秋千。
来疑神女从云下，去似姮娥到月边。
金闺待看红妆早，先过陌上垂杨好。
花场共斗妆南鸡，春游遍在东郊道。
千金宝帐缀流苏，簸琼还坐锦筵铺。
莫愁光景重窗暗，自有金瓶照乘珠。
心移向者游遨处，乘舟欲骋凌波步。
池中弄水白鹇飞，树下抛球彩莺去。
别殿前临走马台，金鞍更送彩球来。
球落画楼攀柳取，枝摇香径踏花回。
良辰更重宜三月，能成昼夜芳菲节。
今夜无明月作灯，街衢游赏何曾歇。
南有龙门对洛城，车马倾都满路行。
纵使遨游今日罢，明朝尚自有清明。

诗中提到了寒食、清明节是春游高潮期，盛行郊外春游、荡秋千、骑马、抛彩球、踏歌舞、斗鸡等游艺活动，从而使人们体会到清明节肃穆端庄的祭祖文化，感觉到他们豪迈乐观、热爱生活，渴望亲近自然的心态，也能够触摸到他们感悟生命、呵护新生的心脉。

（一）踏青、秋千、风筝、拔河、击壤、斗禽、抛球、踢毽子

1. 踏青

踏青也是远在西北边陲地区民间的传统风俗之一。如敦煌文献 S.2200、S.5636、P.2646等卷的书仪《寒食相迎

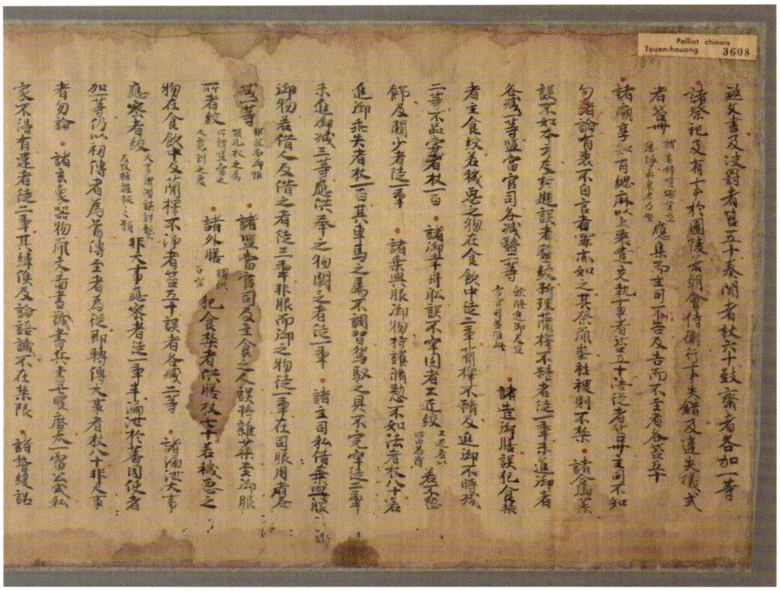

图260　寒食篇

敦煌文献 P.3608

图261　游园图

（陕西唐墓出土）章怀太子墓

图262　野宴图

（陕西唐墓出土）韦氏墓

图263　踏青图

图264　踏青图

古代风俗百图　周

图265　秋千图

古代风俗百图　五代

书》载："时候花新，春阳满路。节名寒食，冷饭三展。为古人之绝烟，除盛夏之温气。空赍渌醽，野外散烦。伏惟同飨先灵，状至垂降处，谨状。"《答书》如下："喜逢佳节，得遇芳春。路听莺啼，花开如锦。林间百鸟，啭弄新声。渌水游鱼，跃鳞腾躍。千般景媚，万种芳菲。蕊绽红娇，百花竞放。欲拟游赏，独步恓之。忽奉来书，喜当难述，更不推延。条当面睹，不宣，谨状。"元明清时期，清明的踏青之俗呈现出更为全民性的特点。元曲以浓艳的笔墨构画出一幅幅在春光明媚、草木吐绿的清明时节，人们结群祭祖扫墓和踏青嬉游的画面，将大自然的无限生机和热烈奔放的娱乐气氛展现得淋漓尽致，彰显了古人亲近大自然的生活态度和惜春的心态。踏青除了欣赏大自然的湖光山色、春光美景之外，还开展多样化的体育与娱乐活动。唐人将清明祭奠祖先的追思活动与郊游踏青活动有机地结合在一起，从而使清明节变为一种全民参与的综合性的游艺节日。这种踏青形式一直沿传至今，并已成为中国人养生健体的方法之一和户外运动的重要内容。

2. 秋千

秋千，又称"伴仙之戏""彩索""彩绳"等。关于秋千的起源，历史上有几种说法。有说齐桓公征讨山戎时，见山戎人手握树藤在林间悠来荡去，于是便把这种活动带回中原。有说起源于汉武帝时，后宫嫔妃为祝愿汉武帝有千秋之寿而玩的一种游戏，原来叫"千秋"，后来被人们误传为秋千。秋千约从汉代开始已经成为我

图266　洒线绣绿地五彩仕女秋千图

明　长35厘米　宽32.5厘米　现藏北京故宫博物院

国寒食、清明、端午等节日流行的民间体育游戏活动。由于秋千设备简单，场地不限，容易学习，并且打秋千时动作轻捷，姿态优美，所以深受广大女子的喜爱。

唐人高无际的《汉武帝后庭秋千赋》中，生动逼真地描写了宫女荡秋千的迷人技巧：

乍龙伸而蠖屈，将欲上而复低，擢纤手以星曳，腾弱者而云齐。一去一来，斗舞空中花蝶，双上双下，乱晴野之虹霓。轻如风，捷如电，倏忽顾盼，万人皆见，香裙飒似牵空，珠汗集而光面，时进时退，似游似遨，类古纵而七擒，其必高而让高。

南朝梁人宗懔《荆楚岁时记》载：“春秋

图267　秋千图

清

悬长绳于高木，士女炫服，坐立其上，推引之，名秋千，楚俗谓之拖钩，《涅槃经》谓之罥索。”在木架上悬两绳，下系横板，组成秋千。荡秋千者站立或坐在板上，双脚用力屈蹬，两臂握索前推，摆动秋千，荡出各式各样的姿态。可见，在南北朝时秋千已深受女子的喜欢。

唐代，民间女子在寒食举行秋千活动极其普遍。不少诗人对女子荡秋千写下了无数诗篇，描写了女子荡秋千的千姿百态，表现出女子的欢乐喜悦和顽强勇敢的精神。如韦庄《丙辰年鄜州遇寒食城外醉吟五首》、王建《秋千词》、王维《寒食城东即事》、杜甫《清明二首》、元稹《杂记》、张籍《寒食》等。到了宋代，秋千之俗继续盛行。宋代王禹偁《清明》云：“稚子就花拈蛱蝶，人家依树系秋千。”欧阳修“绿杨楼外出秋千”“乱红飞过秋千去”；苏轼“墙里秋千墙外道，墙外行人，墙里佳人笑”；李清照“蹴罢秋千，起来慵整纤纤手”“露浓花瘦，薄汗轻衣透”等，都是对女子荡秋千情景的写照。

秋千之所以深受人们喜爱，不仅仅是因为它是一种情趣盎然的游戏，而且是一项强身健体的体育活动。古人认为，荡秋千既可摆疥，除掉疾病，也可“释闺门”，使深闺妇女得到消遣。寒食节、清明节正好是春光明媚、杨柳堆烟的季节，在这样的季节里，飘曳多姿的秋千带给女子无尽的遐想，给她们一些难得的放松。她们在荡秋千的活动中放飞精神空间的浪漫，荡出一片绮丽，荡出一个梦想，荡起了一片

图268　秋千图

属于自己的天空。直到现代，秋千仍然是一项有益于人们身心健康的民俗体育活动。

3. 风筝

风筝，古时称“纸鸢”“鹞纸”“鹰纸鹤”。风筝的起源，可上溯到二千年前春秋战国时期。由于战争的需要，古人以鸟为形，以木为料，制成空中飞行的“木鸢”。据《韩非子·外储说左》载：“墨子为木鸢，三年而成，一日而败。”墨子是鲁国人，由此可推断出风筝的发源地应是山东一带。另据《鸿书》记载，鲁班师父也曾制木鸢飞上天空。再据《南史》卷八十《贼臣·侯景传》记载：“侯景之乱，梁简文帝萧纲和文武百官被困于台城内，有羊车儿献计，作纸雅系以长绳，藏敕于中。简文出太极殿前，困西北风而放，冀得书达。群贼骇之，谓是厌胜之术，以射下之，其危急如此。”这是见诸记录的最早的风筝。随之，风筝开始用于军事通讯工作。据《新唐书》记载，唐代纸鸢制作和放飞技术已有相当高的水平，当时放飞高度已达百余丈。除军事需要之外，人们经常在郊外和空旷之地放飞风筝。诗人刘得仁的《访曲江胡处士》描写了一个居住在曲江畔的处士在明媚的日子里放飞纸鸢的情景。杨誉的《纸鸢赋》描述了儿童放飞风筝和制作风筝的情况。路德延《小儿诗》描述了儿童们用竹制作了一只燕子形状的风筝，将其放上天空的情景。元稹的《有鸟》借咏儿童放纸鸢，风吹线断来讽喻那些势利小人。唐荣的《纸鸢赋》也生动地叙述了儿童制作风筝和放风筝的过程。高骈的《风筝》载：“夜静弦声响碧空，宫商信任往来风。依稀似曲方堪听，又被风吹别调中。”到五代时期，古人又在红

图269　风筝

明代放纸鸢图　选自古代风俗百图

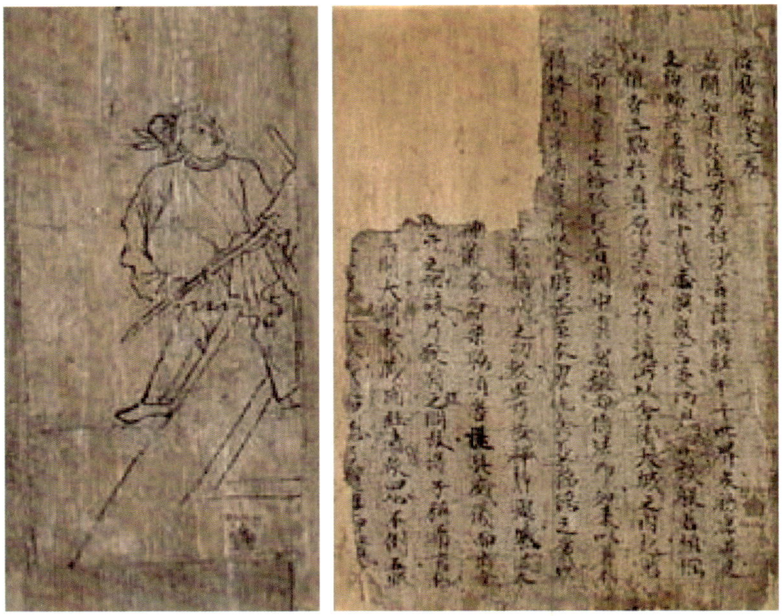

图270　风筝

《降魔变文》　敦煌文献 S.5511

图271　婴戏图

汪恭　清

图272　风筝图

《十美图·放风筝》 杨柳青年画

图273　风筝图

鸢上系以竹哨，风入竹哨，声如筝鸣。宋代是我国风筝的发展阶段，放飞风筝成为家家户户喜闻乐见的一种活动。

从古代文献记载中可以看出，风筝与风琴及天乐密切相关。如敦煌遗书S.5511《降魔变文》载："琴筝悬在四隅头。"S.4571《维摩诘讲经文》中也有类似的描述。敦煌壁画中的"天乐"图像，自翔空中，不鼓自鸣，就是受风筝的影响。遗书P.2122《维摩押座文》、P.3079《持世菩萨第二》、P.2073《萨婆多宗五事论》等卷子中亦均有此类记述。

放风筝的娱乐性极强，放飞时迎天顺气，拉线凝神，随风送病，有病绵去，明目强体。人们在野外、广场，沐浴阳光，呼吸新鲜空气，拉线奔走，有张有弛，因此放风筝具有提神练形、相得益彰之效。尤其是在很多传统游戏失传的今天，风筝从历史中和着春风一路"飞"来，大放异彩，在今天已然成为一项"阳光运动"而受到不少人的青睐，成为人们健身娱乐、休闲交友的方式。山东潍坊多次举办国际风筝节，使古老的风筝走向了世界。

4. 拔河

拔河是一项历史非常悠久的民俗体育活动。据传拔河起源于水战，早在春秋战国时期，南方的楚国与吴、越两国经常发生战争，当双方的水军交战时，为了更好地展开搏杀，就发明了一种叫"钩强"的战具，可以把对方的船只拖住或推开。据《墨子·鲁问篇》载：

"昔者楚人与越人舟战于江，楚人顺流而进，逆流而退，见利而进，见不利则其退难。越人迎流而进，顺流而退，见利而进，见不利则其退速。越人因此若执，亟败楚人。公输子自鲁南游楚焉，始为舟战之器，作为钩强之备，退则钩之，进则强之，量其钩强之长，而制为之兵。楚之兵节，越之兵不节，楚人因此若执，亟败越人。"

而要用好"钩强"这种水战之具，需要军人有很大的力气。楚国为了训练水军士兵的这种能力，便仿照纤夫拉纤的做法，准备一条粗大的竹索，把军士分为两队，让他们各拉竹索的一端，互相较力，所以拔河在古代又称"牵钩""拖钩"或"拔絙"。据南朝梁宗懔《荆楚岁时记》说：

施钩之戏，以緪作篾相罥，绵亘数里，鸣鼓牵之。求诸外典，未有前事。公输子游楚为舟战，其退则钩之，进则强之，名曰"钩强"，遂以胜越。以钩为戏，意起于此。

《隋书　地理志下》载："（楚）有牵钩之戏，习以相传。"

到了唐代，牵钩游戏改称为拔河，并且在宫廷和民间广为流行。据《封氏见闻记》卷六《拔河》载："拔河，古谓之牵钩。襄、汉风俗，常以正月望日为之。相传楚将伐吴，以为教战。梁简文临雍部，禁之而不能绝。古用篾缆，今民则以大麻絙，长四五十丈，两头分系小索数百条，挂于胸前。分二朋，两向齐挽。当大絙之中，立大旗为界，震鼓叫噪，使相牵引。以却者为胜，就者为输，名曰'拔河'"。其意是拔河是襄、汉地区所盛行的一种风

图274　秋庭婴戏图

俗活动，每年在寒食和上元节开展拔河比赛。拔河用的绳索是一条长约四五十丈的大麻绳，在绳索的两头分别系有数百条小绳套，参赛者必须将绳套挂于胸前，就像纤夫拉纤一样两相牵挽。麻绳中间立有大旗为界，以能把对方牵挽过界为赢；比赛时，鸣锣击鼓、呐喊助威，场面热烈壮观。据《新唐书》卷四《中宗纪》载：唐中宗于景龙三年（709年）二月己丑，与皇后驾幸玄武门，"观宫女拔河，为宫市以嬉"。第二年的寒食清明节，唐中宗又召集五品以上官员到皇宫中的梨园亭子球场，"命侍臣为拔河之戏。时士宰相、二驸马为东朋，三宰相、五将军为西朋。东朋贵人多，两朋奏输胜不平，请复位。不为改。西朋竞输。仆射韦巨源，少师康休璟年老、随絙而踣，久不能兴。上大笑，左右扶起"。唐玄宗也多次在宫中举行千人拔河比赛。《封氏见闻记校注》卷六《拔河》载："喧呼动地，蕃客士庶观者，莫不震骇。"进士薛胜曾目睹了这种盛大的千人拔河比赛场面，即兴写下了一篇著名的《拔河赋》。另外，唐玄宗在军中观看了拔河比赛之后，写下了《观拔河俗戏》：

壮徒恒贾勇，拔拒抵长河。
欲练英雄志，须明胜负多。
噪齐山岌嶪，气作水腾波。
预期年岁稔，先此乐时和。

唐玄宗还在诗序中述："俗传此戏，必致丰年，故命北军，以求岁稔。"这不仅反映了拔河在唐代的盛行，而且还包含有祈求风调雨顺、五谷丰登的涵义。大臣张说曾和诗一首《奉和圣制观拔河俗戏应制》：

今岁好拖钩，横街敞御楼。
长绳系日住，贯索挽河流。
斗力频催鼓，争都更上筹。
春来百种戏，天意在宜秋。

这两首诗不仅展现字美、景美和拔河进行时所展示的力量美，而且"岁稔"和"宜秋"表达了祈愿丰年的愿望。

晚唐之后，拔河仍在民间广为流行，一般是十几人或几十人为一队，像动辄千人的大型拔河比赛十分少见。但远在甘肃临潭县（古称洮州）冶力关镇，每年元宵节举行"洮州万人扯绳（拔河）比赛"，历史悠久，六百余年来一直盛行不衰。清光绪年间编纂的甘肃《洮州府志》卷二《风俗》载："每岁正月元旦及岁时各节，皆无异俗。唯正月初五午后，扯有绳之戏。其俗在城门外河滩，以大麻绳作两股，长数丈。另将小绳挂在大绳之末，分上下两股。两钩齐，少壮牵绳首，极力扯之。老弱旁观，鼓噪声可撼岳。以东西城门为界，按城南和城北居住地分队，上下齐扯，凡家居上者上扯，家居下者则下扯。胜者踊跃欢呼，负者颇为失意。"

以上文献所记述的当时拔河的情景可以说明，拔河一直是我国古代民间的体育游戏，深受广大民众的喜爱。此项游戏一

图275　拔棍

东乡族传统体育项目

直流传至今，仍是人们所钟爱的一项集体性的运动项目。

5. 击壤

击壤是中国古代的一种投掷游戏。《太平御览》卷七百五十五《击壤》条引《释名》（一说东汉刘熙撰）云：“击壤，野老之戏也。”击壤这种游戏，可以称为中国游戏之祖。尧帝时，有老人在路上自行击壤，观众看得兴起，说：“好啊好啊，这是尧帝治国有方。”老人烦了，说：“我日出而作，日没而息，打井自己喝，耕田自己吃，干尧帝什么事！”击壤其实很简单，就是在远处找个目标，拿根木棍投掷过去，砸中算赢。击壤之戏，在邯郸淳的《艺经》载：“壤，以木为之，前广后锐，长尺四，阔三寸，其形如履。将戏，先侧一壤于地，遥于三四十步，以手中壤敲之，中者为止。”

到三国时期，击壤游戏大为盛行，算得上是当时的第一大运动，也就是说与现今足球在世界上的地位是一样的。吴人盛彦《击壤赋》记载：“论众戏之为乐，独击壤之可娱，因风托势，罪一杀两。”不难看出，当时人们把击壤放在娱乐方式的首位。句子中的“罪一杀两”很可能是当时的游戏规则。

两晋南北朝时，民间的击壤仍然十分流行。西晋张协《七命八首》中有“玄龆巷歌，黄发击壤”的句子，意思是说当时黑发童子在唱歌，头发泛黄的老翁在玩击壤。南北朝之后，击壤活动在历史上的记载突然消失。有些人认为，因为击壤过于单调，所以被人们逐渐抛弃。但事实并非如此，它只不过变了样子而已。在唐朝有一种叫做“木射”的游戏，它的玩法就很像击壤，被认为是古击壤的变异。它产生于唐代，而且在唐代十分盛行。

击壤不但没有被抛弃，而且被进一步发展。唐朝之后的击壤发展成为击砖游戏，而且比赛规则也完善了，成为少年儿童们十分喜爱的游戏。后来宋代儿童的“抛堶”和明清儿童的“打柭”“打瓦”都可以说是击壤游戏，只不过它们用瓦块和石头代替了“壤”。

宋代的“抛堶”游戏出现在张侃的诗作中：“五五三三抛堶忙，柳丝深处映陂

图276　击壤图

《三才图会》中的击壤图　明

图277　击壤图

塘。”可见当时这种游戏是普遍流行的。当时还有一种游戏与“抛堶”相似，叫做“飞石”，也很可能是击壤的变异。

明清时候的“打柭”“打瓦”游戏是击壤的新发展。“打”就是从“击壤”发展起来的。在明代《帝京景物略》中记载：“小儿以木二寸，制如刺核，置地而棒之，一击令起，随一击令远，以近为负，曰打柭。古称击壤者耶！”可见，当时打瓦在全国各地的儿童中十分流行。

除了上面介绍的玩法之外，击壤游戏还要求边玩边唱，唱和玩互相配合。南宋王灼的《碧鸡漫志》说：“昔尧民亦击壤歌，先儒为搏拊之说，亦曰所以节乐。”“搏拊”就是打拍子，意思是说击壤的时候要依据节拍边唱边打，这无疑使击壤游戏更加娱乐化。

6. 斗禽

（1）斗鸡

斗鸡是一种通过训练动物来进行竞技的活动，它也是一项世界性的游戏娱乐项目。我国早在先秦时期就开始流行。最早的斗鸡活动见于《庄子·达生篇》的记载：“纪渻子为王养斗鸡。十日而问：‘鸡已乎？’曰：‘未也，方虚骄而恃气。’十日又问，曰：‘未也，犹应向景。’十日又问，曰：‘未也，犹疾视而盛气。’十日又问，曰：‘几矣，鸡虽有鸣者，已无变矣，望之似木鸡矣，其德全矣。异鸡无敢应者，反走矣。’”《列子》曾记述纪渻子是为周宣王（前827—前780年）养斗鸡的。这说明早在西周时期就流行了斗鸡游戏，同时还出现了专门驯养斗鸡的技师。

春秋战国时，斗鸡有了较大的发展。据《左传·昭公二十五年》载：“季、郈之鸡斗。季氏介其鸡，郈氏为之金距。平子怒，益宫于郈氏、且让之。”这里所说的“介”字和“金距”，据有关学者诠释，“介”应解释为盔甲，即鸡的头部或胸部戴的护具，而“金距”指的是鸡腿上所缚的进攻性的一种金属利器。“介鸡”即“芥鸡”，是在鸡翅膀上撒了芥末，以使两鸡相斗时，能以辛辣的芥粉迷乱对方的眼睛。另外，《庄子》中记载，斗鸡时“以狸膏涂其头”，在鸡头上涂抹狸膏，让对方闻到狸的味道而产生恐惧感。这意味着当时的斗鸡活动已使用了专门的技术。

秦汉时期，斗鸡此项游戏更是在社会各阶层广泛流行。汉朝的武帝、宣帝、成帝都有好斗鸡的爱好，当时在宫中还专门建有斗鸡台，专供帝后观赏斗鸡。许多宗室贵戚大臣也十分喜欢斗鸡。《汉书·食货志》说，汉代“世家子弟富人或斗鸡走狗马，弋猎情戏”，可见斗鸡在汉代是一种常见的游戏。汉代的斗鸡风俗，还可以由下列材料见之。葛洪《西京杂记》卷二载，刘邦的父亲爱好斗鸡，刘邦为使父亲快乐，特地在长安按家乡原样重建新丰，并把那些斗鸡的老友也都迁到了长安来：“太上皇徙长安，居深宫，凄怆不乐。高祖窃因左右问其故，以平生所好，皆屠贩少年，酤酒卖饼，斗鸡蹴鞠，以此为欢，今皆无此，故以不乐。高祖乃作新丰，移诸故人实之，太上皇乃悦。”另外，《西京杂记》卷四又载：“成帝时，交趾越巂献长鸣鸡，……长距善斗。”就是汉家天子有斗鸡之好，才有异域人贡献善斗之鸡。如《史记·袁盎晁错列传》就记载有袁盎因病免官家居时与闾里常斗鸡走狗。汉宣帝岳父王奉光喜好斗鸡，《汉书》卷九十七上《外戚·孝宣皇后传》载：“奉光少时好斗鸡，宣帝在民间数与奉光会，相识。……”张衡在《东京赋》中以斗鸡来比喻秦始皇：“秦政利嘴长距，终得檀场。”汉代的斗鸡不仅在文献中有记载，而且在考古出土的汉画像石中也有形象的斗鸡画面。如河南密县、郑州、南阳出土的画像石上有形象生动的斗鸡场面。

魏晋南北朝时期，斗鸡这一习俗更为风行。魏文帝、魏明帝都爱好斗鸡，并建有斗鸡台。激烈的斗鸡场面，给人们带来了极大的视觉享受，斗鸡的价值也越来越高。如南齐郁林王萧昭业，“好斗鸡，密买鸡至数千价”。

由于斗鸡已成为当时社会的一种时尚，不少文人士大夫创作了许多有关斗鸡的文学作品。如三国时期刘桢的《斗鸡诗》、应玚的《斗鸡》、曹植的《斗鸡诗》、西晋傅玄的《斗鸡赋》、南朝梁简文帝的《鸡鸣篇》、南朝陈褚玠的《斗鸡东郊道诗》、北周王褒的《看斗鸡诗》等。

到了唐代，从唐太宗、中宗、玄宗、代宗、穆宗、文宗以至僖宗，都喜好斗鸡。为此，帝王们在宫内专设“鸡坊”，由宦官担任“护鸡坊中谒者”，统领鸡坊，还设有“鸡坊小儿”“衣食右龙武军”，管理驯养斗鸡。在大明宫九仙门外专门建有斗鸡楼。此外，唐玄宗在华清宫观风楼南建有斗鸡殿。唐代诗人郑嵎的《津阳门诗》

图278　斗鸡图

陕西乾县章怀太子墓壁画　甬道东壁　唐

载："此时初创观风楼，檐高百尺堆华榱。楼南更起斗鸡殿，晨光山影相参差。"斗鸡殿遗址今尚存于西安临潼华清宫。唐代文人陈鸿创作的《东城老父传》载："玄宗在藩邸时，乐民间清明节斗鸡戏。及即位，治鸡坊于两宫间，索长安雄鸡金毫铁距、高冠昂尾千数，养于鸡坊。选六军小儿五百人，使驯扰教饲。上之好之，民风尤甚，诸王世家、外戚家、贵主家、侯家倾帑破产市鸡，以偿鸡值。都中男女，以弄鸡为事，贫者弄假鸡。"详细描述了当时斗鸡活动盛况及有关鸡坊的职能。书中告诉我们当时的鸡坊设在大明宫和兴庆宫之间。鸡坊小儿挑选六军小儿五百人充任驯鸡手，豢养斗鸡千余只，每只都装备有"铁距"。驯鸡小儿有专门的"斗鸡服"，随时听候供奉。还有其他不少文人士大夫写下了有关当时斗鸡游戏的诗文。如杜淹的《吟寒食斗鸡应秦王教》、韩愈的《斗鸡联句》、李白的《古风》、王维的《偶然作》、杜甫的《斗鸡》、于鹄的《公子行》、白居易的《鸡距笔赋》、韦庄的《鸡公帻》等。

敦煌文献P.3608《寒食篇》载："花坊共斗汝南鸡，春游遍（偏）在东郊道。"S.6171《宫词丛钞》载："移却御楼东畔屋，少阳宫里斗鸡场。"P.2552、P.2567《寒食卧疾喜李少府见录》载："弱冠早登龙，今来喜再逢。何知春月柳，犹忆岁寒松。烟火临寒食，笙歌达曙钟。喧喧斗鸡道，行乐羡朋从。"

斗鸡有着漫长的历史进程，从先秦经

图279　斗鸡图

甘肃敦煌莫高窟第285窟壁画　南壁　西魏

图280　明皇斗鸡图

藏于美国波士顿博物馆

图281　明皇斗鸡图

图282　粉彩瓷盘

中国江西景德镇　约1723年—1735年　直径21.2厘米　现藏大英博物馆　清

汉唐到宋元明清，历时二千五百余年，演变成一种全民性的习俗。人们不仅创造了独到的驯养技术，健全了斗鸡规则，发明了一些特殊的斗鸡“战术”“战法”，修建了专门的“斗鸡场”，而且依据斗鸡时要分“曹”、分“朋”以决胜负的要求，出现了斗鸡的行会组织和师承派系，以及大量诗文作品。这些珍贵的斗鸡史料，对了解和研究古代斗鸡发展史具有重要的意义。

除文献记载之外，在考古挖掘的汉墓中，发现有斗鸡画面的画像石。陕西临潼的彰怀太子墓的墓道壁画中绘有一幅斗鸡图；敦煌莫高窟西魏第285窟南壁绘有一幅形象生动的斗鸡图。在酒泉丁家闸5号墓北壁绘有一幅形象生动的斗鸡图。

（2）斗鸭

斗鸭是从汉至唐宋间，在江南水乡较为流行的一种游戏。魏晋南北朝时期，南方地区就驯育斗鸭，《三国志》卷四十七《吴书·吴主孙权传》记载了魏文帝喜好斗鸭，曾派人向孙吴索要鸭子。《吴书·陆逊传》载：“时建昌侯虑于堂前作斗鸭栏，颇施小巧。”晋人葛洪《西京杂记》载：“鲁恭王好斗鸡鸭及鹅雁……”西晋蔡洪《斗凫赋》载：“嘉干黄之散授，何气化之有灵？产羽虫之丽鸟，惟斗鸭之最精。”《宋书》卷七十五《王僧达传》记述了南朝刘宋太子舍人王僧达告病在家休养，却到杨列桥观斗鸭，结果被人告之。到了唐时期，斗鸭仍然非常流行，《新唐书》卷八十《太宗诸子·庶人佑传》载：“佑喜养斗鸭。”《唐语林》卷七《补遗》载：“僖宗好蹴球、斗鸭为乐。”由于古代文献中有关斗鸭的没有太具体的记载，只能从一些诗赋中稍作钩沉。两晋蔡洪曾作《斗凫赋》，形象地描述了斗鸭的精彩场景。唐代李邕作有著名的《斗鸭赋》，生动形象地描写了南方一带王公贵族斗鸭的激烈精彩场面。此外，张籍的《寄友人诗》载：“采茶寻远涧，斗鸭向春池。”张说《同赵侍御巴陵早春作》载：“水苔共绕留乌石，花鸟争开斗鸭栏。”宋代毛滂《生查子》载：“斗鸭王

图283　戏鸭图

出于陕西礼泉县李震墓第三过洞东壁　高100厘米　宽4厘米　现藏陕西省昭陵博物馆　唐

图284　婴戏图瓷枕

宋

阑旁，扑兽金炉畔。”反映的都是当时社会上的斗鸭游戏。

（3）斗鹅

斗鹅在两汉时期已在社会上出现，南朝著名画家顾景秀和梁朝江僧宝都绘有《小儿戏鹅图》。《新唐书》卷二百八《宦者下·田令孜传》载：“帝冲骙喜斗鹅，走马，数幸六王宅、兴庆池。与诸王斗鹅，一鹅至五十万钱。”徐统的《稽神录》中记述了五代后周世宗显德二年（955年），海陵举行的一次盛大的斗鹅活动。

（4）斗鸟

斗鸟一直是民间广泛流行的一种斗禽游戏。鸟类的品种较多，有画眉、鹌鹑、鹤、孔雀等。其斗法有两种：一种是隔笼相斗，通常是在一个鸟笼里放两只鸟，中间隔开，二鸟相斗，经过几个回合，败者不鸣，胜者鸣叫；另一种是把两鸟放在一个笼内，中间不隔，任二鸟相斗。

《山海经》里就有“鸾鸟自歌，凤鸟自舞”的记载。《史记》卷五《秦本记》中也记载，早在虞舜时期，秦国的祖先就是名驯鸟兽师，“佑舜驯鸟兽，鸟兽多驯服”。以至当时出现了“百兽率舞”“凤凰来仪”等娱乐活动。隋代的百戏表演中有禽戏，薛道衡的《和许给事善心戏场转韵诗》载：“抑扬百兽舞，盘跚五禽戏。”到了唐代，出现了专门养鸟的机构，称为“五坊使”。当时养鸟、驯鸟和斗鸟的记载较多，是研究古代禽戏的珍贵史料。

（5）斗鹌鹑

又名“冬兴”“鹌鹑圈”。唐代始行，伴奏相戏，一直到清代仍有。

斗鹌鹑的游戏一般都在冬季举行。唐时期，玄宗喜爱此项游戏，每年由西凉人献鹌鹑，在金鼓鸣奏下进行斗鹌鹑游戏，宫中还设专人驯养。后流入民间。清代，光绪的《川沙厅志》载：“每于秋末冬初

图285　斗鹌鹑

明代版画　中国国家图书馆藏　明

斗鹌鹑，曰‘冬兴’，又曰‘鹌鹑圈’。”葛元煦的《沪游杂记》载：“沪人霜降后斗鹌鹑。……斗时，贴标头分筹码，每斗一次谓之一圈。”清人李绿园写了一部《歧路灯》，其中有描述斗鹌鹑的场面。

（6）斗画眉

斗画眉是我国侗族民间的一项娱乐游戏，流行于今湖南、贵州、广西一带。一般雄性的画眉善斗，每当农闲时节举行斗鸟比赛。赛时，将两鸟放在一个笼内相斗，经过多次比赛，最终获胜者被奉为“鸟王”。

（7）斗鹤

最早可见于《左传·闵公二年》记载：“丑懿公好鹤，鹤有乘轩者。”此戏历经千年。其他，还有斗牛、斗虫等一直在民间流行。

7. 抛球

抛球是唐代十分盛行的一种游戏。唐人宴集，宾主皆围圆而坐，当酒酣耳热之时，音乐响起，人们依座轮番抛掷传递绣球为戏。当音乐停止时，球在谁的手中，就罚谁喝酒或表演节目。元稹《香球》诗：“顺俗唯团转，居中莫动摇。爱君心不恻，犹讶火长烧。”白居易《想东游五十韵》：“柘枝随画鼓，调笑从香球。”描写的则是在筵席之上随着画鼓的节奏，人们一边跳着欢快的《柘枝舞》，一边以抛掷香球取乐。

唐代文人的诗中也有许多反映抛球戏的描写，如白居易的《渭村退居寄礼部崔侍郎、翰林钱舍人诗一百韵》：“球簇桃花绮，歌巡竹叶觞。”又有《醉后赠人》诗：“香球趁拍回环匼，花盏抛巡取次飞。”陆海有：“城外平人驱欲尽，帐中犹打究花球。”张祜的《陪范宣城北楼夜宴》：“亚身摧蜡烛，斜眼送香球。”杜牧的《羊栏浦夜陪宴会》：“球来香袖依稀暖，酒凸觥心泛滟光。红弦高紧声声急，珠唱铺圆袅袅长。”又有《后池泛舟送王十秀才》：“问拍拟新令，怜香占彩球。”李商隐的《拟意》：“仁寿遗明镜，陈仓拂彩球。”描写的都是玩抛球戏的情景。

抛球戏在宫廷饮宴中也很流行。唐中宗景龙四年（710年）二月庚戌，驾幸梨园球场，命文武三品以上大臣分朋抛球为戏。唐人歌诗中也有许多描写宫廷抛球戏的吟咏，如李谨言的《水殿抛球曲》：

侍宴黄昏晓未休，玉阶夜色月如流。
朝来自觉承恩最，笑倩傍人认绣球。
堪恨隋家几帝王，舞裀揉尽绣鸳鸯。
如今重到抛球处，不是金炉旧日香。

李白的《宫中行乐词》也载：“素女鸣佩珠，天人弄彩球。”这说明这种轻松欢快的抛球游戏在盛唐时期的宫廷饮宴中非常流行。

唐人宴饮游戏时，往往有乐曲伴奏，伴奏曲通常以游戏名来命名，抛球戏也不例外。由于唐人经常玩抛球游戏，所以创作了专门的伴奏乐曲——《抛球乐》。《教坊记》所记曲名中就有《抛球乐》，即是配合抛球戏时经常演奏的乐曲。在唐人诗歌中有许多《抛球乐词》，都是为了配合乐曲演唱而创作的歌词。从这些歌词的描述中我们可以了解到抛球活动的形态。如刘禹锡的《抛球乐词》。

另外，五代南唐词人冯延巳也作有《抛球乐词》六首，其内容虽然描写了宴集，但却没有提到玩抛球游戏的情节；敦煌文献 P.3608V《寒食篇》载："池中灵水白雕飞，树下抛球彩莺去。别殿前临走马台，金鞭更送彩球来。球落画楼攀柳取，杖摇香径踏花回。"在敦煌曲子词中也保留下来了 P.2838两首《抛球乐词》。由此可见，五代时期的《抛球乐》已经发展成为纯粹的歌词曲调。

抛球在宋代仍很流行，并衍化出掷水球游戏，女子们站在岸边，用手轮流向水中抛掷气球，看谁将球抛得最远。宋徽宗有一首《宫词》描写宫女们抛水球的生动情景："苑西廊畔碧沟长，修竹森森绿影凉。戏掷水球争远近，流星一点耀波光。"

抛球一直是唐宋以来节日酒筵行令之游戏，同时既抛彩球，又传花枝，须争速

图286　女子抛球图

图287　婴戏抛球图

度，情势紧张，娱乐性较高，是深受时人喜爱的民俗游戏活动。

8. 踢毽子

毽子亦作“箭子”，《事物原始》云：“小儿以铅锡为钱，装以鸡羽，呼为箭子，三四成群走踢，有里外廉、拖抢、耸膝、突肚、佛顶珠、剪刀、拐子诸名色，亦蹴鞠之遗意也。”踢毽子游戏性强，有一定观赏价值，所以一直是男女老幼喜爱的寒食、中秋时节的游戏娱乐活动。

据考古学者发现，汉代画像砖上已经有踢毽子的形象出现，由此推断，踢毽子应该源于汉代。南北朝时，踢毽子已很盛行。唐人释道宣《续高僧传》载，少林寺的第一代住持印度高僧佛陀在洛阳游历时，看到一名十二岁的小男孩站在天街的井栏上，用脚外侧一连反踢五百下，足见其毽子功夫的不凡。佛陀收其为弟子，这即是后来有名的少林高僧慧光。唐宋时期，踢毽子更为风行，就连宫里的嫔妃、宫女都喜爱踢毽子游戏。其技巧也进一步得到提高，花样不断翻新，难度层出不穷。宋人高承《事物纪原》载：“今时小儿以铅锡为钱，装以鸡羽，呼为毽子，三五成群走踢，有里外廉、拖抢、耸膝、突肚、佛顶珠、剪刀、拐子各色。”即不光用脚踢，还用膝、腹、头等各个身体部位玩弄毽子。宋代由于踢毽子风的盛行，出现了以卖毽子为业的摊铺，宋人周密的《武林旧事》卷六记有京都临安城专有经营毽子的商店。明清时期，不但古籍中记载了不少有关踢毽子的场景，而且出现了不少身

图288　婴戏毽子

怀踢毽绝技的以卖艺为生的艺人。如清末北京谭俊川，人称“毽儿谭”，能一口气连踢六千多下，并连续不断翻新踢出二十余套花样。他还将积累的踢毽子经验，撰写成《翔羚指南》一书，这是我国第一部毽子谱。在清代，儿童和女子则更喜爱踢毽子活动。康熙年间李声振《百戏竹枝词·踢毽子》曰：“青泉万迭雉朝飞，闲蹴鸾靴趁短衣。忘却玉弓相笑倦，攒花日夕未曾归。”词中反映了当时女子爱玩一种数人更翻轮踢的“攒花”，她们身着短衣，上下翻踢各种花样，常常踢到日头西落还不愿回家。还有清代著名词人陈维崧的《沁园春》专门描述了妙龄女子在清幽的庭院里踢毽子的盈盈身姿。

踢毽子历经千余年的传承，至今仍在民间流行，成为今天人们锻炼身体的项目。

图289　踢毽子图

清

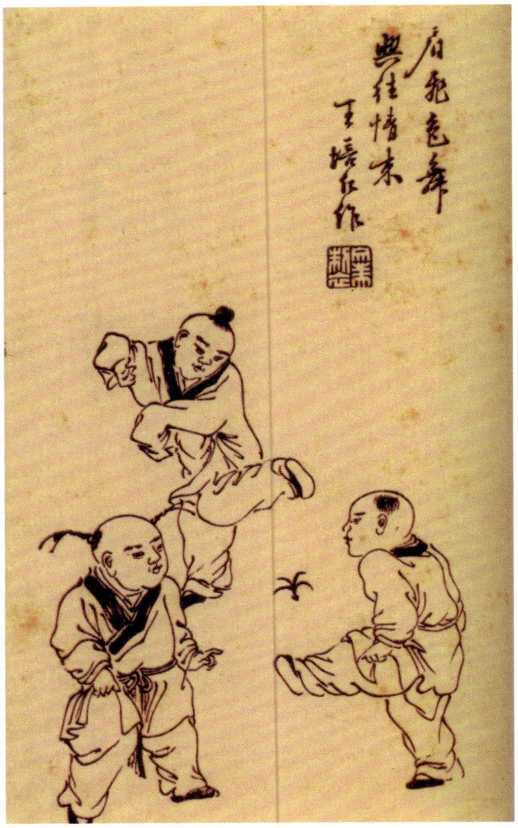

图290　踢毽子

王培仁　清

（二）蹴鞠、马球、步打球、捶丸

1. 蹴鞠

丝绸之路上的蹴鞠自秦汉时期就得以风行，并成为汉代重要的军事训练和提高将士身体素质及愉悦身心的重要手段。汉将霍去病驻守河西时，曾亲自率领将士们练习蹴鞠。《汉书·艺文志》把有关蹴鞠活动的著作附在“兵器”之后，列入“兵器十三家”，作为重要的军事参考书。据《会稽典录》记载，西汉长安城的一般老百姓也“以蹴鞠为学”，喜蹴鞠之戏。西汉长安流行的蹴鞠有两种不同的游戏方法：一种是不用专门的鞠场，一个人或几个人踢球表演为主的游戏；另一种是有专门场地和一定规则的蹴鞠竞赛。

东汉时期，民间的蹴鞠活动已经普遍发展起来，并已成为寒食节的一项重要娱乐活动。这可由陕西榆林地区出土的东汉墓画像石反映出来。绥德县东汉墓出土的画像石蹴鞠图，共两幅，画像对称，内容相同。整个画面分四格，其中上端第二格刻有蹴鞠图。

至唐代，蹴鞠有了更大的发展与成熟，鞠由过去“以革皮为之，中实以毛”的实心球，改为“以胞为里，嘘气闭而蹴之”的充气球。参与蹴鞠活动的人群，遍布各个阶层。在京城长安，上至达官贵族，下至市井小民，无不喜欢蹴鞠，而且妇女也跻身其间，并涌现出不少蹴鞠高手。汉唐时期的不少诗词作品中，对蹴鞠的盛行有过生动的描述。《酉阳杂俎》续集卷三记载："荆州之民郝惟谅，性粗率，勇于私斗。会昌二年（842年）寒食日，与其徒游于郊外，蹴鞠角力。"《博异志》载："陇西李全质，少在沂州，尝一日欲大蹴鞠。"敦煌民间也流行蹴鞠，如敦煌遗书P.2619、3637《召蹴鞠书》："阴沉气凉，可以蹴鞠释闷，时哉！时哉！垂情幸降趾。"《答书》："雨后微凉，纤尘不起，欲为打戏，能无从乎！苑勒咨迎，枉驾为幸。"这些诗词使人们能真切地了解到蹴鞠在当时的盛行。此外，蹴鞠对宗教也曾产生了相当的影响，敦煌遗书《涅槃经》《瑜伽师地论》等佛教经卷中也提到"鞠"的游戏。

汉赋、唐诗、宋词、元曲中都有对蹴鞠的描写，如何晏的《景福殿赋》、卞兰的《许昌宫赋》，还有枚皋的《蹴鞠赋》等，都描写了汉代蹴鞠的面貌和社会地位。唐代的许多著名诗人，如李白、杜甫、王维、白居易、王建、温庭筠、韦庄等都有描写蹴鞠的诗。如王维的《寒食城东即事》云："蹴鞠屡过飞鸟上，秋千竞出垂杨里。"白居易的《洛阳寒食节日作十韵》云："蹴鞠尘不起，泼火雨初晴。"韦庄的《丙辰年州迁寒食城外醉吟五首》云："永日迢迢无一事，隔街闻筑气球声。"杜甫的《清明》云："十年蹴鞠将雏远，万里秋千习俗同。"宋代大诗人陆游的《剑南诗稿》中有七首写蹴鞠的诗。宋词《满庭》，元代关汉卿的套曲《女校尉》，萨都剌的散曲《妓女蹴鞠》。同时，《新唐书·百官志》记载，每年寒食节尚署负责组织"献球"，表演蹴鞠。

丝绸之路上的寒食蹴鞠活动历经几千

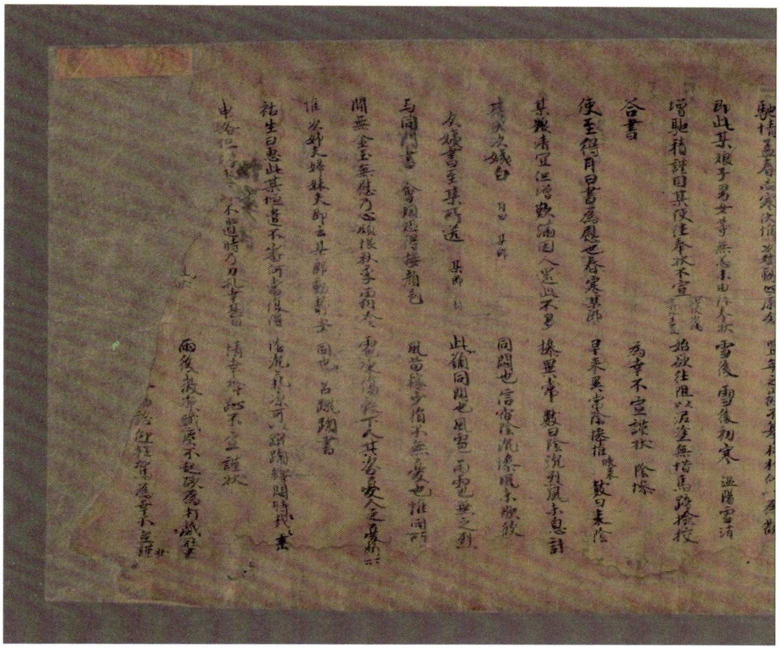

图291　蹴鞠

敦煌文献 P.2619　现藏于法国国家图书馆

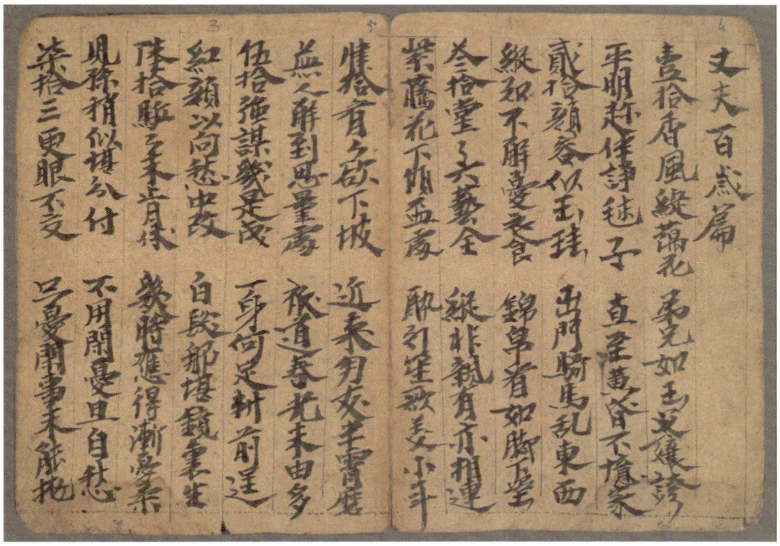

图292　三尺龙泉剑

敦煌文献 P.3821-1

图293　蹴鞠画像石

河南登封出土　汉

图294　画像石

陕西绥德　汉

图295　蹴鞠图铜镜

湖南省博物馆　宋

图296　蹴鞠图铜镜

宋

图297　蹴鞠图

（宋太祖赵匡胤正在与他的五位臣子蹴鞠的情形）宋

图298　婴戏蹴鞠图

苏汉臣绘《长春百子》（局部）中的儿童踢球情景（选自台北故宫博物院编《婴戏图》）宋

图299　蹴鞠图

纸本　设色　钱选《宋太宗蹴鞠图》上海博物馆　元

图300　玉梳蹴鞠图

图301　蹴鞠瓷枕

宋

图303　婴戏蹴鞠图

腰圆白地黑花童子蹴鞠纹枕　长31厘米　宽22厘米　高12厘米　金

图302　婴戏

暗花罗方领女夹衣上的鞭陀螺团　北京市昌平明定陵出土　明

图304　婴戏蹴鞠四系罐

磁州窑　宋

图305　开光婴戏蹴鞠

南宋吉州窑

图306　蹴鞠象牙雕（局部）

清

年的发展，其形式、方法、规则等都有所变化。如在两汉时期的蹴鞠主要是用于军事习武的手段。隋唐时期的蹴鞠技艺有了较大提高，并出现了充气的皮质球。“寒食蹴鞠”岁时节日的民俗活动得到了广泛普及。宋代的蹴鞠是朝廷宴会和民间宴饮的表演节目，出现了专业艺人和蹴鞠组织，蹴鞠得到了更为深广的开展。到了元代，妇女也参与了蹴鞠活动。但还必须看到，蹴鞠的发展深受当时社会文化的影响，尤其是蹴鞠长期在儒家文化的浸润之下，由竞争逐步走向文雅；由对抗逐步走向表演。

我国古代丰富的文学表现形式，在不同的历史时期不断涌现出新的有关蹴鞠的文学种类。如诗歌、钟鼎铭文、汉赋、骈文、唐诗、宋词、元曲、明清小说等。中国古代进行蹴鞠活动是有音乐伴奏的，如晋人陆机的《鞠歌行》，宋人吴自牧的《梦粱录》，陆游的《西湖春游》，元代关汉卿的《女校尉》等。自汉至清以来，随着蹴鞠的盛行，还出版了有关蹴鞠的书籍。如汉代《汉书·艺文志》《事林广记》《万宝

图307　绣百子暗花罗方领女夹衣局部之二

图308　蹴鞠图

清明上河图局部　仇英　明

图309　钟馗蹴鞠图

顾洛

图310　足球俑

民间收藏　明

图311　蹴鞠图

美国克里夫兰美术博物馆藏

全书·戏球场科范》《蹴鞠图谱》《蹴鞠谱》等。从春秋战国到汉代还遗存了不少蹴鞠文物，如画像石刻、铜镜、帛书、绢画、雕刻、陶瓷、壁画等。

总之，丝绸之路上所反映出的大量有关“蹴鞠”的记录和描述及出土文物的实证，构筑起丝绸之路自汉唐以来各民族的“蹴鞠”文化，同时还是了解丝绸之路各民族的生活风貌，以及“蹴鞠”的名词术语十分珍贵的重要资料。

2. 马球

马球自汉唐一直传衍到明末清初，其名称也种种不一。又称：蹴鞠、击鞠、球戏、打球等，但大致离不开竞技的属性。马球本体的发生，体现了“本体”寓于“具体”之中的道理。我们可以看到游牧民族掌握育马、骑马的技能，才能逐步构成马球本体发生的最初内涵，它使我们认识到马球必须立足于马技和身体能力的超常开发。

从汉唐经宋元而至明清的中国城市，物质文化发展迅速，出现在汉唐宫廷或都市内街坊的马球已成为人们的一种文化生活。尤其在唐代，马球已成为宫廷皇帝与权贵们日常生活的重要内容，也是军队训练士兵的主要手段之一。马球有运动的特征，更有审美的功用。马球开始一步步向质变迈出了令人欣喜的步伐。

宫廷文化是马球发展的土壤，它与军事文化的交融，推进了击鞠向马球运动的发展。皇室对宫廷马球的重视，在某种程度上也对马球的成熟与发展产生了影响。马球的起源与游牧文化和军事文化的汇聚

图312　胶胎马球

中国文物报刊发（2007年12月26日）　唐

有关联，与马镫、马鞍的发明有关联，与轭具在中国鞠戏中的运用有关联。同时，从宫廷文化、民间文化与军事文化的融合对马球所产生的影响，以及从人类对游戏、娱乐、竞争的心理需求与生理需求的视角来探讨马球的发展，并与中亚一带游牧民族所进行的骑术军事训练，以及狩猎、马伎与所开展的马球运动的关系等进行综合研究，有利于史料的互补，也有助于进一步弄清马球的真实面貌。

两汉时期，我国不仅有了发达的养马业，而且还积累了丰富的育马、驯马、相马的经验。长期的游牧、狩猎、战争、军事训练的文化凝聚，使人们对马的性能和骑马的技术也越来越熟悉。在此基础上，

图313　东汉马球图

徐州出土

人们出于本体精神的需要，先后出现了马伎表演、赛马比赛和走马击鞠等活动。

东汉（25年—220年）末年，曹植曾写过一篇《名都篇》的诗中载：“连翩击鞠壤，七捷惟万端。”其中“连翩”指的是形容马上“击鞠”的姿态。“击”根据《辞源》注释，本义是打、敲打。“鞠”根据郭璞《三苍解诂》载：“毛丸，可蹋戏。”“壤”即土地、场地的意思。但由于证据乏力，加之学者们对《名都篇》有着不同的解释，对是否写马球提出了疑问，因此更需要有确凿的资料再加论证。还有唐代诗人蔡孚参考当时尚未佚失的汉代文献记载写成了《打毬篇》，诗中对东汉时期洛阳“德阳宫北苑东头”马毬比赛的场景，进行了形象的描绘。而诗中提到的窦融和梁冀两位宦官都酷爱打毬，并是马毬高手。但仅此来考证马球在东汉的存

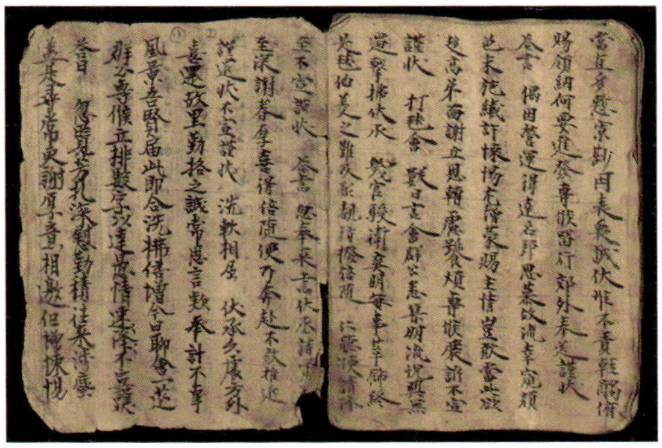

图315　打马球（书仪）

敦煌文献 S.5636　现藏于大英博物馆

在难免论证力量尚显得单薄。此外，还有《蹙鞠》二十五篇著录于《汉书·艺文志》中。该书虽已亡佚，但从后人记述中可得知《蹙鞠》一书有《域说篇》，其中载有：“即今之打毬也……又以杖打，亦有限域也。”这说明，《蹙鞠》二十五篇，应为打马毬专著。此外，东汉人李尤曾著有《鞠城铭》，其内容载：“围鞠方墙，依

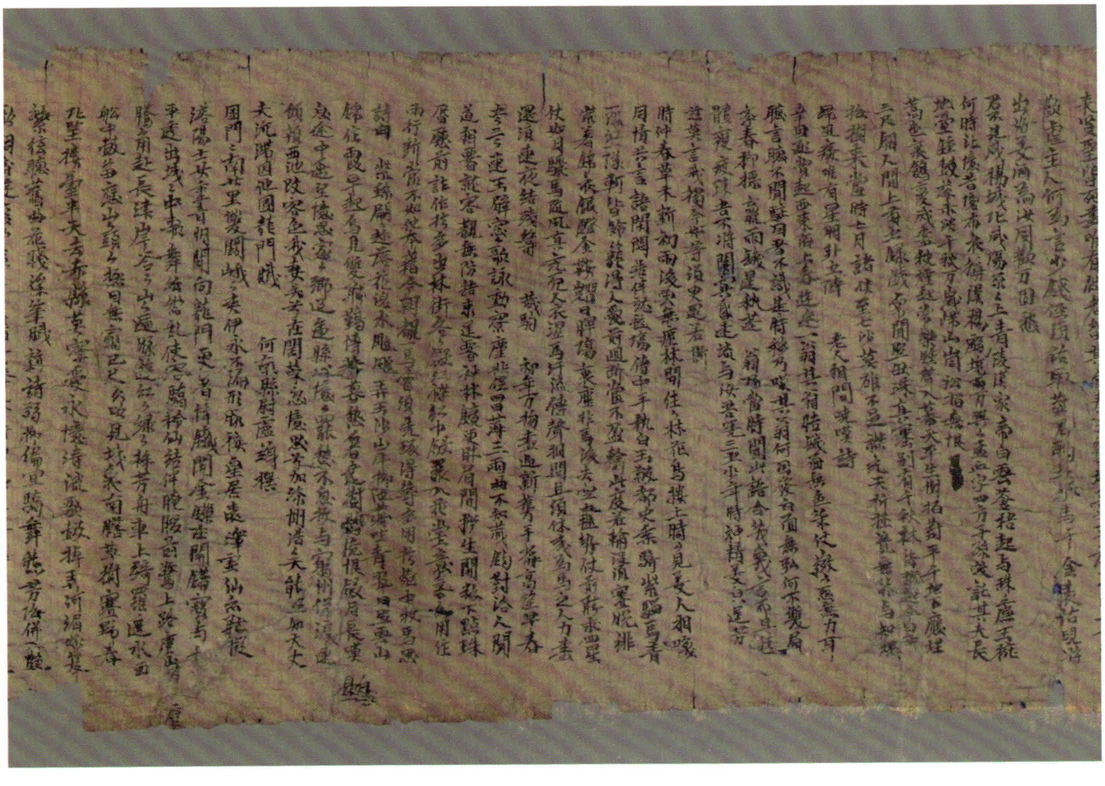

图314　马球

敦煌文献 P.2544　现藏于法国国家图书馆

仿阴阳，……”这说明此毬场因三边设墙，亦应是马毬场。文中还记述了打马毬的规则。另外，据说在江苏徐州地区睢宁的巨山东汉墓穴中曾出土过六块东汉打马砖，现由民间收藏。如果这六块马球砖由考古和文物专家鉴定确认后，这将为我国东汉时期就流行马球运动提供了有力的佐证。另外，敦煌发现的文献中有一篇《捉季布传文》变文卷子，目前共存有十个写本，卷号为 S.1156、S.2056、S.5439、S.5440、S.5441、P.2648、P.2747、P.3197、P.3386、P.3697等。《捉季布传文》是据《汉书》卷三十七《季布栾布田叙传第七》编纂的故事。《史记》卷一百中也有记载。敦煌卷子《捉季布传文》描写了季布英雄风采，其中还有季布打马球和习武的身姿。如：

试交骑马捻毬杖，忽然击拂便过人。
马上盘枪兼弄剑，弯弓倍射胜陵君。
勒辔邀鞍双走马，跷身独立似生神。
挥鞭再骋堂堂貌，敲蹬重夸檀檀身。
南北盘旋如掣电，东西怀协似风云。

上述内容可以和江苏睢宁区巨山墓穴的六块东汉时期的画像砖呈现的一组打马球砖画的各种身姿相印证，这也说明了东汉时期马球就可能存在了。

图316　打马球汉砖

图317　打马球

汉砖

唐代自太宗、中宗、玄宗、宣宗、穆宗、敬宗、僖宗、昭宗皆是马球爱好者。有些王子王孙、驸马和大臣如李邕、杨慎交、武崇训、武延秀、李晟等均是马球高手，甚至后宫的嫔妃和宫娥也以打马球消遣时光，出现了女子打马球，并创造骑驴击鞠（即驴鞠）及步打球等。

由于马球是一种宫廷贵族性的体育运动，墓葬壁画和出土文物的马球图和马球俑等都体现了马球是皇族身份的一种象征，也为引证文献中对马球的记载提供了形象的实物资料。

自20世纪50年代以来，不断出土面世的唐代墓室壁画已经积累到一定数量，成为极其重要的考古文物种类和实物资料系统，为今天我们研究唐代马球文化提供了较为全面的认识。唐代墓室的马球壁画属于贵族文化，是唐代主流文化的一个方面，它形象地记录了当时宫廷、宦官、军队中开展马球的景象。

图318　人马图

陕西富平县北吕村挖掘李邕墓前甬道西壁马球图局部（1、2号人马图）

敦煌文献中也有大量有关唐代寒食、清明节打马球的记载。如：S.6171《水鼓子·宫词》云：

> 先换音声看打球，独教□部在青楼。
> 不排次第排恩泽，把板宫人立上头。
> 寒食两朋坊内宴，朝来排□为清明。
> 飞龙更取□州马，催促球场下踏城。

这首诗描绘了宫人在寒食、清明时节，在青楼观看马球赛的情景，反映了长安宫廷寒食、清明节打马球的习俗。S.2049V和P.2544《杖前飞·马球》则对马球活动进行了生动形象的描述：

> 时仲春，草木新，□初雨后路无尘，
> 林间往往临花马，楼上时时见美人。
> 相唤同情共言语，闷闷结伴游球场，

图319　女持球杖图（摹本）

陕西礼泉县杨温墓壁画　唐

图320　唐玄宗击球图

李龙眠摹　清

图321　彩绘陶打马球群俑

陕西西安市出土　高29.7厘米~32.7厘米　现藏陕西历史博物馆　唐

图322　马球图（局部）

陕西乾县章怀太子墓墓道西壁壁画　唐

图323　彩绘骑马击球俑群

陕西长安市南里王村唐韦泂墓出土
唐

图324　马球俑

1948年由夏蕙姬丝女士赞助购藏的四件击球俑　现藏美国肯萨斯市纳尔逊雅坚斯美术博物馆

图325　陶打马球俑

陕西临潼区关山古墓出土　唐

图326　彩绘打马球俑

高36.8厘米　现藏徐氏艺术馆　唐

图329　加彩打马球俑

现藏于台北故宫博物院

图327　彩绘打马球俑

现藏巴黎吉美立亚洲艺术博物馆　唐

图330　彩绘描金击球俑

现藏上海博物馆　唐

图328　彩绘打马球俑

现藏巴黎吉美立亚洲艺术博物馆　唐

图331　打马球俑

在陕西出土　盛唐

传中手执白玉鞭，都史乘骑紫骝马。
青一队，红一队，敲磕玲珑得人爱，
前回断当不输赢，此度若输后须赛。
脱绯紫，著锦衣，银镫金鞍耀日辉，
场里尘飞马后去，空中球势杖前飞。
球似星，杖如月，骤马随风直冲穴，
□□□□□□□，□□□□□□□。
人衣湿，马流汗，传声相问且须休，
或为马乏人力尽，还须连夜结残筹。

此诗中所记录的马球活动时在仲春，前云寒食在仲春之末，可知此次活动应在寒食、清明前后，并且诗人叙述了敦煌马球比赛的地点为“林间球场”、赛马“紫骝马”、比赛双方“青一队，红一队”、比赛服饰“脱绯紫，著锦衣，银镫金鞍”，以及比赛时“球似星，杖如月”的激烈精彩场面和“人衣湿，马汗流”的高强度运动量，使我们对敦煌马球活动有了更深的了解。

图333　长安城大明宫含光殿石志拓本

陕西西安市大明宫遗址出土　唐

自20世纪以来，在新疆阿斯塔那唐墓中也有丰富的马球资料和实物。

风靡唐代三百余年的马球运动，并未因五代十国的战乱而消失，在宋代依然盛行不衰。当然囿于各种条件的限制，马球运动基本上还是在宫廷府第、达官显贵以及军队中开展。

马球在宋代又称击鞠，开展得相当普遍。皇帝和贵族大臣们往往以此为乐。徽宗、孝宗就是其中的代表，特别是孝宗为了收复中原，更是以马球作为训练骑兵的重要手段。

上述马球因素的文化特质，从根本上说，乃是一种关系，即透过马球因素体现出来的特定文化——“一个具有许多规定和关系的丰富总体”。意味着马球是生命本体的形而上活动。基于这种认识，马球无疑是人身与人心的一种精神载体。

图332　持马球杆图

陕西西安市东郊王家坟唐安公主墓壁画揭取　甬道东壁　唐

图334　打马球菱花镜

现藏北京故宫博物院　唐

图335　八角形打马球菱纹铜镜

唐

图336　马球

中国吐蕃金漆彩绘漆器托盘

图337　持马球杆图

甘肃敦煌莫高窟第144窟壁画　东壁　唐

图339　马球（唐人与波斯人打马球比赛）

现藏于伊朗国家博物馆

图338　打马球休息图

内蒙古清水河塔尔梁墓壁画　墓室西北壁　五代

图340　马球用具与弓囊图（局部）

内蒙古清水河塔尔梁墓壁画　墓室东南壁　五代

图341　唐代童子击球图画毡

日本奈良正仓院藏

图342　步打球

3. 步打球

步打球，又称“步打”或“步击”，是一种徒步击鞠的体育活动。它是由马球迁移而来，似乎在唐初就开始流行于宫廷和民间。据《新唐书·百官志三》载，按唐代习俗，每年寒食节，由少府监在宫中组织献球的娱乐活动，包括各种球戏，如蹴鞠、击鞠、驴鞠、步鞠等。诗人王建所作《宫词》即有“寒食宫人步打球”之句。唐太宗贞观年间，大臣魏征奉命制《打球乐》，据《唐音癸签》卷十四《杂舞曲》载：“打球乐：舞衣四色，窄罗绣襦，银带簇花，折之中，顺风脚，执球杖。”著名诗人鱼玄机十分喜爱步打球，她所作的《打球作》，描绘了步打球比赛时球杖击圆球，球在空中划过似流星，以及拨球和击球入门等精彩场景。唐僖宗十分熟悉各类球戏活动，尤其是对自己的步打球技艺颇为自负。《北梦琐言》卷一载：“僖宗皇帝好蹴球、斗鸡为乐，自以能于步打，谓俳优石野猪曰：‘朕若作步打进士，亦合得

图343　步打球图

甘肃安西榆林窟第15窟壁画　南壁　唐

图344　童子步打球

新疆交河古城出土《鬼子母》残绢画　现藏柏林国立印度美术馆　唐

图345　舍利盒童子步打球

现藏于新疆维吾尔自治区博物馆

一状元。'"

步打球是由马球演变而来的，其打法和规则都类似马球。比赛分两队进行，比赛者手持球杖，在场上奔跑、追逐和拼抢，以将球击入门者为胜。步打球在唐代得到了广泛的流行，始终沿着自己的发展轨迹前行，最终为现代曲棍球的形成奠定了基础。

4. 捶丸

捶，即击打；丸，即球。可以说，捶丸就是以棒击球入穴的游戏。捶丸所用的棒，有撺棒、朴棒、杓棒、单手、鹰嘴等多种类型。一套棒，根据数量不同分为全副、中副和小副，依次为十根、八根、六根，供捶丸活动者在不同条件下选用。捶丸的场地设置在野外，地形有平者、有凸者、有峻者、有妨者、有里者、有外者。球场上还设穴、窝、发球台、标志旗、障碍物等。发球台与球窝的距离，近者一丈，远者五十至六十步，最远不超过百步。比赛十人九人为“大会”，八人七人为“中会”，六人五人为“小会”，四人三人为“小朋”，二人为“单对”。捶丸比赛之前，参赛者须到“关牌”处领筹。筹又叫牌，每人五筹。每人三棒，三棒均将球击入窝中才能赢。根据筹之多少来决定胜负。捶丸流行于唐代，盛于宋、金、元三代。宋代陈万里的《陶枕》中著录有一儿童捶丸图陶枕；故宫博物院藏有明代的《宣宗行乐图》卷中绘有捶丸图；上海博物馆藏有一幅明代杜堇的《仕女图》，卷画中绘有一幅多名仕女正在进行捶丸比赛的场景；

图346　舍利盒童子步打球

现藏于新疆维吾尔自治区博物馆

图347　捶丸

《朴通事谚解》中有关于元代大都民俗中“捶丸”的记载：“用有柄木勺接球，相连不绝，方言谓之球棒。球用木为之，或用玛瑙，大如鸡卵。”　宋

图349　捶丸图

位于山西洪洞县水神朝明应王殿西壁北部　元

图350　椭圆形童子击角球瓷枕

金

图348　捶丸图

《宣宗行乐图》（局部）现藏北京故宫博物院

图351 捶丸图

杜堇《仕女图》卷（局部） 现藏上海博物馆 明

2002年，山东泰山市博物馆考古人员维修岱庙城墙遗址时，在地下发现了由十四幅画面组成的宋代石刻图。其中一幅为《捶丸图》。从这些文物看，古代捶丸的场地、器具等与现代高尔夫球运动有着惊人的相似之处。有专家认为，现代高尔夫球运动的源头应在中国。而以上的捶丸画像就证实了宋元之际捶丸在我国流行，它所体现的历史价值、史料价值，可谓弥足珍贵。

元代是捶丸成熟的时期，首先，元代出现了关于打球的专著《丸经》。该书共32章，不仅讲述了捶丸的起源、意义、内容和方法，也介绍了捶丸的规则和对道德品质的要求。其中，因地章、择利章、正仪章介绍了捶丸游戏的场地标准；试艺章、权舆章、制器章、取材章介绍的是捶丸游戏所用的球棒和器材用具的制造；审视章、取友章、衍数章、运筹章、制财章讲述的是捶丸游戏的选时、分组及资金如何筹集；定基章、置序章、记止章、决胜章、出奇章、适宜章、处用章、观形章、集智章、举要章、知己章、守中章讲述了捶丸游戏的打法和活动规则；还有承式章、崇古章、善行章、宁志章、玩心章、贵和章、恃傲章、知人章讲述了捶丸游戏对参与者道德作风的要求以及如何利用游戏达到修身养性的目的。《丸经》的出现结束了捶丸游戏长达数百年没有统一游戏规则的历史，是一份不可多得的珍贵史料。

（三）射术

早在二千余年前，我国已有“规则完善”的竞技体育。尤其是乡射，在每年春、秋两季，在我国中原地区各州、各乡都要举行称之“乡射礼”的体育比赛。乡射是乡大夫和士在乡饮酒之后举行的体育竞赛活动。乡射赛共进行三轮，称之“三番射”：第一番主要是射的教练，司射挑选六名弟子，分为三组，称为“三耦”（上耦、次耦、下耦），每耦有上射、下射各一名；第二番射侧重于比赛，凡中靶者由专人记录成绩，分出胜负；第三番射比赛时，要求射手按照乐曲的节奏和鼓点发射，以求得身心高度的和谐。乡射礼要求射手形体和心志的正直，做到“发而不中，反求诸己”，射不中不能怨天尤人，要从自己的修养上找原因。还要求射手把靶子当作自己的道德标准来瞄准，反思自己的行为。可见，乡射礼不仅仅是射箭比赛，而且有一种道德体验在里面，其基本精神已经上升到人生的哲学层面。

西周时期已经把“射”列入六艺教育的内容之一。到了春秋末期，孔子将“射”和“御”作为体育教育的重要技能。他提出了“射以观德”的主张，认为射箭比赛最能反映出一个人的道德品质，强调将道德修养的培养贯穿在射箭教育的始终。

秦汉三国时期，射术也一直受到人们的重视，出现了不少总结射术经验的典籍。据《汉书》卷三十《艺文志》“兵技巧”类记载有：《逢门射法》二篇、《阴通成射法》十一篇、《李将军射法》三篇、《魏氏射法》六篇、《强弩将军王国射法》五卷、《望远连弩射法具》十五篇、《护军射师王贺射书》五篇等。

汉代时期，在西北边郡地区每年举行一种叫“秋射”的比赛。“秋射”，史书称“都试”，汉简多称“秋射”。自武帝太初以后形成制度，每年秋季举行一次射箭比赛，故名“秋射”。太守亲躬其事，各

图352　狩猎

车马出行彩绘画像石　陕西神木县大保当23墓出土　高40厘米　宽197厘米　现藏陕西省考古研究院　东汉

图353　人物升仙

骑射画像石　陕西米脂县党家沟出土　高42厘米　宽176厘米　现藏陕西省米脂县博物馆　东汉

都尉具体负责。比赛之前，太守府先将时间、地点、规则、奖励等要求（与现代体育竞赛规程相似），以府书形式下达到各塞、部、亭、燧，令其做好准备，届时参加比赛。

魏晋时期，射术在战乱的形势下，又得到了进一步的发展。尤其是少数民族，都精于骑射之术。据《魏书》卷四上《世祖纪上》载：始光三年（426年）秋七月，

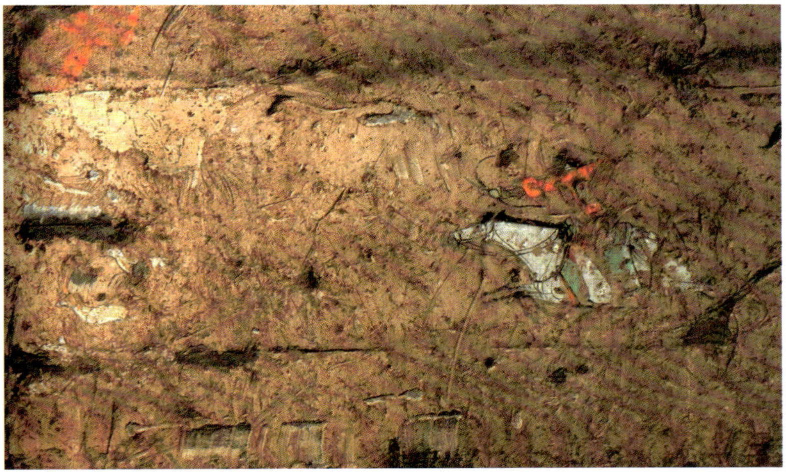

图354　狩猎壁画

西汉墓　出于陕西西安市西安理工大学西汉壁画墓墓室东壁

图355　狩猎壁画

西汉墓　出于陕西西安市西安理工大学西汉壁画墓墓室东壁

图356　狩猎画像石

陕西西安市未央区大明宫乡炕底寨村安伽墓出土　高68厘米　现藏陕西省考古研究院　北周

太武帝拓跋焘“筑马射台于长川，帝亲登台观走马；王公诸国君长驰射，中者赐金锦缯絮各有差”。

西魏、北齐曾举行过射箭比赛，《周书》卷十九《宇文贵传》记载了一次西魏争夺金杯的禾射箭比赛：“魏文帝在天游园，以金卮置侯上，命公卿射中者，即以赐之。贵一发而中。”《北齐书》卷四《文宣帝纪》则记载了一次北齐时的盛大射箭比赛活动：文宣帝高洋天保八年（557年）四月，“在城东马射，敕京师妇女悉赴观，不赴者罪以军法，七日乃止”。这次比赛延续七天，连妇女都被下令要前去观赛，不去者还要军法治罪，可见北齐对马射竞技活动的重视程度。

到唐代，射术仍然受到很高的重视。在武举考试中，步射与骑射是武考的主要项目。如“平射”与“射长垛”是考核射箭的命中率，凡中三十发者为及第，“筒射”是以测试射程为主，“步射”为射草人，“马射”是测试马上射术。隋唐五代

图357　骑射纹银杯

通高7.67厘米　现藏巴黎吉美国立亚洲艺术博物馆　唐

图358　彩绘陶骑马狩猎俑

陕西省西安市灞桥区唐金乡县主墓出土　高35.1厘米　现藏陕西省西安市文物保护考古所　唐

图359　彩绘陶猎骑胡俑

陕西乾县永李仙蕙墓出土　高30.3厘米　现藏陕西历史博物馆　唐

图360　箭俑

陕西乾县懿德太子李重润墓出土　高36.5厘米　马长29.5厘米　现藏陕西历史博物馆　唐

图361 李寿墓壁画狩猎图

唐

图362 鎏金狩猎纹杏叶

甘肃华池县出土 唐

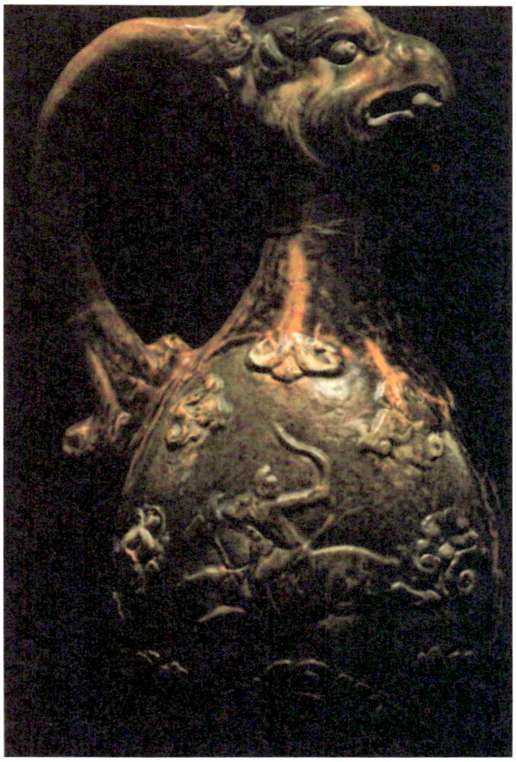

图363 唐三彩凤首壶

现藏北京故宫博物院

时期，精通射术者比比皆是。唐代的统治者大多喜好和精通射术。唐高祖李渊就是一个神箭手。据唐人温大雅《大唐创业起居注》卷一记载："帝（高祖）尤善射，每见走兽飞禽，无发不中。"历史上还流传着一个非常著名的故事"雀屏中选"，讲的是李渊两箭射中门屏上所画的两只孔雀的眼睛而娶窦氏的佳话。这说明李渊的射术非常高强。唐太宗李世民更是一位雄才大略、能征善战的帝王。他武勇超群，尤精骑射，"好用四羽大笴，长常箭一扶，射洞门阖"。他曾说："朕少好弓矢，得良弓十数。"自谓"以弓矢定四方"。他居安思危，大力加强武备，在军队中施行武艺训练。

女皇武则天也是一位精通射术的女中豪杰。她出身于将门之家，其父武士彟为建唐功臣，曾追随李渊参与晋阳起兵，并担任过禁军将领和地方军镇官员。如杜甫在《哀江头》诗中就曾说过："辇前才人带弓箭，白马嚼啮黄金勒。翻身向天仰射云，一箭正坠双飞翼。"卢纶的《杂曲歌辞·天长地久词》也说："行遣才人斗射飞。"《唐语林》辑佚中记载：唐武宗时有王才人，"帝每从（纵）禽作乐，才人必从"。

唐王朝还经常组织各种形式的骑射比赛，其中每年的三月三日上巳节和九月九日重阳节为固定的竞射日。比试优胜者会得到赏赐，据唐人韦绚《刘宾客嘉话录》记载："故事，每三月三日、九月九日，赐王公以下射，中鹿鸣赐马，第一赐绫，其余布帛有差。"比试射术时，有专门的靶子，骑射者立"射棚"，步射者竖"射版"，上画鹿，"版记射的，中者甚多"。

唐代还有人因为精于骑射，赢得"万人敌"的美誉。隋末唐初割据金城（今甘肃兰州）的军阀薛举长子薛仁杲，"多力善骑射，军中号为万人敌"。中唐名将李晟，"性雄烈，有才，善骑射。年十八从军，身长六尺，勇敢绝伦。时河西节度使王忠嗣击吐蕃，有骁将乘城拒斗，颇伤士卒，忠嗣募军中能射者射之。晟引弓一发而毙，三军皆大呼，忠嗣厚赏之，因抚其背曰：'此万人敌也'"。

此外，在唐代的诗歌中也留下不少关于长安盛行狩猎的真实写照。如，唐太宗李世民在《出猎》和《冬猎》诗中，把狩猎的季节、狩猎的工具和狩猎的过程均描绘得极其生动而翔实。诗人王维把细柳营的狩猎描绘得更加生动，《观猎》诗云：

风劲角弓鸣，将军猎渭城。
草枯鹰眼疾，雪尽马蹄轻。
忽过新丰市，还归细柳营。
回看射雕处，千里暮云平。

唐代诗人杜甫《前出塞九首》诗之六中云：

挽弓当挽强，用箭当用长。
射人先射马，擒贼先擒王。

据《旧唐书》记载，唐高祖的世子李元吉几乎终日狩猎，曾云："我宁三日不食，不可一日不猎。"

丝绸之路上各民族在狩猎、射礼、习武、战争、娱乐、教育等活动中形成了一种特有的弓箭文化。这些古代的文化形态已凝固在岩画、壁画、砖画、绢画、彩陶和简牍等载体上，其中有猎人狩猎、官贵人围猎的场景，军事训练中的射箭比赛，战争中的弓箭射杀场面，习武中的各种射箭姿态和功法，弓、箭、弩等狩猎工具和战争武器的用法，以及宗教诸神把弓箭用作法器的说法等。

甘肃省天水市东南约45公里处，有座闻名于世的麦积山石窟，最早开凿于十六国后秦。麦积山石窟作为人类文明的奇迹，不仅包容了丰富的人文内涵，同时还绘制有1500年前古代人民狩猎、射箭等与体育相关的壁画。例如，麦积山石窟北魏第127窟，窟顶壁画睒子本生、萨埵太子舍身饲虎和正壁龛顶右侧的八王争舍利、窟门左壁下侧的战骑图均描绘有狩猎、射箭及骑射等画面。此外，北魏第135窟正壁上部的涅槃经变画中的八王分舍利表现有持弓箭战斗的激烈场面，北魏第133窟浮雕选像碑降魔成道图中有一跪射的画面，宋代第12窟窟顶地狱变绘有一幅持枪张弓图。麦积山还保存有古墓出土的汉画像石拓本15幅，拓本为蝉翼拓，其中就有反映墓主生前参与狩猎活动的场景。

1971年，甘肃省甘谷县出土三块汉代砖画。其中一块狩猎画像砖雕刻有四层狩猎画像。从图上看，山丘树林间，有人张弓射箭，有人骑马飞驰。1982年6月，天水市秦城区石马坪的一座隋唐古墓内出土了一件屏风石棺床，由17方画像石和8方素面石条组成，分为床座、床板和屏风三部分。该石棺床最有价值的部分是屏风。屏风共11块，内容丰富，主要反映主人狩猎、宴饮、出行、泛舟等生活场面。其中第11块，主要反映主人身穿甲胄，外着披风，头戴头盔，骑马射虎，右侧还有一着紧袖束装男子在山口拉弓追赶逃跑之鹿的场景。除此之外，还有出行、泛舟等画面。1995年，清水县白河乡出土宋代彩绘雕砖119块，其内容有狩猎、驯鹰、出行等画面。1989年，华池县出土两件鎏金狩猎纹杏叶，高7.6厘米、宽6.3厘米、重45克。浮雕图案的上部表现一骑马武士反身张弓射飞鸿，马蹄前一鹿奔窜，下部为一骑士策马持矛刺向反扑的雄狮。永靖县炳灵寺明代第151窟正壁左侧的佛传故事中，绘有一幅弓射图。1984年，武威市在发掘的五坝山的汉墓内发现有狩猎的壁画。

2001年，甘肃省高台县骆驼城墓出土有狩猎和射鸟彩绘砖画。

甘肃省嘉峪关市周围的戈壁滩上散布有数万座魏晋古墓。1972年至1973年，嘉峪关市文化部门和甘肃省博物馆共同清理了魏晋古墓群。这些古墓的墓葬保存了大量反映弓箭文化的视觉形象，它的载体主要是墓葬彩绘砖画，表现狩猎的画面形式多样，其中有射猎、鹰猎、犬猎等等，尤其是鹰猎在当时河西地区十分盛行。

在甘肃敦煌地区的弓箭文化受实用意识支配行为的影响下，弓箭逐渐由游牧狩猎的工具变为作战的武器，之后弓箭又受儒家文化的影响，与礼仪、教育相融合，并在狩猎、军事、射礼及“六艺”教育的凝固层面上聚积，渗入了竞技、规则、道德、奖励等体育因素。敦煌地区的弓箭文

图364　狩猎

甘肃嘉峪关市魏晋5号墓彩绘砖画

图365　狩猎

甘肃嘉峪关市魏晋4号墓彩绘砖画

图366　狩猎图

甘肃高台县骆驼城墓出土　魏晋

图367　射猎图

甘肃敦煌莫高窟第285窟
壁画　南壁　西魏

化在狩猎、军事作战、习射训练以及礼射和“六艺”的孕育下，逐渐萌生出一种竞技性的体育意义，这可从石窟壁画的射箭比赛和简牍的秋射记载中得以佐证。

莫高窟、榆林窟绘有许多千余年来各民族游牧狩猎、军事战争、射礼教育的壁画。特别是在降魔经变、涅槃经变、八王争舍利、法华经变、佛传故事、本生故事壁画中，都有形象的弓射场景。例如，莫高窟西魏第249窟窟顶北披，绘有一猎手纵马射虎。西魏第285窟窟顶东披，绘有一幅猎人射牦牛的图像；南壁上部东侧故事画“五百强盗成佛因缘”中，有官兵与强盗使用弓箭互射的战斗场面。晚唐第12窟南壁法华经变中，绘有两军隔河用弓箭相互射杀的战斗场面。盛唐第130窟东壁北侧绘有一名骑士跃马飞驰、回首弯弓射箭的画面。北周第296窟窟顶东披绘有一幅狩猎图。北周第428窟东壁门东侧绘有睒子挽弓射鹿图。北周第461窟西壁龛楣有一幅国王在山中狩猎的图。莫高窟的萨埵太子本生、睒子本生、鹿母故事连环画，北朝到五代共有18幅，均绘有射猎场景。一些出行图中也有狩猎骑射的画面。晚唐第156窟南壁下部张议潮出行图

图368　狩猎图

甘肃敦煌莫高窟第285窟
壁画　东顶　西魏

图369　射箭图

甘肃敦煌莫高窟第130窟
壁画　东壁北侧　唐

图370　狩猎图

甘肃敦煌莫高窟第296窟壁画　窟顶东披　北周

和北壁下部宋国夫人出行图中，均绘有场面壮观的射猎画面。最为突出的还是所绘的许多竞技性强的射箭比赛场景和射箭的姿态，如北周第290窟窟顶人字披的佛传故事连环画第62幅中射箭比赛的图画。三名射手比赛：射手身着适宜竞赛的窄袖紧身服装，一字排列，侧身挽弓，寻找最佳瞄准点，箭靶是前方木架上的七个悬鼓，侧面还有一名骑马的裁判。这是1600多年前的画面，是我国古代体育射箭比赛的真实情景，特别是射箭棚、射手人数、射箭姿势、射箭技术，都与现代射箭运动的比赛规则十分相似。五代第61窟西壁佛传屏风画中，描绘了释迦牟尼青年时练习射箭技艺的场景，有射铁鼓、射铁猪、射铁羊、射铁瓮、射飞雁等射箭画

图371　射靶图

甘肃敦煌莫高窟第428窟壁画　东壁南侧　北周

图372　射鼓图

甘肃敦煌莫高窟第290窟壁画　窟顶人字披西披北周

图373　射箭

甘肃敦煌莫高窟第61窟壁画　西壁佛传故事　五代

图374　射鼓

甘肃敦煌莫高窟第61窟壁画　西壁佛传故事　五代

面，有立射、蹲射、单膝跪射等射箭姿态；南壁本行集经变中绘有一幅猎鸟的画面。中唐第53窟和五代第346窟也有射手跪射的画面。瓜州榆林窟第25窟西方净土变中绘有一名全身配备精制弓箭、弓袋和箭囊的武士图像。榆林窟还曾于清初出土一件稀世珍品“象牙造像”，表现有悉达多太子射箭的造型。西千佛洞唐第18窟西壁“未生怨”中绘有一幅驰马追兔图，猎者头上有白色猎鹰。另外，1992年在甘肃敦煌市佛爷庙湾发掘一座前凉古墓时，出土一块绘有汉将李广射猎画像砖，画面绘有一人跃马回身弯弓力射，侧题“李广”两字。飞将军李广射虎的趣事逸闻早已流传民间，此砖人马充满画面，未见动物，因有题名，意在表现历史人物李广骑射。新庙台、梁家堡所发掘的古墓中，也有类似的画像砖出土。

图375　射鸟图

甘肃敦煌莫高窟第61窟壁画　西壁　五代

图376　李广射猎砖画

甘肃敦煌佛爷庙湾出土　前凉

这些古代射箭的画面，不仅是对武士们高超射术的描绘，而且反映了边塞游牧民族生活中所特有的尚武精神和英雄气魄。

在敦煌遗书的大量文学作品中，有不少关于弓箭文化的描述，如P.4962《望远行》云："年少将军佐圣朝，为国扫荡狂妖。变弓如月射双雕，马蹄到处尽云消。"S.0328《伍子胥变文》载："兵部简练，选试诠量……抱石跳空，弓箭七札。"S.5437《汉将王陵变》曰："双弓背射分分中，暗地唯闻落马声。""遂将生杖引将来，搭箭弯弓如大怒。"P.3697《捉季布传文一卷》曰："马上盘枪兼弄剑，弯弓倍射胜陵君。"P.3451《张淮深变文》曰："弓开偃月双交羽，斧斫□□立透胸。"

新疆地处丝绸之路西段，有着丰富的古文化遗迹，涉及弓箭文化的内容，显得极其朴实淳厚、粗犷豪放。例如，《西州使程记》载，北宋王廷德访高昌时说："高昌俗好骑射……游者马上持弓矢、射诸物，谓之禳灾。"所统辖的有南突厥、北突厥、大众熨、小众熨、样磨、割录、末蛮、预龙族，"国人无贫民，人多寿考，率百余岁，绝无夭死"。高昌即今新疆吐鲁番地区的哈喇和卓，居住的是维吾尔族。可见骑射之俗在新疆已有悠久的历史。另据文献记载，新疆地区的锡伯族和

图377　狩猎图

甘肃敦煌莫高窟第419窟壁画　窟顶西披　隋

图378　狩猎图

甘肃敦煌莫高窟第321窟壁画　主室南壁　唐

图379　射猎图

甘肃敦煌莫高窟第98窟壁画　背屏后面　五代

图380　木靶

新疆吐鲁番阿斯塔纳出土　现藏新疆维吾尔自治区博物馆　唐（公元618年—709年）

图381　弓手图

甘肃敦煌莫高窟第346窟壁画
南壁　五代

图382　射猎图

出于内蒙古敖汉旗玛尼罕乡
七家村1号墓墓室穹窿顶东
北侧　辽

图383　彩绘木箭箙射虎图
公元7—10世纪

达斡尔族都有射箭的风俗，并经常举行各类比赛。1975年新疆木垒县2号墓出土了古代彩绘狩猎纹棺墓，古墓绘有一张搭弦待发的弓箭，对准一大角羊，省去了人物。1958年，新疆博物馆考古队在民丰县东汉古墓棺内发现男女木乃伊各一，是夫妻合葬。其中男尸身上放着长弓一把，箭筒一个，内盛箭四支。其中弓是黑骨做帮，白骨做胎，外裹筋条，弦亦筋条或肠衣制成，弓口123厘米，箭筒长90厘米、直径8.5厘米，外有皮饰三圈。筒内有箭四支，长81厘米，木制，箭头呈桃形。1975年发现哈喇和卓古墓第97号，古墓绘有壁画弓箭图，由六个画面组成。在第二个画面的墙上画一幅弓箭，箭在箭囊内。第三个画面，绘有一男子，穿阔袖长袍，席地而坐，其旁坐一女子。墙上也挂有一副弓箭，箭放在囊内。1964年，在吐鲁番市阿斯塔那第13号唐墓发现一幅壁画。该画长1.05米、宽0.462米。画面横向展开，墨绘，表现的是一男主人持团扇跪坐于榻上，身后立侍女，其后木架上挂弓箭和衣物。纸画以写实的手法来反映墓主人生前的生活状况。1966年，阿斯塔那第44号墓出土的永徽六年骑马奔驰的猎手，拉满弓，欲射向扑来的猛虎。1995年，民丰县尼雅东汉3号古墓中出土了骨制的弓和箭筒、箭等遗物，弓弧长157厘米，弦长136厘米；圆形箭筒，四支箭。1995年，尉犁县营盘古墓出土了魏晋时期的弓具一把，箭两支，弓长130厘米。罗布泊的米兰故城遗址及于阗地区出土的简牍，记述有简明、箭筒、弓、箭袋和护腕等物。1980年，鄯善县苏贝希古墓出土一件蛇形弓和箭，弓用硬木条制成，长121厘米，弦为牛筋制作。另在若羌县阿拉干考古出土一具铜弩机，其长12厘米、高17.7厘米。

此外，克孜尔石窟第17窟拱顶绘有一幅睒子本生图，画面绘有一身着锦袍的骑士，持弓射向一名汲水人，还有跪射图和射猎图；第38窟猴王本生故事以及第14窟、178窟、63窟本生故事中，均绘有弯弓射箭的场景；第206窟六牙象本生故事绘有猎人射象图；第76窟绘有猎人瞄射图；第110窟降魔图中绘有武士拉弓射箭的画面；第188窟绘有猎人射熊图。库木吐拉千佛洞第23窟绘有一幅武士持弓箭骑在象上的画面（此图今已毁，前有德国格伦威德尔临摹）；第58窟窟顶绘

图384　射靶图

新疆克孜尔石窟第17窟壁画　公元6世纪

有猎人射狮的画面；第63窟本生故事中，绘有射箭的场面。森木塞姆石窟第26窟，绘有裸女弓射图。柏孜克里克石窟第20窟绘有形象生动的持弓蹲射图。

上述材料，生动展现了丝绸之路射术的演变和发展。

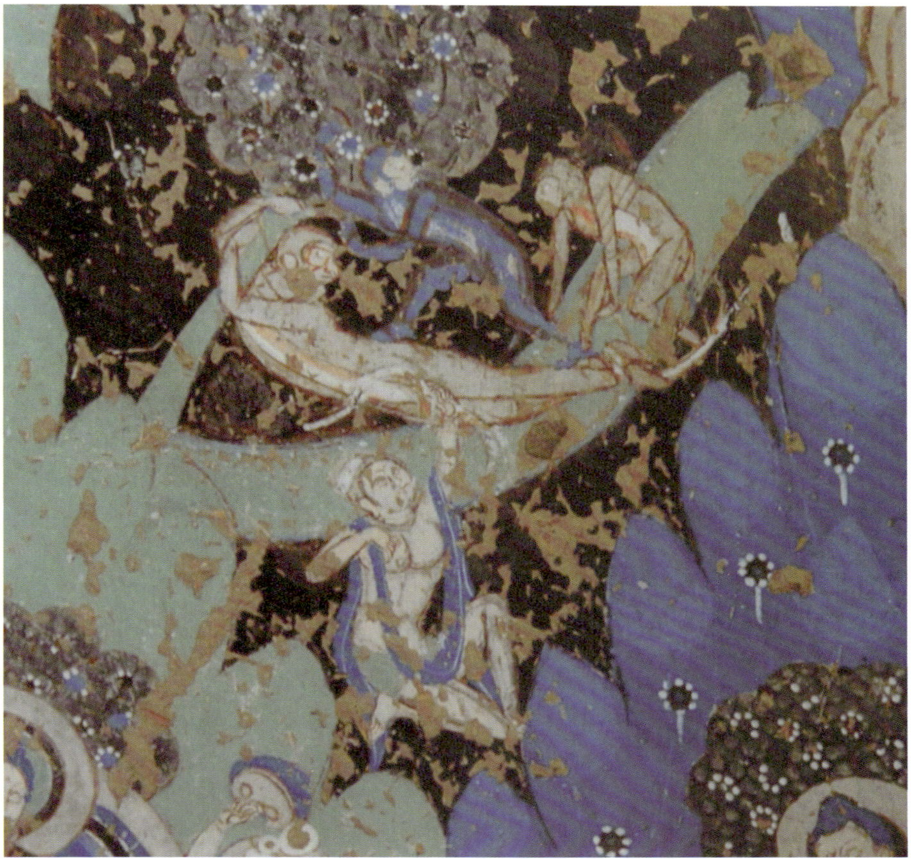

图385　射猎图

新疆克孜尔石窟第38窟壁画
公元4世纪

图386　射熊图

新疆克孜尔石窟第188窟壁画
主室圈顶南侧壁　公元7世纪

图387　射箭图

新疆库木吐拉石窟第63窟壁画　公元10世纪

图388　狩猎织金锦

新疆鄯善县鲁克沁出土　公元8世纪—10世纪　现藏吐鲁番博物馆

图389　狩猎图金"方奇"

金质　长18厘米　宽14厘米　厚1厘米　重约842.1克　2006年宁夏盐池县青山乡古峰庄出土　隋

图390　骑射

西藏拉萨布达拉宫壁画

图391　射猎图

紫檀木百宝嵌长匣　现藏于北京故宫博物院　清初

图392　鹿纹彩陶盆

青海省乐都县双二东坪遗址出土

图393　狩猎纹绢

新疆吐鲁番市阿斯塔那古墓出土　唐

图394　猎鹿图卷

现藏于美国纽约大都会博物馆

图395　射术

现藏于美国纽约大都会博物馆

九

『端午』节日民俗体育的情怀

端午是寒食、清明过后，另一个重要节日，其名“端阳节”“重午节”“天中节”“诗人节”，是农历五月五日过的盛大节日。民间认为五月为毒月，过节除划龙舟、吃粽子外，还有不少防五毒活动。关于该节的起源有四种说法，如起源于屈原、起源于伍子胥、起源于曹娥、起源于介子推。各地起源传说不同，节日活动也有一定差异，但祛灾求福却是共同的。

丝绸之路现存的文献和文物中，反映端午节习俗的资料较为丰富。尤其是端午登高滑沙等是敦煌地区特有的活动，还有斗百草、招花、射柳、射粉团、竞渡、水嬉等。

（一）射柳、滑沙、斗百草、招花、射粉团

1. 射柳

射柳，是以柳为靶的射柳活动。在古代又称“躤柳”“剪柳”“扎柳”等，其方法有多种。《演繁露》载：“射柳，本古之躤柳，折柳环插球场，军士驰马射之，其璇甚阔，射之即断。”《织小编》载：“永乐中，禁中有剪柳之戏。剪柳即射柳也。以鹁鸪贮葫芦中，悬之柳上，弯弓射之，矢中葫芦，鸽飞去，无人以飞之高下为胜负，往往会于清明端阳。”射柳是契丹、女真、蒙古等北方民族皆喜爱的游戏活动。起源于古代鲜卑、匈奴等北方少数民族的祭天活动。他们认为柳树之神有调节雨旱的神力，诚恳的祈求和以射警示，会感动或震慑柳神为人们降雨。到辽金两代，射柳发展成为一种制度化、程式化的专用于祭祀活动的礼仪，称为“射柳仪”。《辽史·礼志》记载：“若旱，择吉日行瑟瑟仪以祈雨。前期，置百柱天棚。及期，皇帝致奠于先帝御容，乃射柳。皇帝再射，亲王、宰执以次各一射。中柳者质志柳者冠服，不中者以冠服质之。不胜者进饮于胜者，然后各归其冠服。又翌日，植柳天

棚之东南，巫以酒醴，黍稗荐植柳，祝之。皇帝、皇后祭东方毕，子弟射柳。”金代建国后承袭了辽代射柳的传统。

到元代，作为以骑射定天下的元军，射柳既是武将耀武的重要方式，又是节日的主要活动。在端午这一天，元朝统治者往往要宴请贵戚和百官，骑马射柳，竞技表演，以一种豪放、开阔的方式，庆贺端午，表达节日的欢快和喜悦，为枯燥的军旅生活增添乐趣。据熊梦祥的《析津志·风俗》记述：元军射柳时，三军“旗帜森然。武职者咸令斮柳，以柳条去青一尺，插入土中五寸，仍各以手帕系于柳上，自记其仪。有引马者先走，万户引弓随之，乃开弓斮柳。断其白者，则击锣鼓为胜。”元曲也较为详细地描写了这一习俗。无名氏杂剧《阀阅舞射柳蕤丸记》、王实甫杂剧《四丞相高会丽春堂》等，都对射柳有形象生动的描写。

清代，射柳仍是人们主要的娱乐之一。则修射柳故事，名曰“走骠骑”，中官辈竞以骑。《燕都杂咏》载：“踏柳过端阳，筵开艾酒香。巧分长命缕，缚得豆儿娘。”注云：“旧俗五日射柳名踏柳。”又有王士祯的《都门竹枝词》载：“端阳笺柳足欢娱，雾谷新裁胜六铢。”南方如海宁等处，是日武弁亦尝集演武场，行射柳事。

2. 滑沙

登高是重阳节最重要的活动。然而在敦煌文献中，却出现了端午节登高并滑沙的记载，可见登高活动并不是重阳节所独有的。S.5448《敦煌录》中有对敦煌端午节登高滑沙的精彩描述：

> 鸣沙山去州十里，其山东西八十里，南北四十里，高处五百尺，悉纯沙聚起。此山神异，峰如削成，其间有井，沙不能蔽，盛夏自鸣，人马践之，声振数十里。风俗：端午日，城中士女，皆跻高峰，一齐蹙下，其沙声吼如雷。至晓看之，峭崿如旧，古号鸣沙，神沙而祠焉。

《礼记·月令》载：“仲夏之月，……可以居高明，可以远眺望，可以升山陵，可以处台榭。”敦煌端午登高也许是受先秦遗风的影响。登高的另一意义可能是为了从高处向下滑沙。

滑沙是主要流行于我国丝绸之路的敦煌、新疆、宁夏、内蒙古一带的娱乐项目。敦煌鸣沙山位于城南5公里的沙漠上，它方圆300里，东起莫高窟，西至党河口，东西长40公里，南北宽20公里，其山积沙而成。《辛氏三秦记》有关于鸣沙山的记载：“河西有沙角山，峰崿危峻，逾于石山，其沙，粒粗色黄，有如干糒，……人欲登峰必步下入穴，即有鼓角之音，震动人足。”这说明，远在千余年前，敦煌人就有登山滑沙和听沙山轰鸣之声的习俗，并一直传承至今。敦煌文献S.5448《敦煌录》载：“端午日，城中士女，皆跻高峰，一齐蹙下，其沙声吼如雷。至晓看之，峭崿如旧，古号鸣沙，神沙而祠焉。”P.2005《沙州都督府图经残卷》云：“其山流动无定，峰岫不恒，俄然深谷为陵，高崖为谷，或峰危似削，孤岫如画。夕疑无地，朝已干霄。中有井泉，沙至不掩，马驰人践，其声若雷。”《元和郡县图志》卷40“敦煌县”条载：“鸣沙山一名神沙山，在县南七里。今按其山积沙为之，峰峦危峭，逾于石山，四面皆为沙垅，背有如刀刃，人登之即鸣，随足颓落，经宿吹风，辄复如旧。有一泉水，名曰沙井，绵历古今，沙填不满，水极甘美。”高居诲《使于阗记》亦记载：“沙州南十里鸣沙山，云冬夏殷殷，有声如雷，云禹贡流沙也。”

清代敦煌县令雷起鸿撰著的《沙岭晴鸣》云：

不信青沙如壁立，渥洼池畔一峰孤。
晴时登临风俱静，鸣处惊人形却无。
太古无音沉地府，钧天广乐秘山隅。
徒为雷鼓冬冬韵，闻所未闻说多诬。

以上记载说明，唐宋至清时期，滑鸣沙山已成为端午节的一项传统民俗活动，而鸣沙山的奇观也被列为敦煌的八景之一。鸣沙山的另一个奇特现象是“不蹙自鸣”。《新唐书·地理志》载：“鸣沙山又名沙角山，天气晴朗时，沙鸣声闻于城内。”据当地人讲，沙山自鸣一般是在每年阳历八九月份，气温较高，烈日暴晒的晌午（约下午2时—4时）可听到沙山的自鸣声。

滑沙在今天已由民间习俗转变为一项健身愉心的体育活动。它不再是端午节的习俗，而是人人喜爱、不分时辰的休闲娱乐的体育活动。

3. 斗百草

斗草是端午的游戏习俗之一。敦煌曲子词 S.6537、P.3271中还保留下来一套《斗百草辞》，喜去觅草四首：

一

建寺祈长生，花林摘浮郎。有情离合花，无风独摇草。喜去喜去觅草，色数莫令少。

二

佳丽重明城，簪花竞斗新。不怕西山白，惟须东海平。喜去喜去觅草，觉走斗花先。

三

望春希长乐，南楼对百花。但看结李草，何时染缬花。喜去喜去觅草，斗罢且归家。

四

庭前一株花，芬芳独自好。欲摘问旁人，两两相捻笑。喜去喜去觅草，灼灼其花报。

这四首《斗百草辞》当为配合《斗百草乐》的唱词，从中也反映出当时在敦煌所流行的斗百草游戏习俗。

斗百草还出现以钱财或物品作为输赢的赌注。敦煌文献中有记述：“美人背看内园中，犹自风流着裙红。为睹（赌）金钱争百草，急行遣□玉珑璁。”

斗百草这种游戏既可以增长时人有关自然界各种植物的知识，而且还有益于他们的身心健康。因此，深受人们的喜爱。敦煌民间的《斗百草辞》，正是由于全面反映了这一风俗的全貌而弥足珍贵。

4. 招花

招花是项追逐飘落的花叶嬉闹的游戏。古代的敦煌种植有各类树木：杨、榆、柳、桑、梨、杏、枣、李等等。每当柳絮和各类果树的花飘荡在空中时，最能引发儿童玩招花游戏。白居易曾作诗：“谁能更学孩童戏，寻逐春风捉柳花。”每年春天各地区的柳絮满天飞舞，形成了特别的景致。

敦煌文献 S.2832《愿文等范本》之三三《妹三（亡）日》：“桃李园中，招花绝影。”S.6613《九相观诗一本》之《童子相第二》：“华容艳阳日，绮服弄春风。招花宠爱量（良）难此（比），恩怜靡与同。”敦煌诗集中载：“歌谣再复归唐国，道舞春风杨柳花。”《卢相公咏廿四气诗》之《咏清明三月节》：“杨柳先飞絮，梧桐续放花。”因此，敦煌地区每年清明前后，当花絮飞飘时，儿童们就会追逐空中的花絮游嬉。

童子采集花枝，用以供养佛和菩萨，密教修法是以花为供养物之一。因此，以花来供养佛是敦煌的宗教习俗。在敦煌莫高窟中唐第112窟中，便绘有童子采花供佛的图像。画面表现出七名儿童，采集花枝，纯真地烘托出他们对佛的虔诚。

5. 射粉团

射粉团是唐时期较盛行的一种游戏活动。元稹在《表夏十首》诗中也说：“彩缕碧筠粽，香粳白玉团。”由端午食粽之俗还发展出来了一种“射团”游戏，据《开元天宝遗事》卷上记载：“宫中每到端午节，造粉团角黍，贮于金盘中。以小角造弓子，纤巧可爱，架箭射盘中粉团，中者得食。盖粉团滑腻而难射也。都中盛于此戏。”由此可见，唐人不但制作出来了花色品种多样的粽子，而且还由此发明了一种新的游戏项目。

（二）龙舟竞渡

端午赛龙舟也是一项古老而富有特色的节日娱乐活动。赛龙舟也称“竞渡”，至晚在南北朝时期就已经非常盛行，据《荆楚岁时记》载：“是日，竞渡，采杂药。按：五月五日竞渡，俗为屈原投汨罗日，伤其死，故并命舟楫以拯之。舸舟取其轻利，谓之飞凫，一自以为水军，一自以为木马。州将及士人悉临水而观之。”隋唐时期，竞渡活动得到了更加广泛的开展。《隋书》卷三十一《地理志下》记载：“屈原以五月望（午）日赴汨罗，士人追到洞庭不见，湖大船小，莫得济者，乃歌曰：‘何由得渡湖！’因尔鼓棹争归，竞会亭上，习以相传，为竞渡之戏。其迅楫齐驰，棹歌乱响，喧振水陆，观者如云，诸郡率然，而南郡、襄阳尤甚。”唐代继承并发扬了这种传统，据《隋唐嘉话》卷下曰：“俗五月五日为竞渡戏，自襄州已南，所向相传云：屈原初沉江之时，其乡人乘舟求之，意急而争前，后因为此戏。”竞渡活动在社会各阶层中都得到了巨大开展。

唐代的帝后宫人都非常喜欢观赏龙舟竞渡。王建《宫词》曰：“竞渡船头掉彩旗，两边溅水湿罗衣。池东争向池西岸，先到

图396　划船图

甘肃敦煌莫高窟底323窟壁画　南壁西侧上部　初唐

先书上字归。”这首诗描写的是唐宫举行竞渡比赛的情景。唐中宗非常爱好竞渡，他曾于凝碧池和兴庆池设宴招待大臣一起观看竞渡，李怀远《凝碧池侍宴看竞渡应制》诗曰：

上苑清銮路，高居重豫游。
前对芙蓉沼，傍临杜若洲。
地如玄扈望，波似洞庭秋。
列筵飞翠斝，分曹戏鹢舟。
湍高棹影没，岸近榜歌遒。
舞曲依鸾殿，箫声下凤楼。
忽闻天上乐，疑逐海查流。

李适《帝幸兴庆池戏竞渡应制》诗曰：

拂露金舆丹旆转，凌晨黼帐碧池开。
南山倒影从云落，北涧摇光写溜回。
急桨争标排荇度，轻帆截浦触荷来。
横汾宴镐欢无极，歌舞年年圣寿杯。

唐穆宗也好竞渡，据《新唐书》卷八《穆宗纪》载：他刚即位不久，就“观竞渡、角抵于鱼藻宫，用乐”。敬宗也是个竞渡迷，据《旧唐书》卷十七上《敬宗纪》载：宝历二年（826年），他曾先后两次“幸鱼藻宫观竞渡”。唐昭宗也好竞渡，据《旧唐书》卷二十上《昭宗纪》载：光化元年（898年），“帝幸西溪观竞渡”。大臣吴融曾作有《和集贤相公西溪侍宴观竞渡》诗曰：

片水耸层桥，祥烟霭庆霄。
昼花铺广宴，晴电闪飞桡。
浪叠摇仙杖，风微定彩标。
都人同盛观，不觉在行朝。

由于唐代统治者对龙舟竞渡的喜爱和倡导，因此竞渡得到了广泛的开展。

正是由于竞渡能引来万人空巷，魅力无穷，才使得这项活动能不断延续发展。徐凝《竞渡》诗就说："乍疑鲸喷浪，忽似鹢凌风。呀呷汀洲动，喧阗里巷空。"从有关诗歌的描写来看，唐人赛龙舟的规模往往很大。李群玉《竞渡时在湖外偶为成章》诗就描写道："雷奔电逝三千儿，彩舟画楫射初晖。喧江雷鼓鳞甲动，三十六龙衔浪飞。"三千多人分驾三十六条龙舟，平均每舟将近一百名参赛者，随着震天动地的鼓声和欢呼声，乘风破浪，雷奔电逝，以角逐胜负，这种场面是何等

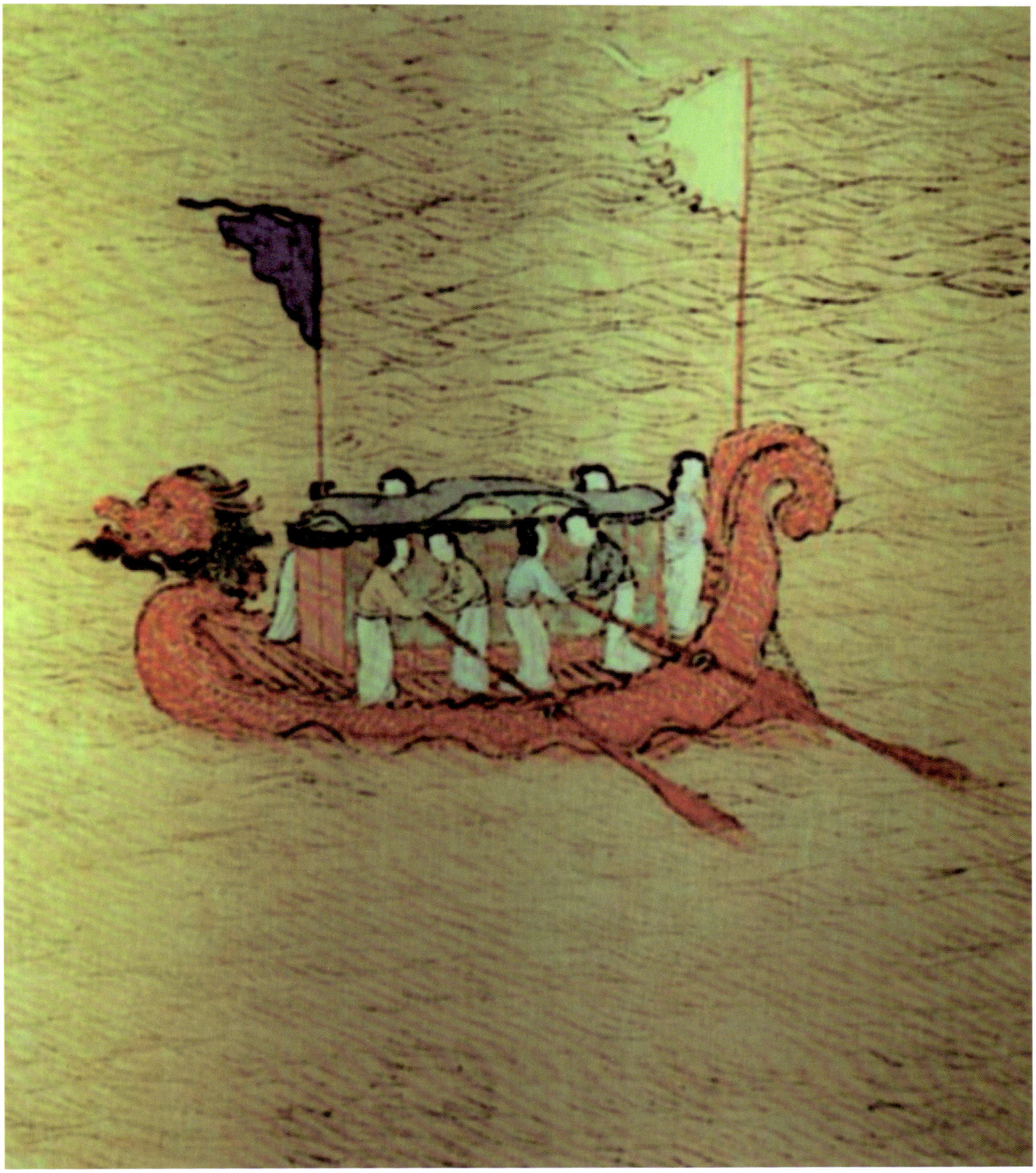

图397　竞渡图

《清明上河图》局部　仇英　明

壮观！

唐代民间的龙舟竞渡活动一般是由水乡人民自发组织起来的。元稹的《竞舟》诗就描写了南方民间的竞渡风俗和竞渡之前的各种准备情况，诗中写道：

楚俗不爱力，费力为竞舟。
买舟俟一竞，竞敛贫者赇。
年年四五月，蚕实麦小秋。
积水堰堤坏，拔秧蒲稗稠。
此时集壮丁，习竞南亩头。
朝饮村社酒，暮椎邻舍牛。
祭船如祭祖，习竞如习仇。
连延数十日，作业不复忧。
君侯馔良吉，会客陈膳羞。
画鹢四来合，大竞长江流。
建标明取舍，胜负死生求。
一时欢呼罢，三月农事休。
……
我来歌此事，非独歌此州。
此事数州有，亦欲闻数州。

每年的端午节日都进行竞渡。而竞渡船是由各家各户共同出资购置的。竞渡操练开始之前，村社还要杀牛备酒，举行隆重的船神祭祀仪式。由此可见，竞渡风俗在荆楚湖湘一带有着多么深厚的传统与影响。

图398　龙舟竞渡

选自《清院本十二月令图轴》

图399　清人绘《龙舟盛会图》局部

北京故宫博物院藏品　清

图400　彩绘龙舟竞渡黑纸扇

清末

龙舟在传承过程中，祓禊、禳除的神秘气氛逐渐淡化，而成为竞技性的娱乐活动。元代是岁时节日的仪式性、祭祀性分量淡化，竞技性、娱乐性分量增加的一个承上启下的时代，这在元曲中就有反映。如张可久小令［双调·折桂令］《重午席间》：“浴兰芳荆楚风流，艾掩门眉，符映钗头。雪卷鸥波，雷轰鼍鼓，电闪龙舟。骄马骤雕弓翠柳，小蛾讴宝髻红榴。醉倚江楼，笑煞湘累，不葬糟丘。”马致远小令［仙吕·青哥儿］《十二月·五月》：“榴花葵花争笑，先生醉读《离骚》。卧看风檐燕垒巢，忽听得江津戏兰桡，船儿闹。”贾仲明杂剧《铁拐李度金童玉女》第三

图401　隋炀帝乘龙舟下江南

折：“咏《离骚》歌楚些谁吊古？夺锦标擢画桨似飞凫。”壮观的场面，宏放的气势，激烈的争战，欢快的夺标，不仅荡漾起了人们久藏于心的呐喊和欢笑，展现了龙舟文化的博大声威，张扬了节日的力量和魅力，而且展示了平民百姓万众一心、争分夺秒的竞渡精神。

龙舟竞渡是我国的一项全民性活动，其场面的壮观充分体现着中华民族所具有的奋勇拼搏精神和对生活的执着追求。敦煌莫高窟藏经洞发现的文献中 P.3271、S.6537的《泛龙舟》载：“春风细雨霑衣湿，何时恍惚忆扬州。南至柳城新造口，北对兰陵孤驿楼。回望东西二湖水，复见长江万里流。白鹭双飞出溪壑，无数江鸥水上游。泛龙舟，游江乐。”

（三）水嬉

水嬉今称游泳，在我国具有悠久的历史，它是人们生存的一种能力，也是本能。《诗经》《庄子·达生篇》《左传》《晏子春

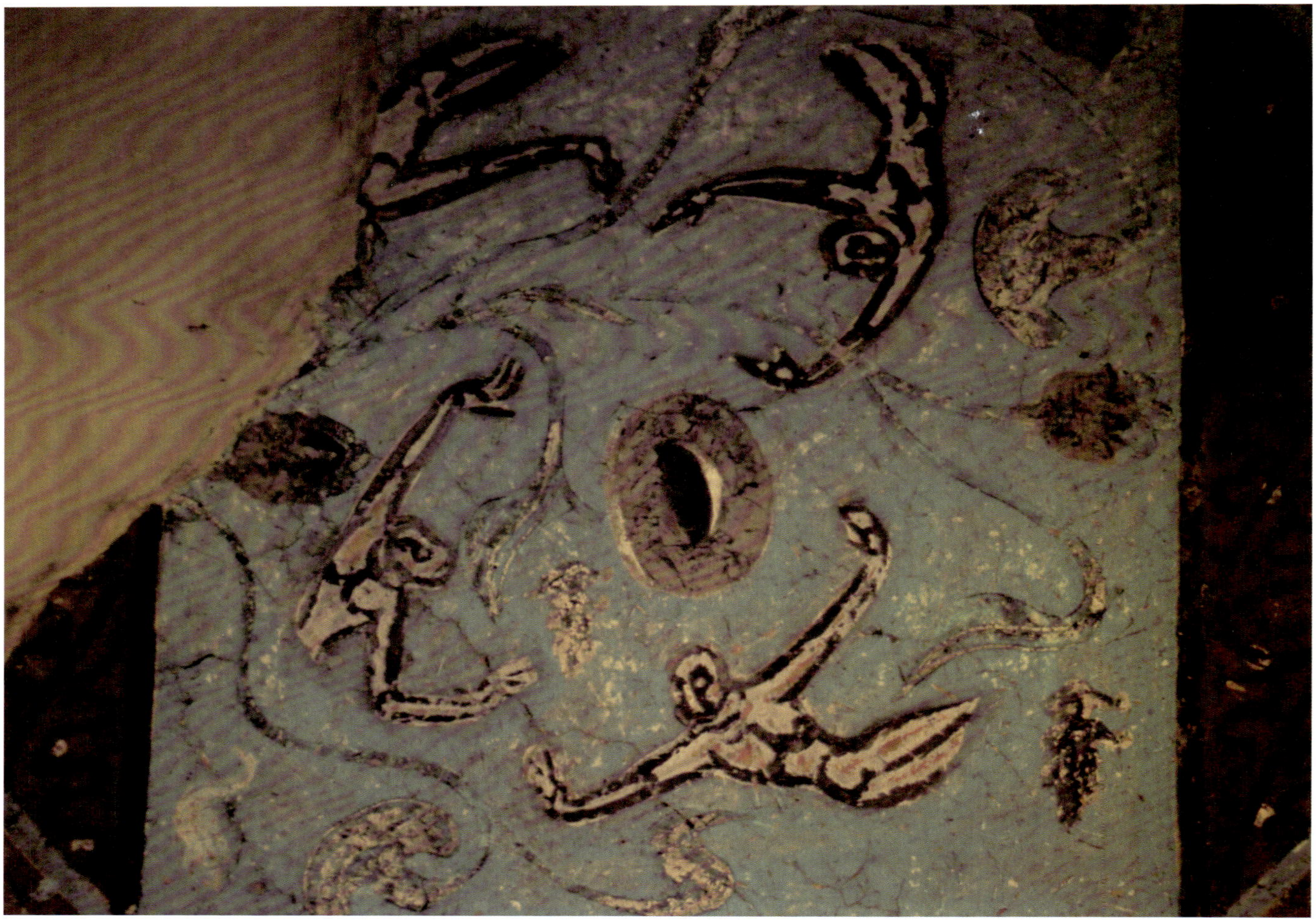

图402　游泳图

甘肃敦煌莫高窟第257窟

壁画　后部平棊顶　北魏

图403　游泳图

甘肃敦煌莫高窟第420窟壁画　隋

图404　赛泳图

游泳图壁画《赛泳图》壁画　选自布达拉宫　清（1644年—1911年）

秋》等文献中都记载了水嬉在人们生活中的重要作用。

隋唐五代时期，游泳水嬉活动更是广受人们的喜爱，游泳技术也得到了空前的发展与提高。《唐国史补》卷下也说："龙门人皆言善游，于悬水接水上下如神。"龙门虽然地处北方，但这里的人们居然也能在黄河瀑布中自如地游泳，这实在是要有敢于挑战自我的精神与勇气。《大唐新语》卷四载：玄宗时，"夔州征人舒万神等十人，行次巴陵，渡滩溺死"。监察御史敬昭道出使巴渝，"即募善游者，出其尸，具酒肴以酹之"。又唐人《传奇》载：德宗贞元年间（785年—805年），有个名叫周邯的人，买了一个十四五岁的少年为家奴，其人水性极好，"善入水，如履平地。令其沉潜，虽经日移时，终无所苦"。因此，周邯戏称他为"水精"。

唐代水嬉活动的发展还体现在各种水上表演活动的蓬勃开展上。唐代的统治者中有不少是水嬉活动的爱好者，如唐玄宗经常以各种水嬉表演来招待大臣。开元十三年（725年），唐明皇自择刺史，凡十一人，就在这些人将要赴任之时，"诏宰相、诸王、御史以上祖道洛滨，盛具，奏太常乐，帛舫水嬉。命高力士赐诗，帝亲书，且给笔纸令自赋，赉绢三千遣之"。唐代宗也好水嬉，京兆尹黎幹是个善于投机钻营的奸臣，他曾开漕渠，从南山谷口，入于苑中，以便运载。"帝为御安福门观之。干密具同船作倡优水嬉，冀以媚帝"。唐德宗也好水嬉，"德宗尝泛舟鱼藻宫水嬉，命皇太子升舟。舟具皆饰以金碧丹青，妇人盛饰操舟，光彩耀烛，众乐俱发"。

隋唐五代的诗人白居易、元稹、刘禹锡等，先后写下了《代书诗一百韵寄微之》《斋居春久，感事遣怀》《三月三日祓禊洛滨并序》《三月三日与乐天及河南李尹奉

图405　游泳者

新疆克孜尔石窟第114窟壁画　主室圈顶西壁　公元4世纪

图406　游泳图

甘肃炳灵寺第151窟壁画　正壁左侧　明

图407　敦煌石窟艺术中的跳水飞天

图408　游泳图

新疆克孜尔石窟第8窟壁画　公元7世纪

陪裴令公泛洛禊饮各赋十二韵》等赏心悦目的水戏诗篇。

除文献对水戏描述之外，还可以从石窟遗址中壁画上看到游泳场景。如敦煌莫高窟北魏第257窟、隋代第420窟、中唐第200和231窟、盛唐第148窟、晚唐第196窟；新疆的克孜尔第8窟；西藏布达拉宫和日喀则札什伦布寺等。

十

『七夕』与『中秋』节日民俗体育的传统意义

（一）七夕、中秋、赏月、垂钓、斗蟋蟀

1. 七夕

七夕节又名乞巧节、少女节、女儿节，是在农历七月初七欢度的。该节与牛郎织女传说有关，因此，七夕象征爱情和求偶。七夕在发展过程中，游戏娱乐也相位其中，如七巧板、益智图、积木、博弈等等。

七夕活动的主要内容为乞巧。乞巧，是妇女们向天上的织女星乞求智巧，并预卜自己未来命运的一种游戏活动。在民间传说中，织女是灵巧和智慧的象征，她拥有一双巧手，织成了天上的七彩云霞，所以妇女们选择在这天晚上向织女乞巧。

乞巧风俗起源很早，据《西京杂记》卷一《七夕穿针开襟楼》记载："汉彩女常以七月七日穿七孔针于开襟楼，俱以习之。"可见早在西汉时期，宫中就开始流行以穿七孔针为主要内容的乞巧风俗。到魏晋时期，乞巧风俗在原来的基础上又有了进一步的发展。穿针乞巧活动的流行，最主要的还要归功于其娱乐功能。早在汉乐府民歌《孔雀东南飞》中便记载有"初七及下九，嬉戏莫相忘"。此处"初七"当指七夕节，"嬉戏莫相忘"则直接反映出该日的游戏娱乐活动深受欢迎。到唐代，七夕乞巧风俗更是大盛。当时宫廷内外都非常流行七夕乞巧，文献《开元天宝遗事》卷下有《乞巧楼》的记载。唐诗中就有许多描写七夕穿针乞巧风俗的诗作，如林杰的《乞巧》："七夕今宵看碧霄，牵牛织女渡河桥。家家乞巧望秋月，穿尽红丝几万条。"李商隐的《七夕偶题》："灵归天上匹，巧遗世间人。花果香千户，笙竽滥四邻。"李中的《七夕》诗："星河耿耿正新秋，丝竹千家列彩楼。可惜穿针方有兴，纤纤初月苦难留。"除唐诗之外，敦煌文献 S.6537V、S.5139、P.3910、

图409　乞巧图

P.2721、P.3636、S.2832、S.1497、S.2104等卷中亦保存有对七夕节渊源及该节庆的各种民俗活动的记载。

七夕除了举行乞巧活动之外，还盛行博弈、乐舞、水嬉等民俗体育活动。

2. 中秋节

中秋节，为农历八月十五，时值三秋之中，故称中秋。又称“仲秋节”“八月十五”“团圆节”。过中秋必须祭月亮、拜兔爷、吃月饼，举行祭月神仪式。由于八月十五中秋月儿正圆，此夜象征花好月圆，家庭和睦，这是民间过中秋节的最大愿望。

丝绸之路上的中秋节日盛行赏月、斗蟋蟀、垂钓、赛社、网鹰等民俗游戏、娱乐、竞技活动。它们对传承节日文化传统做出了特殊贡献。

3. 赏月

我国古代的文学作品中有许多歌咏中秋节的作品。这些作品不仅为我们展现了一幅幅色彩鲜亮、诗情浓重的中秋节日风情画，记录了中秋节俗的形态，记录了人们节日的心态，而且更深入地揭示了中秋节的文化精华和真谛。

唐代，中秋节已形成了较大规模，其主要游艺活动是赏月、拜月。

诗僧栖白在《八月十五夜玩月》诗中写道：“寻常三五夜，不是不婵娟。及至中秋满，还胜别夜圆。清光凝有露，皓魄爽无烟。自古人皆望，年来又一年。”僧皎然《南楼望月》诗：“夜月家家望，亭亭爱此楼。”诗僧齐己在《中秋月》诗中就说：“空碧无云露湿衣，群星光外涌清规。东楼莫碍渐高势，四海待看当午时。”刘禹锡《奉和中书崔舍人八月十五日夜玩月二十韵》诗：“远近同时望，晶荧此夜偏。”张南史《和崔中丞中秋月》诗：“秋夜月偏明，西楼独有情。千家看露湿，万里觉天清。”曹松《中秋对月》诗：“无云世界秋三五，共看蟾盘上海涯。直到天头无尽处，不曾私照一人家。”白居易曾在中秋夜邀友人同游华阳观赏月，写下了《华阳观中八月十五日夜招友玩月》诗曰：“人道秋中明月好，欲邀同赏意如何。华阳洞里秋坛上，今夜清光此处多。”皮日休曾在中秋夜于天竺寺赏月，看到满地飘落的桂子，不免想起传说中的月中嫦娥，写下了《天竺寺八月十五日夜桂子》诗曰：“玉颗珊珊下月轮，殿前拾得露华新。至今不会天中事，应是嫦娥掷与人。”唐人还十分喜爱在大自然的江湖池塘中赏月。如裴夷直曾在中秋夜与白居易泛舟洛河同赏秋月，写下了《同乐天中秋夜洛河玩月二首》诗曰：“清洛半秋悬璧月，彩船当夕泛银河。苍龙颔底珠皆没，白帝心边镜乍磨。海上几时霜雪积，人间此夜管弦多。须知天地为炉意，尽取黄金铸作波。”

唐人党政军喜欢登楼赏月。唐玄宗曾于八月十五中秋夜与杨贵妃“临太液池，凭栏望月不尽”，于是下令在池西岸修建了一个高达百尺的“望月台”，准备来年与贵妃一起登台赏月。

宋元明清时期，赏月风俗更是人们所钟情的一种休闲、一种寄托、一种梦的归宿，使人们感受节日，享受生活，同时也抒发了人们思乡、思亲的情感。

4. 垂钓

垂钓在我国具有悠久的历史。据考古发掘发现，陕西省西安半坡村遗址出土的骨制鱼钩距今已有五六千年的历史，可见垂钓是一种极为古老的捕鱼方法。随着捕鱼方式的改进，捕鱼工具以叉岗等为主。于是，垂钓渐渐地成为一种娱乐消遣的游戏。古往今来，那些垂钓者伫立于湖滨礁石、红蓼滩头，或安坐于青林古岸、白石溪边，或于舴艋船梢手持钩竿钓鱼。

据史书记载，商纣统治时期，民间有太公姜子牙钓鱼之传说，它开了后世沽名钓誉之端。《诗经·季风》载有“竹竿，以钩于淇”的诗句。古代有不少文人浓笔描绘了当时垂钓的情景。如晋代潘尼的《钓赋》、唐代陆龟蒙的《甫里集》、诗

图410　钓鱼图

内蒙古清水河塔尔梁墓壁画　墓室西北壁　五代

图411　唐诗画谱

万历晚期集雅斋原刻　后世多有翻刻　明

人李白的《行路难》云：“闲来垂钓碧溪上，忽复乘舟梦日边。”杜甫也在他的《江村》中云：“清江一曲抱村流，长夏江村事事幽。自去自来堂上燕，相亲相近水中鸥。老妻画纸为棋局，稚子敲针作钓钩。”柳宗元在他的《江雪》诗作中云：“千山鸟飞绝，万径人踪灭。孤舟蓑笠翁，独钓寒江雪。”诗人张志和隐居江湖，自号烟波钓徒。他把隐居时对休闲生活的感受融注于诗歌之中，写了一首《渔歌子》流传千古：“西塞山前白鹭飞，桃花流水鳜鱼肥。青箬笠，绿蓑衣，斜风细雨不须归。”南唐李煜也曾为卫贤《春江钓叟图》题写了二首《渔父》词，其一：“浪花有意千重雪，桃李无言一队春。一壶酒，一竿身，世上如侬有几人？”其二：“一棹春风一叶舟，一纶茧缕一轻钩。花满渚，酒满瓯，

图412　钓鱼图

万顷波中得自由。”到了唐代，各种钓鱼工具已十分具备，据陆龟蒙的《渔具》篇咏中载，渔具包括钓竿、钓线、钓车、漂子、坠子、钓钩、签箸等。宋代著名哲学家邵雍撰写的《渔樵问答》一书中，对钓竿渔具作了详细的讲述：“钓者六物：竿也，线也，浮也，况也，钩也，饵也。一不具，则鱼不可得。”此六物，至今仍是垂钓所必备的基本用具。

垂钓起源于上古先民的生产活动，随着岁月的积淀，它逐渐由捕鱼谋生的手段，变为一项有益于人们身心健康的游戏娱乐活动，人们在蜿蜒澄澈的江河湖上，通过垂钓来领悟玄妙的隐逸生活，潺潺不息的流水，浸润着人们平静的心灵。垂钓被赋予了深厚的文化意蕴，成为培养古人高雅情操、智慧活动的休闲体育活动。

5. 斗蟋蟀

关于蟋蟀，早在春秋战国时期孔子删定的《诗经》中就有“十月蟋蟀入我床下”的记载，说明古人已了解到蟋蟀活动的规律。晋代陆机在他的《毛诗草木鸟兽虫鱼注疏》中的“蟋蟀在堂”中，详细注释了蟋蟀的多种别名，及其悦耳动听的鸣叫声。

蟋蟀又名“秋兴”“吟蛩”“促织”“蛐蛐”等。而斗蟋蟀是我国一项古老的民间游戏。它的历史悠久，源远流长，可以溯源到一千多年前的隋代。宋陈櫄《负喧杂

图413　婴戏图斗蛐蛐

图414　婴戏图斗蛐蛐

录·禽虫善斗》载："斗蛩之戏始于天宝间（742年—756年）。长安富人镂象牙为笼而畜之，以万金之资付之一喙。"自此之后，斗蟋蟀蔚然成风，上至宫廷皇族，下至平民百姓，无不好之。如唐玄宗李隆基、宋徽宗赵佶、清康熙皇帝都十分酷爱畜养善斗蟋蟀，并形成为全民性的一项民俗游戏。

古代文献记载有丰富的斗蟋蟀内容。如唐人宋之问《七夕》载："停梭借蟋蟀，留巧付蜘蛛。"五代王仁裕《开元天宝遗事》卷上《金笼蟋蟀》载："每至秋时，宫中妃妾辈皆以小金笼捉蟋蟀，闭于笼中，置之枕函畔，夜听其声。庶民之家，亦皆效之。"《宋史·贾似道传》载："尝与群妾跨地斗蟋蟀。"贾似道不仅是斗蟋蟀的行家，而且还写有《促织经》这部专门研究蟋蟀的专著。《促织经》的原本已佚，后经明人周履靖增补。全书分上下两卷，约1.6万字，分论赋、论形、论色、论养、论斗、论病、决胜七类，不仅介绍了数十种蟋蟀的形态、颜色，并作了比喻性的命名。而且还在书中阐述了蟋蟀争斗的规则、饲养方法、疾病防治和繁殖秘法等。

就以上所提到的著述、可资考证的史料可知畜养蟋蟀和斗蛐蛐，通过长期的传承和文化的积淀，已形成了一种具有悠久历史的民俗游戏。至今，斗蟋蟀仍在民间十分流行。

（二）武术

从体育考古文物中可以证实，至少在新石器时代，中国武术已有了雏形。之后，武术融合了中国古代的美学和伦理思想，渗透了佛、道、儒诸家学说，创立了精、气、神和手、眼、身、法、步等功能，形成了非逻辑的“由意达悟”的思维方式，综合了天人一体、阴阳互补、内修外炼、刚柔相济、以意击人、善战不怒、以静制动等哲理，最终成为中华民族最具特色和魅力的一种神奇技艺。中国武术是一门非常传统而又非常世俗的技艺，它的目的是为了使人获得身心和谐发展。因此自古以来就备受关注，并被称为“国术”，以表示其国家体育的正统身份，类同于国语、国旗、国戏等。

1. 壁画、砖画、汉简、文献中的武术

丝绸之路敦煌莫高窟和新疆吐鲁番的石窟壁画中不仅描绘有生动形象的武术图像，而且在唐史和莫高窟藏经洞（第17窟）出土的文献中也有关于武术的记载。另外，在甘肃武威、天水以及居延出土的汉简中也发现有与武术相关的资料。

2. 金刚、药叉形象与武术

丝绸之路石窟的壁画中绘有大量的金刚与药叉的图像，表现出马步、弓步、扑步等步型和架掌、压掌、推掌等手型以及各种拳势的造型，充分显现出武术的特点。例如：甘肃天水市麦积山石窟第135、4、10、155、133等窟中；敦煌莫高窟北魏第251、396、296窟，西魏第285窟，北周第428窟，隋代第303窟，还有第235、248、249、254、257、260、268、290、296、297、301、438、442等窟中；新疆克孜尔和柏里克孜克、库木吐拉等石窟中，均绘有金刚、药叉行拳的形象。

丝绸之路石窟壁画勾勒出的一幅幅生动、鲜活的金刚力士与药叉图，既体现了佛典中护法神的形态、神韵，又表现出古代丝路人们对武术的理解以及其特有的对人体的审美情趣。

3. 剑术

作为一种兵器，剑最早出现于商周时期，最初由青铜制成。秦汉之后，铁剑逐渐取代了青铜剑。随着社会的发展，剑已经远远超出了作为一种兵器的存在价值，延伸到更深、更广的领域中，剑术、剑舞、剑诗……剑已经成了一种有体系的具有独立意义的文化现象。

“剑器”为健舞曲名，可见唐段安节《乐府杂录》。也有人认为，剑器舞是执绸而舞。如清人桂馥《札朴》六《览古·剑器》载：“姜元吉言，在甘肃见女子以丈余彩帛结两头，双手持之而舞，有如流星，问何名？曰：‘剑器也，乃知公孙大

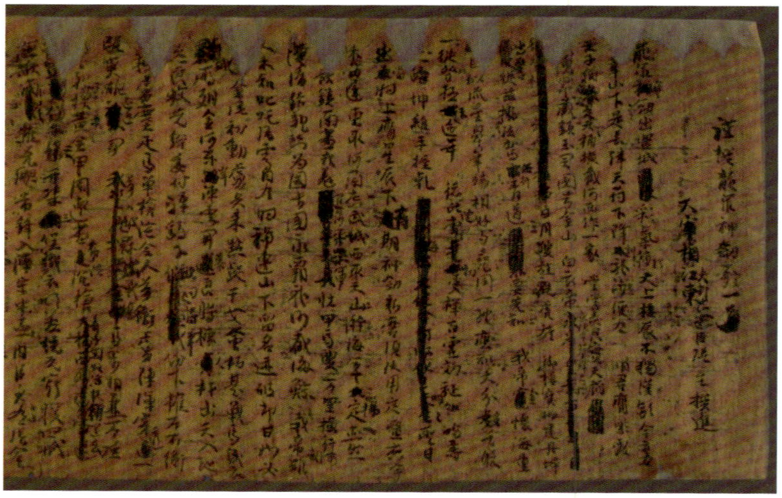

图415　龙泉神剑歌

敦煌文献 P.3633

娘所舞即此。'”这说明，清代曾有人在甘肃目睹剑器表演。敦煌出土的写卷中，还有描绘剑器的诗词，如P.3591号“洞山和尚神剑歌”、P.3633号“龙泉神剑歌”、P.3821号“三尺龙泉剑”。另外，唐代诗人岑参有“酒泉太守能剑舞，高堂置酒夜击鼓”之诗句。

唐代流传的舞剑器，对当时的武术表演进行了极生动细致的描写。敦煌文献中保存的文字记载，为我们研究唐代舞蹈的风貌，特别是舞蹈与武术之关系，提供了极其真实可贵的依据。可以说，“舞剑器”是在武术、武舞的基础上吸收其他民族乐舞进行再创造的结果，在艺术上取得了较高的成就。它所表现出来的气势、节奏、精神，与当时的时代风貌融合协调。公孙大娘那源于生活的巧妙构思、独特的艺术处理，使舞剑器具有雄健、刚劲、矫捷、豪壮之美的典型。除莫高窟外，榆林窟第25窟也绘有持剑刺杀图。

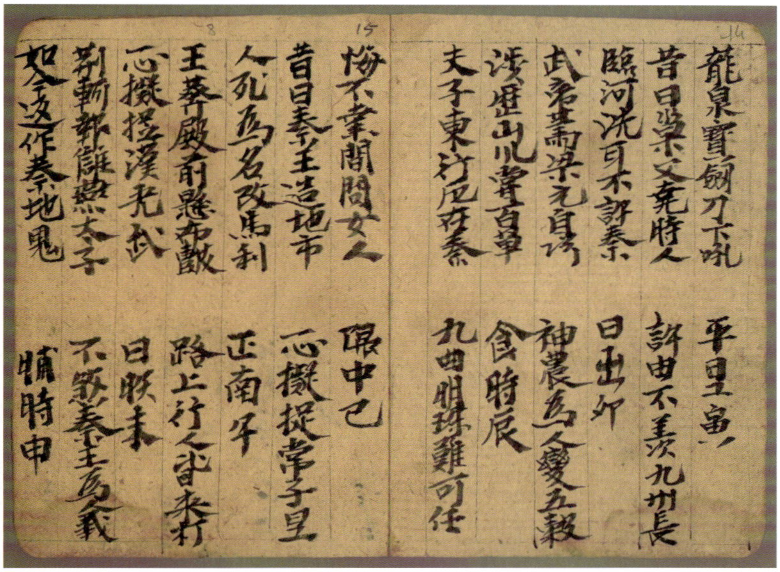

图416　三尺龙泉剑

敦煌文献 P.3821-2

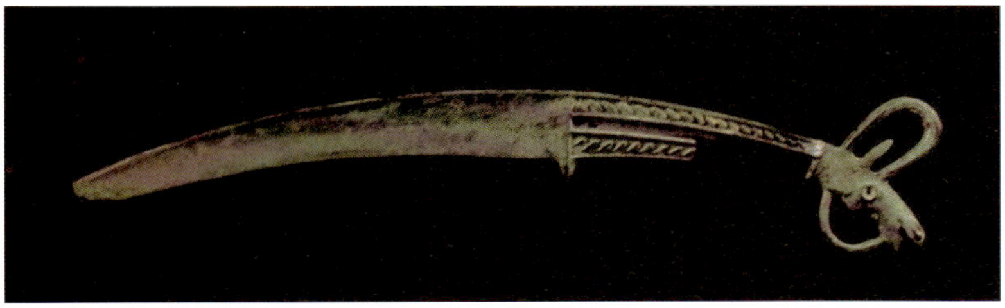

图417　马头刀

长32厘米　1965年陕西省绥德县头村出土　商代晚期

图418　列戟图

陕西三原县焦村李寿墓壁画　第4天井东壁　唐

图419　习武画像砖

高34.7厘米　现藏加拿大多伦多市皇家安大略博物馆　东汉

图420　战马壁画

甘肃敦煌莫高窟第285窟壁画　东顶　西魏

图421　骑马狩猎纹铜镜

现藏河南博物院　唐

图422　战斗场景

甘肃敦煌莫高窟壁画　隋

图423　枪

甘肃敦煌莫高窟第256窟壁画　主室南壁　北周

图424　操练图

甘肃敦煌莫高窟第332窟壁画　南壁西部　初唐

图425　瓷牌剑术

《闻鸡起舞》 乾隆1736—1796年　清

图426　剑图

甘肃敦煌莫高窟第45窟壁画　南壁　盛唐

图427　论剑

甘肃敦煌莫高窟第112窟壁画　东壁　唐

图428　钢剑

兵器　通长49厘米　清

图429　人首马身武士像

挂毯复原像

图430　剑术图

甘肃瓜州榆林窟第2窟壁画　西夏

图431　飞枪图

图432　持剑图

新疆克孜尔石窟第188窟壁画　主室圈顶南侧壁　公元7世纪

图433　练剑

甘肃敦煌莫高窟第61窟
壁画　西壁　五代

图434　对打

云冈石窟石刻

图435　论剑

甘肃敦煌莫高窟第45窟壁画　南壁　唐

图436　操练图

甘肃敦煌莫高窟第217窟壁画　南壁　盛唐

图437　持剑图

新疆克孜尔石窟第38窟壁画　主室圈顶东侧壁
公元4世纪

（三）网鹰

在狩猎中，除了田猎之外，还有犬猎、鹰猎、豹猎、猞猁猎等，亦为宫廷贵族所喜爱。犬猎早在我国周代和春秋时期就有了，《诗经·小雅·巧言》载："跃跃野兔，遇犬获之。"公元5—6世纪时，汉人和胡人集居的西北一带，人们普遍喜爱放鹰走狗。

在唐朝，这种驯鹰、狩猎活动的风气更加炽盛。唐太宗和唐玄宗就是醉心于放鹰走狗的典范。皇宫中的大鹰坊紧邻狗坊，鹰坊里养四种猎鹰，其中最珍贵的是金雕。当时的甘肃、青海、新疆边陲地区，专门训练优秀的猎鹰作为贡品献给皇帝。据文献《北史·后妃上》记载，咸通七年（866年），沙州（敦煌）节度使张议潮献"青骹鹰四联，吐蕃女子二人，马四匹"。在魏晋时期，鹰抓兔是猎兔的方法之一。在墓葬彩绘壁画砖中，既有猎人用鹰抓兔的场面，也有鹰抓兔的单个形象。从彩绘的壁画砖上，我们通过画面可以看到猎人放鹰抓兔的过程。猎人手臂或鹰架上的鹰，是专门用来捕捉飞禽走兽的，而这些鹰并非是野生的鹰，而是猎人专门喂养用来狩猎的鹰。在隋炀帝大业四年，曾"征天下鹰师悉集东京，至者万余人"，可见我国古代驯鹰非常盛行。汉墓出土的砖画、甘肃河西出土的魏晋彩绘砖画，以及唐、元、辽时期的墓葬壁画中存在许多形象逼真的鹰猎图像。

更值得注意的是1991年，在西安市灞桥区金乡县发掘的唐高祖李渊的孙女的

图438　三彩骑马带鹰狩猎俑

陕西乾县永泰公主墓出土　唐

图439　绿釉架鹰骑马俑

陕西乾县懿德太子墓出土　唐

墓室中，出土了一系列狩猎陶俑，其中有两件彩绘骑马抱犬狩猎男胡俑，两件彩绘骑马架鹰狩猎男胡俑，一件彩绘带豹狩猎男胡俑，一件彩绘骑马带猞猁狩猎女俑。这些狩猎陶俑显示，猎师所带的犬、鹰、豹、猞猁等动物，都是经过专门训练用来辅助狩猎的。1960年，在陕西乾县永泰公主墓出土了一件彩绘骑马带豹狩猎胡俑；1971年，在懿德太子墓、章怀太子墓的墓葬壁画中绘有驯豹图和狩猎者的马座上蹲踞猞猁的图像。这反映了在当时狩猎中，除了传统的田猎、鹰猎、犬猎之外，豹猎和猞猁猎亦为宫廷权贵所喜爱。种种迹象表明，豹猎和猞猁猎在当时成为一种时尚，皇族男女皆醉心于此，所以在追赠的公主、太子墓随葬陶俑和墓室壁画中豹猎和猞猁猎占有重要的位置。

网鹰在唐代已十分专业，唐宫廷专门建立了一支由精心挑选出来的骁勇武士所组成的“射生马队”，几乎每次射猎都要进行周密细致的组织安排，如敕令民夫整修猎场、清理路障以及猎前宣布“不杀胎，不覆巢等注意捕杀与养护并举的内容”等等。同时并设置豢养帮助狩猎的雕、鹘、鹞、鹰、狗五坊。如《新唐书》卷四十七《百官志》记道：“闲厩使押五坊以供时狩，一曰雕坊，二曰鹘坊，三曰鹞坊，四曰鹰坊，五曰狗坊。”

河西敦煌在每年的中秋前后网鹰。敦煌当地网鹰、贩鹰、驯鹰者以回鹘人居多。据敦煌文献记载，当时网鹰的目的主要用以游猎和娱乐之用。如 S.6981卷《兄弟

图440　三彩骑马狩猎俑

陕西乾县出土　高37厘米　现藏中国国家博物馆　唐

图441　彩绘骑马狩猎

陕西西安市灞桥区唐金乡县出土　唐

图442　戏鹦鹉男侍图（摹本）

陕西万泉县薛氏墓壁画　唐

图443　架鹰图

陕西乾县懿德太子墓壁画　唐

图444　架鹰图

陕西乾县懿德太子墓壁画　唐

社转帖》注有“鹰坊”，这里既是网鹰人、驯鹰师的集居地，也是买卖鹰的交易场所。若捉到特异之鹰，可作进贡用。《旧唐书》卷19《懿宗纪》上：“咸通七年七月沙州节度使张议潮进甘峻山青骹鹰四联。”隋唐时的甘峻山在张掖郡，合黎山的东南，现名龙首山。当时张议潮统一河西，故以甘峻山之鹰献之。青骹又名苍鹰，乃鹰之名品。《广志》曰：“一岁为黄，二岁为抚，三岁为青。”三年的苍鹰极凶猛，也极难捕捉，故以稀物进贡。另外，在P.4640《衙府纸破历》、P.2629《酒账》及S.6309、S.5008残卷中均有对网鹰的记载。

鹰猎自周代开始就一直盛行于人们的生活之中。由于鹰猎在追逐猎物过程中，需要猎者具备专门的耐力、坚忍、体能、速度、技巧等身体素质，并富于娱乐性和竞技性。因此，在古代一直是把鹰猎作为训练士兵的内容之一，也是王公贵族和平民百姓追求刺激、满足娱乐心理的消遣活动。这说明了当时人们已驯化动物用于狩猎。猎人在骑马狩猎的过程中，迅捷矫健的鹰、犬、豹、猞猁等动物追逐猎物，猎人骑马紧追不舍。这些竞技性动作所产生的冲动，衍生出了骑马速度的较量，亦有马上击物游戏的痕迹。这为马术、赛马、马球运动的孕育和形成产生了影响。

图445　狩猎图

白沙乡箭峡墓出土　清水县博物馆

图446　鹰猎

白沙乡箭峡墓出土　清水县博物馆

图447　鹰猎

甘肃嘉峪关市魏晋5号墓彩绘砖画

图448　鹰猎

甘肃嘉峪关市魏晋5号墓彩绘砖画

图449　鹰猎　架鹰

白沙乡箭峡墓出土　清水县博物馆

图450　备猎图

出于内蒙古敖汉旗贝子府镇喇嘛沟辽墓墓室西壁　辽

图451　鹰猎

甘肃嘉峪关市魏晋5号墓彩绘砖画

图452　鹰猎图

十一

『重阳节』的民俗体育与养生之道

“重阳”，这一节日起源甚早，汉代时重阳节已成了固定的节日。刘歆《西京杂记》载：“三月上巳，九月重阳，士女游戏，就此祓禊登高。”南北朝时期，各种习俗活动已基本形成，并出现了佩戴茱萸、饮菊花酒、登高避邪等风俗内容。南朝梁吴均在《续齐谐记》中记载：“汝南桓景，随费长房游学累年。”隋唐以后，重阳登高由实际的远足郊野登高演变为登台榭宴会等象征性的仪式表演登高，由全民共享的避灾登高转变为主要是文士、市民的娱乐登高。佛教寺庙兴盛以后，重阳节俗与宗教信仰交汇，重阳节人们往往以游览古刹名胜、登宝塔作为登高。宋代，宫廷中提早一天就开始各种节俗活动。宋人每年都要“以菊花、茱萸，浮于酒饮之”，并且“禁中与贵家皆此日赏菊，士庶之家，也市一二株玩赏”。到了元代，这些习俗更普遍，更兴盛。在这一天，人们或聚朋登高，或会友饮酒，或赏菊赋诗，或辟邪延寿。元曲真切、鲜活生动地反映了元代的重阳节以及元代人对重阳节的特殊情感。

（一）登高、赏菊

1. 登高

自汉以来，登高已成为古人避祸消灾、祈求健康的一种养生活动，也是享用与馈赠食物的节日。丝绸之路上各地域深受此风影响，每年九九登高。例如：长安南面的终南山，包括翠华山和南五台，是人们登高游览的胜地。华山古称“西岳”，古往今来的帝王将相、文人学士、各色人等登临华山、朝拜华山的岂止万千！兴隆山位于兰州以东的榆中县，其山势峻峭，海拔2400米左右，每年吸引成千上万的人登高览景。

敦煌民间盛行端午登高的特殊风俗。《敦煌石室碎金》一书，内中收录了现藏伦敦大英博物馆的 S.5448《敦煌录》残

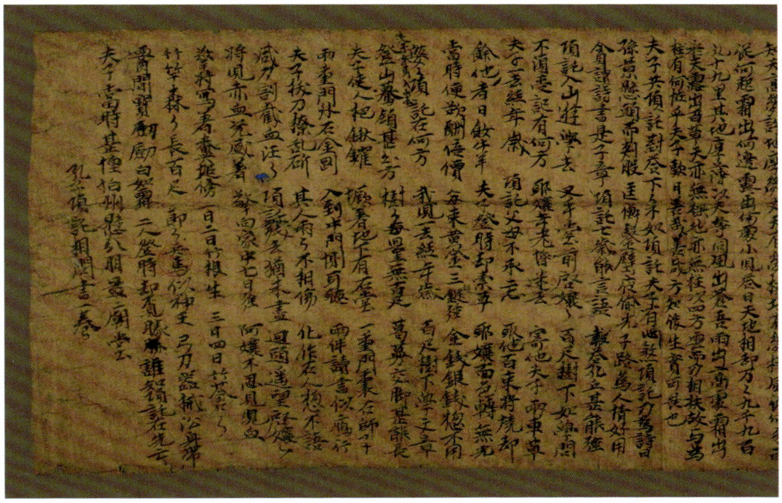

图453　登山

敦煌文献 P.3883　博戏当时敦煌民间旅游的观念、清明扫墓、踏青等活动《孔子项橐相问书》

卷，其中提到敦煌民间的端午登高风俗。S.6537《郑余庆书仪》载：“九月九日，昔费长房携酒将家口鸡犬，登高山避火灾，佩茱萸。”P.4640《衙府纸破历》也记载了敦煌重阳节友人相聚、赏菊、饮茱萸酒、登高食饵、衙府设宴、乐舞助兴等习俗。

随着时代的前进，登高不仅仅只是端午和重阳节日的民俗活动，而且渐渐成为普遍的民众健身娱乐活动。明清以后，此项活动有了进一步的发展。登山，不只限于端午和重阳日，几乎是四季都开展的活动，其目的是在大自然中强身健体。

敦煌莫高窟壁画中有反映登山的图景。例如晚唐第14窟南壁和五代第61窟西壁所绘五台山中，就有登山的画面。

除帝王封禅和民间登山外，还有古人征服雪山和在艰苦环境中竞技登山及野外生存。据史书记载，古代较早跨越雪山的是西汉张骞。汉武帝元狩元年（前122年）派张骞出使西域，开中华民族与古中亚国际交往的先河，在外交史上固然有重要的地位；而张骞几乎跨越葱岭、征服雪山，战胜沙漠、冰川、戈壁等野外恶劣环境，在古代登山史和野外生存史上亦是具有开

图454　登高图

甘肃敦煌莫高窟第61窟壁画　西壁　五代

图455　登山图

甘肃敦煌莫高窟第14窟壁画　主室南壁　唐

图456　登高图

甘肃敦煌莫高窟第61窟壁画　西壁　五代

图457　登高图

《雍正皇帝十二月令行乐图》中的登高图（局部）清

创意义的英雄人物。

2. 赏菊

重阳节还有赏菊花、饮菊花酒和头插菊花的习俗，所以又称“菊花节”“黄花节”。王维《奉和圣制重阳节宰臣及群官上寿应制》：“无穷菊花节，长奉柏梁篇。”王涯《九月九日勤政楼下观百僚献寿》：“御气黄花节，临轩紫陌头。”菊花又称黄花，除了具有观赏价值之外，还有一定的药用价值。深秋时节，百花多已凋残，唯有菊花迎霜怒放，正是一年之中赏菊的最佳季节。魏晋以来，菊花被赋予了一种坚贞不屈的品格，特别受到中古时期文人雅士的钟爱。曹丕在《九日与钟繇书》中盛赞菊花在深秋时节“纷然独荣”，特意将一束菊花赠送钟繇，希望他能借菊之力，健康长寿。钟会在《菊花赋》中称赞菊花有“五美”，并说人们在重阳节纷纷“置酒华堂，高会娱情”，为赏菊之会。东晋大诗人陶渊明特别喜爱菊花，他曾在《九日闲居并序》中说：“余闲居，爱重九之名，秋菊盈园。”有一年重阳节，穷困潦倒的诗人赏菊时，却无酒可饮，只得倚坐在东篱下。忽然看见远处有一白衣使者正载酒而来，原来是江州刺史王弘。诗人大喜，马上打开酒坛，在菊花丛中酣饮，并赋诗吟咏。陶公咏菊、白衣送酒，也成为千古流传的佳话。敦煌重阳节的赏菊活动也有记载，如文献S.555V《九至江州问王使君》云：“九日浔阳县，门门有菊花。□□今送酒，若个是陶家。”S.2832《十二月应时》亦记载：“九月九日，将菊初繁，香英正嫩，桓景登高之日，潜篱下鞠（菊）之辰。”这两则材料虽未明确所记为敦煌之事，但都提及了重阳日的饮菊花酒习俗。S.2200《书牍轨范》载：“重阳之节，玩菊倾思，县珠一杯，倍加渴慕。亦云茱萸之酒，不可独斟，思忆朋寮，何以言述！谨令奉屈，幸速降临，不宣。谨状。”因菊花是我国的名花，也是长寿名花，重阳赏菊是历代古人的一项赏心悦目的休闲养生活动。在霜降之时，秋风萧瑟，百草相继凋零，唯有菊花纷纷盛开于山野路旁或漫山遍野，或房前篱后，形成一幅幅亮丽的景致。这些幽香佳色引发了人们对生活的赞美，显现了古人对菊花极其深切的爱，浓化和深化了重阳节日习俗的氛围，丰富了重阳节日的文化内涵。

（二）养生

养生，又称“卫生”“摄生”“养性”。养生学又称为养生之道，它是研究增强体质、防御疾病、延长寿命的一门学问。

养生是人类生命的一种存在方式，养生二字的含义是指“保养性命”。养有鞠养、培育之意；生，可解释为生命，也可解释为生机，即活力、生命力。养生实质就是养育生机、培养生机。

从远古时代的巫术到现代的体育，从祛病延年的现实追求到得道成仙的梦想，人们因此创造和发展了内容丰富的养生学。数千年来，人们为了追求这一目标，在实践中创造了许多养生的方法，积累了不少精辟的理论，为华夏人民的健康和繁衍做出了重要的贡献。

丝绸之路传统的养生中蕴涵着不少思

想与学术资源，如“由臆达悟”的思维方式与境界，“天人感应”“天人合一”的生命观念，“气”“阴阳”“五行”“经络”等一些虚虚实实的符号。这些思想与资源既是概念，又是范畴；可有形，可无形；是物质实体，又是功能状态。老子谓“名，可名，非常名”，其意在玄（在这里，玄是一种空间），妙由玄生，玄妙相参。另外，养生对各类功法的命名的归类与理解也充满了智慧。它是一门贯穿中国哲学精神并印证实践理性的思辨艺术。渗透了儒、佛、道诸家学说的传统养生理论，十分重视生命的体验，讲究顺应自然的节奏和法则，寻求心灵的解脱。它既需要理性的有序、演绎，述理的客观、崇实，也需要感性的空灵、顿悟，抒意的思辨、冥玄。因此，我们要从丝绸之路传统文化的视角，对各种节气的养生方法进行总体性阐述，并深入了解一个时代、一个民族、一个地域关于养生的基本准则和基本信念。

1. 导引

关于“导引”二字，最早的记载见于《庄子·刻意篇》。庄子说：“吹呴呼吸，吐故纳新，熊经鸟申。”这里所说的“吹呴呼吸，吐故纳新”是呼吸运动。古人在长期的实践中，创造了“胎息法”“踵息法”“闭息法”“六气呼吸法”等内容丰富的呼吸方法。

导引源自“导”与“引”。“导”者，导气也；“引”者，引体也，为一物之两面。庄子曾说：“导气令和”，“导体令柔”。“和”者，通也，顺也；“柔”者，韧也，弹也。导气其实是使充足之氧气贯通全身，以营养细胞；引体乃是使全身肌骨柔韧，富有弹性，以增强活力。

汉唐间，随着东西丝绸之路的开通，经济文化的交流，丝路文化之一的导引术日趋完善，并成为我国养生术的重要组成部分。丝绸之路导引术的产生、发展、传播主要是处在佛教文化涵盖的时代，建筑有专为禅定服务的禅窟、禅寺、禅堂、禅房等。僧人修禅心定、抄经译典所积聚的经验，为佛教禅学的发展和导引诸因素的进一步孕育和创造提供了智慧条件。

丝绸之路现已挖掘和发现的古经卷与古文献约有数万卷，所记载的教义和戒律不少都与导引功理和功法有着有机的联系，例如佛教的禅定、禅法、瑜伽、止观和道教的仙学、修炼以及儒家的静思自省等。养生理论家积累了不少养生论：如东汉华佗的阴阳养生论、葛洪的静观养生论、杜甫的怡心养生论、陆羽的《茶经》养生法、白居易的乐天养生、孙思邈的性命养生论等等。另外，敦煌卷子《庄子》载有“心齐”和“坐忘”等动、静功以及导引等。P.3380《心经》以“空”和“无”为基本理论。《六安般守意经》记述了释迦牟尼所创的呼吸法，也就是丹田呼吸法。S.4631《观无量寿经》详述了观想阿弥陀佛之法，分十六观，以念佛入静为观想悦意景物法。S.1309《金刚经》载有“洗足已敷座而坐，统跏端身，正念不动”“四维上下，虚空可思量”“一切法，无我无生，得无生”等，教你如何入定。P.3436《楞伽师资记》记载了从达摩至神秀的传承及禅法要点。敦煌 P.3810写本《呼吸静功妙诀》全卷共分为两个部分：前一部分是《呼吸静功妙诀》正文，共13行，273字；后一部分是附录的“神仙粥”，共4行，73字。卷子完好无缺，唯抄写水平较劣，全文不分段，以圈断句，无抄者姓名与抄写年代。从字迹上看此卷子可能属于唐代道人的传抄本，历代史志未见著录。呼吸静功妙诀：

人生以气为本，以息为元，以心为根，以肾为蒂。天地相去八万四千里，人心肾相去八寸四分，此肾是内肾，脐[下]一寸三分是也。中有一脉，以通元息之浮沉。息总百脉，一呼而百脉皆开，一吸则百骸皆阖。天地化工流行，亦不出呼吸二字。人呼吸常在于心肾之间，则血气自顺，元气自固，七情不帜（炽），百病不治自消矣。每子午卯西（酉）时，于静室中，原（厚）褥铺于杨（榻）上，盘脚大坐。瞑目视脐，以绵塞耳，心绝念虑，以意随呼吸。一往一来，上下于心肾之间，勿亟勿徐，任其自然，坐一炷香后，觉得口鼻之气不麄（粗），渐渐和柔。又一炷香后，觉得口鼻之气，似无出入，后然（然后）缓缓伸脚开目，去耳塞，下榻行数步。又偃卧榻上，少睡片时起来，啜淡粥半碗。不可坐（作）劳恼怒，以损静功。每日能专心依法行之，两月之后，自见功效。

神仙粥

山药蒸熟，去皮，一斤。鸡头实半斤，煮熟去壳，捣为末，入粳半升，慢火煮成粥，空心食之。或韭子末二三雨（两）在内尤妙。食粥后用好热酒饮三杯，妙。此粥善补虚劳，益气强志，壮元阳，止泄，精神妙。

《呼吸静功妙诀》称：“人生以气为本，以息为元，以心为根……天地化工流行，亦不出呼吸二字。”可见古人对呼吸意义已有认识，提出通过功法来提高通气控制能力。写本称：“人心肾相去八寸四分，上肾是内肾，脐下一寸三分是也。”从解剖学的角度来阐述呼吸系统结构及其相应的循环系统，并通过脉、息之沉浮来揭示呼吸的物理与生理机制。总之，《呼吸静功妙诀》仅仅用了百余字，就高度精辟地概括出人类生命与呼吸之关系，人体呼吸系统的结构与它的循环所构成的物理与生理机制，以及提高呼吸功能的功法，充分体现了极其丰富的生命学内涵和本质属性。

在敦煌莫高窟和新疆克孜尔石窟中均

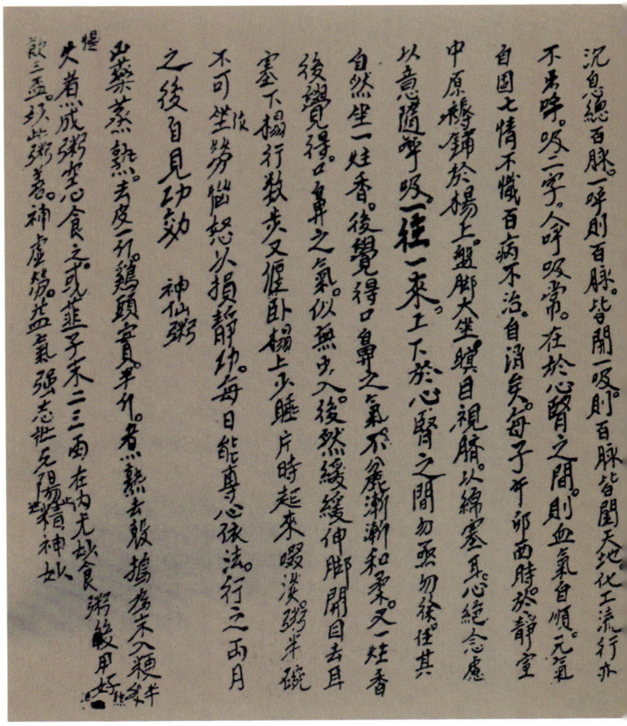

图458　呼吸静功妙诀

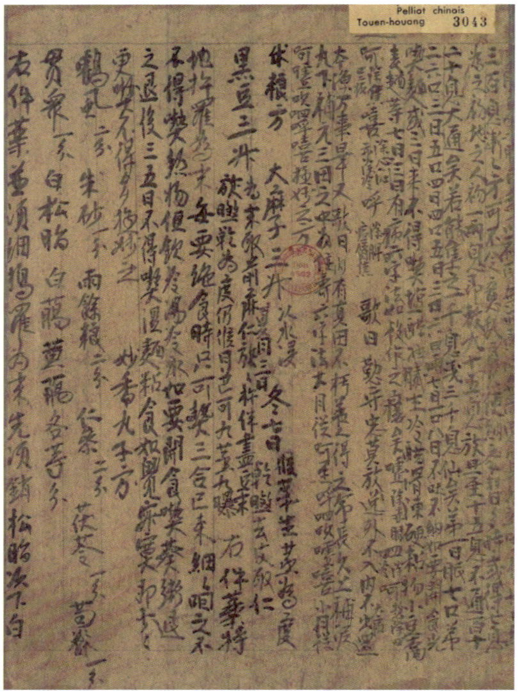

图459　吐纳服气

敦煌文献 P.3043

图461　木雕禅定佛

新疆巴楚县图木舒克佛寺遗址出土　约公元6世纪

图460　禅定佛

莫高窟第61窟　北壁下部　五代

保存有密教画。例如敦煌莫高窟第465窟保存有双身合修壁画，表现修持者运用一定的功法，控制和引导体能，达到以欲制欲、以染达净之目的。

P.3822、P.2914王梵志《有生皆有灭》诗云："气聚则成我，气散即成空。"在甘肃天水麦积山、永靖炳灵寺、张掖马蹄寺、瓜州榆林窟、敦煌莫高窟和新疆克孜尔、柏孜克里克等石窟的壁画和塑像中可以看到大量的禅定图，有的结跏趺坐，有的半趺坐，有的交腿或倚坐，有的站立，双手结"禅定印"或结"转法轮印"，均与聚气有关。

图462　禅定佛

甘肃敦煌莫高窟第259窟　北壁东端　北魏

图463　脐密图

甘肃敦煌莫高窟第272窟壁画　西壁　北凉

图464　沐浴彩绘童俑

陕西西安市韩森寨古墓出土　唐

图465　施尿壁画

甘肃榆林窟第38窟

2. 保健

丝绸之路上的石窟、塑像、遗书、简牍中保存了大量有关医疗保健的资料。主要内容有：佛教“抛弃俗念”意在精神的心理疗法，瑜伽的修持，道教的炼丹、辟谷、内丹导引、吐纳、房中术等，人的生理现象与优生，环境卫生与个人卫生，以及保护生态环境等。如1965年陕西西安市韩森寨唐墓出土一具粉彩沐浴童俑，俑高8.6厘米、底座7×4.2厘米；1972年旬邑县城关镇出土一件宋代沐浴儿童俑，高6厘米；2001年西安东郊唐墓出土一件彩绘沐浴童俑。又如：敦煌莫高窟中唐第159窟南壁的剃度图中，绘有一僧人蹲在地上，左手持净瓶，右手食指伸入口内揩齿。晚唐第9窟和第196窟中，绘有用柳枝刷牙的形象图。瓜州榆林窟第16窟绘有一幅生动的剃发图像，北周第290窟佛传故事中有清扫的画面，隋第302窟窟顶西披和中唐第159窟南壁有洗澡图等。榆林窟中唐第25窟北壁西侧，绘有一幅与老人告别、送老人入墓图。

图467　得医图

甘肃莫高窟第217窟南壁　盛唐

图466　医病图

甘肃敦煌莫高窟第296窟壁画　窟顶北披　北周

敦煌文献S.76《食疗本草》残卷，载有中古时期人们对生命的珍惜和有关抗衰老及延年益寿的经验，如秘方：“（石榴）其花菜（叶）阴干，捣为末，和铁丹，服之一年，白发尽黑，益面红色，仙家重此，不尽书其方。”还指出莲子可以补中养神，益气力，除百病，久服，明目轻身，延年不老；冬瓜子有润泽面容的作用，冬瓜有

图468　医病图

甘肃敦煌莫高窟第61窟壁画　南壁　五代

图469　医病图

甘肃敦煌莫高窟第9窟壁画　主室西壁　唐

图470　安乐死图

甘肃瓜州榆林窟第25窟壁画　北壁西侧　唐

减肥、健体、抗衰老的作用等。

从甘肃武威磨嘴子和新疆民丰、吐鲁番的古墓中发现的随葬品，有绣有“延年益寿大宜子孙锦”字样的汉锦；甘肃河西走廊的黑山和新疆阿尔泰山、天山、昆仑山还发现大量有关生死繁衍的岩画，这些绘画用符号来表达生命的象征意义，祈求人类自身的繁衍及万物的丰盛。

丝绸之路养生活动，在几千年的历史传承中，存在着一种从简单到多样，从低级到高级，从零散到系统的发展规律，并融各种防病、治病、健身、修炼方法于一体。它以中国哲学为理论基础，汇集道、儒、佛的思想精华，不仅具有健身延年的实用价值，而且映射出中华民族文化品格、民族心理、思维方式的特色。丝绸之路传统养生已成为中华文化的重要组成部分，并从一个特定的层面代表了中华文化的特征和本质。

图471　夏导引木版画

现藏宁夏万宝博物馆

图472　放生图

甘肃肃北蒙古族自治县五个庙石窟第3窟壁画　南顶　西夏

图473　孙思邈画像

选自《唐代的外来文明》

图474　洗头图

甘肃瓜州榆林窟第25窟壁画　北壁中部　唐

图475　剃度图

甘肃瓜州榆林窟第25窟壁画　北壁中部　唐

图476. 刷牙图

甘肃敦煌莫高窟第159窟壁画　南壁　唐

十二

丝绸之路少数民族节日的民俗体育

节日也是民族文化的重要表现形式之一，民族节日是民族文化的个性化和集中化表达，反映了一个民族的文化心理和生活习俗，对民族文化系统的运行有着不可替代的功能。从人类文化发展的历程来看，民族节日所承载的伦理意义异常丰富。关注民族节日，挖掘民族节日中的民俗体育文化元素，可以发现并理解不同民族体育生活的真实样态。中华民族在漫长的历史发展过程中形成了个性鲜明、形态多样、结构复杂的民族传统体育文化，而在不同民族的体育生活发展史中，节日活动具有强化民族的生活记忆、对民族共同体成员实现文化濡化的积极功能。

少数民族节日具有文化凝聚功能，而这样的文化凝聚功能对民族的发展和民族关系的和谐提供了精神上的动力。民族凝聚力从何而来，源于本民族深厚的传统文化。民族传统节日能够综合地反映民族文化的全貌，集中地体现民族心理，表现民族性格，愉悦民族精神，从而有力地促进民族整体对民族个体的吸引力，增强民族个体对民族整体的向心力以及民族个体之间亲和力，成为凝聚民族力量的牢固纽带。民族传统节日还以广大民众喜闻乐见的游戏、娱乐、竞技方式和强烈的审美情趣，焕发出民族群众的广泛参与的积极性与主动性，民族传统节日促进形成民族意识，强化民族认同，增强民族感情，维系民族传统体育的交际功能，焕发民族传统体育的独特魅力。

（一）少数民族节日民俗体育的特征

少数民族节日体育就是在少数民族中开展的，具有深厚民族传统特色的各种体育活动的总称，它表现出鲜明的民族性和深厚的历史积淀。它还在时空间流传着历史的连续性，这种传承性对维系一个民族的凝聚力和趋同意识具有较大的效应，可以说，民族性是传统体育发展的核心，历史性是传统体育发展的必然，传统性是传统体育发展的延续，传承性是传统体育发展内在的规律，它们共同构成了少数民族体育的内涵和外延，推动着少数民族节日民俗体育的发展。

（二）少数民族节日传统体育的内容

丝绸之路由长安至罗马约7000余公里，其中3000余公里在我国的陕西、甘肃、宁夏、青海、新疆5个省与自治区，总面积达310万平方公里，占全国总面积的三分之一。在这片辽阔的土地上，聚居着汉、回、东乡、保安、撒拉、土、裕固、维吾尔、哈萨克、柯尔克孜、锡伯、塔吉克、乌孜别克、塔塔尔、俄罗斯、蒙古、藏、满、达翰尔18个少数民族，其总人口达1745.7万人，占该地区人口总数19.5%。这些不同地域、不同环境、不同生活习俗的各民族，他们相互学习、相互交流，形成了民俗传统体育的渊源，孕育出众多民俗体育项目，如赛马、叼羊、打梭儿、赛骆驼、挂石头、姑娘追、九宫棋、掷木棒、月下赛跑等等。据统计，陕西、甘肃、宁夏、青海、新疆地区少数民族传统体育项目共计246项，占全国少数民族传统体育项目的24.6%（表7）。

表7

地区	民族	代表性民族传统体育项目
陕西	汉族、回族	秋千、秧歌、旱船、红拳、高跷、龙灯、舞龙、舞狮、百戏、摔跤、踩青、水嬉、抛球、踏球、登高、划船、打节子、马术、马球、舞蹈、腰鼓、芯子、细狗撵兔、武术、弈棋、龙舟、举石、风筝
甘肃	汉族、回族、羌族、鲜卑族、党项族、蒙古族、藏族、裕固族、东乡族、保安族、土族	太平鼓、叼羊、赛马、赛骆驼、达民孜、打木球、掼牛、秧歌、赛牦牛、射箭、扯绳、夺腰刀、捡哈达、羊骨拐、押架、波依阔、拔河、抱石头、蹬棍、登高、秋千、藏棋、跳绳、耍火把、武术、社火、拔腰、奔牛、古朵、摔跤、踢毽、游泳、滚铁环、鞭杆
宁夏	回族、满族、汉族、撒拉族、保安族、东乡族	珍珠球、冰嬉、木球、打毛蛋、打柳球、滑冰车、赶老牛、驯鹰、西夏拳、弹腿、鬼头刀、花剑、打梭儿、射柳、九连环、踢石球、嘎拉哈、跳百索、跳骆驼、满洲棋、秋千、狩猎、斗拐、耍中幡、滑冰、雪地走、揣包儿、扔沙包、围棋、象棋、抓籽籽、掌旋球、弹弓、跳皮筋、踏青、杠子、皮条、跳鳌、踏脚
青海	土族、撒拉族、回族、藏族、蒙古族	轮子秋、拉棍、蹬棍儿、打缸、拔腰、骆驼舞、打“蚂蚱”（似垒球）、武术、狩猎、赛马、赛牦牛、奔跑、投掷、射箭、马术、摔跤、朵加（抱石头）古朵（抛儿石）、藏棋、击韧（克郎球）、举沙袋、腰带拔河、打猴儿（陀螺）、掰手腕、押架（大象拔河）、撒拉赛瓦（皮筏比赛）、热巴、锅哇、赛布鲁、碧秀（响箭）
新疆	维吾尔族、哈萨克族、塔吉克族、乌孜别克族、俄罗斯族、锡伯族、柯尔克孜族	叼羊、姑娘追、赛马、赛跳跑、射箭、马球、套马、拔河、放鹰、滑雪、登山、狩猎、荡跳比远、爬杆、人背角力、曲棍球、拍线球、骑马抡步、赛骆驼、飞马拾手绢、跳绳、甩索投石、抛土坯、比腕力、斗鸡、比脚力、方连、九宫棋、蒙古象棋、鲍格棋、六子连、达木卡、多依布、骆驼舞、刀郎舞、赛乃姆舞、踢踏舞、木卡姆、木马舞、贝伦舞

（三）少数民族节日传统体育的地域性

民族传统体育是典型的地方性文化。作为人类文明行为的创造性成果，民族传统体育是特殊的。这是由于人总是属于某一特定的生活族类、某一特定的生活群体和生活区域，他们的生活习惯不可避免地留有鲜明的“地方性”。他们的生活方式、行为方式、思维方式、话语方式、娱乐竞技方式乃至语言文字都是民族性或区域地方性的。从体育与民族的关系看，体育具有民族性，体育是民族的体育，体育的历史与民族的历史具有一致性；民族传统体育有自己的独特价值；而民族体育的独特价值只能通过各民族具体的社会、传统、经历、审美理解到；民族传统体育的特质都必须首先依据它在某一特定的文化结构中所处的地位以及它所属文化的价值系统等的关系加以解释和判断。实际上，民族传统体育是民族学的重要组成部分，但它与人类学也有着紧密的联系。因此，我们论述民族传统体育，也必须从人类学的视角出发，引入民族志的方法来全面阐释民族传统体育。

丝绸之路各民族“岁时节日”庆典活动，均有民俗体育活动伴随，有时民俗体育活动成为节日庆典的主要组成部分。它所起到的最直接的作用体现为两个方面：

其一，民俗体育直接参与到节庆仪式之中，成为整个节庆仪式的组成部分。之所以如此，是因为节庆仪式（包括宗教仪式）与民俗体育有着极为类似的功能。从人类学的角度看，宗教的核心不是教义，而是仪式。仪式在现实存在中，使身处其中的现实主体最能感受到世俗与神圣的差异，体味到宗教世界的崇高。而民俗体育功能亦是如此，它总是通过对身体文化的营造，揭示人生的欣喜与愉悦，而这种功能是节庆（宗教）仪式与民俗体育所共有的。

其二，丝绸之路上的岁时节庆活动将不同社会个体成员从不同地点和自己所拥有的不同的个体时间中剥离出来，汇集到同一地点、同一时间，即称共同的时空。人们在这共同的时空中汇聚到一起，并营造出各种由身体文化所展示的竞技、娱乐、游戏、舞蹈等表演，共时性地完成一次情感与生命的体验。在这种岁时节庆时空里，每一个民俗体育活动的参与者均远离了自己的个体生活，被一种激动的情绪和昂扬的精神充溢着，个体融化在集体之中，体现出的正是丝绸之路岁时节日民俗体育活动的本质特征，充分显示出古人所拥有的节日天性，进而赋予民俗体育永难消逝的岁时节日品格。

丝绸之路岁时节日民俗体育在人们生活中的出现，是历史和现实的必然。这体现在以下方面。它是“人”的需要，因为丝绸之路民俗体育源自各民族的生活习俗和宗教仪礼，其初始的主要目的在于“娱神”而非“娱人”。人们参与民俗体育活动是把它作为宗教仪礼和节日庆典仪式不可缺少的一部分，内心充满着对宗教的虔诚和对当时节日仪式的神圣感。随着社会的发展和人们主体意识的不断转变，民俗体育逐渐从神秘的氛围、崇高神圣的仪式中剥离出来，参与者虔诚的心态已淡化，娱神向娱人转变，表现出“民俗体育”的成分逐渐增加，并取代了宗教礼仪，获得了独立的品格。

丝绸之路岁时节日民俗体育虽然在以后的发展中逐渐与节日庆典脱离开来，但在其历史流动的血脉中却涌动着当时节日庆典仪式的因子。这主要表现为它当下呈现出的集体性、群体参与的共时性、跨越时空的重复性以及历史时空与现实时空的融合性。由此不难发现，丝绸之路岁时庆典中的民俗体育不仅是人们生存的揭示，而且也是人们渴望追求和超越的家园。

今天，我们把历史和历史研究置于社会发展、民族振兴和人类文明的高度来看待，以一种以开放的眼光去分析、寻找丝绸之路和世界各国之间的联系，把丝绸之路的发展纳入全球的视野当中，并由此走向世界。此课题的研究得到了国家体育总局政策法规司的立项支持，在此谨表示衷心的感谢！同时也对课题组全体成员几年来探索丝绸之路的足迹，并对各遗迹、遗物进行调查搜集和资料整理，论述民俗体育的魅力等所付出的辛勤劳动深表敬意！丝绸之路昔日岁时节日的民俗体育为丰富人们的生活，提高各民族的素质，创造优秀的传统文化做出了重要的贡献。今天国家提出的“一带一路”发展战略中也包含了文化、艺术、体育的多方面的内容。而本课题的研究与国家“一带一路”战略的文化走向高度契合，并也为“一带一路”战略建设提供了独有的文化支撑和历史记忆的依托，并为传承和弘扬丝绸之路优秀的体育文化创造出更好的机遇和环境。它将为我国体育事业的发展创造出更好的机遇和环境。

后 记

自申报课题至结题和出版此书，整整已有三个年头。在对“丝绸之路岁时节日”的调查与研究中，我们以回溯研究对象的原型和本义，弄清楚丝绸之路民俗体育的传播和演化为目标。要完成这一目标，需要充分的文献资料。可是民俗根本上是一种生活文化，而不是书面文化，尽管我国的文献资料浩如烟海，但是从总体上看，其中的民俗资料是概略的，尤其是对古代民间、民族日常生活中的游戏、娱乐、竞技、养生、休闲等的记载，更是零散、杂乱，根本不足以重构历史过程。这给我们的研究也带来了相当的难度，而我们不依靠文献记录又如何判定丝绸之路民俗体育事象的历史发展和演变呢？我们通过研究丝绸之路这条通道空间所生活的各民族的语言、行为、宗教信仰等方面来了解民俗体育的传承；从各民族文化生活的总体中来全面回顾民俗体育事象；从古代民众所传承和创造的活态民俗中分析与研究；从非物质文化遗产这一“民族文化”的象征中开拓对丝绸之路岁时节日民俗体育的探究。最终使我们较好地完成了任务，并被国家体育总局评为社会科学优秀成果。

丝绸之路岁时节日民俗体育丰富了汉唐古人生活方式和精神世界，它不仅在历史上留下浓墨重彩的一笔，同时也为今人研究民俗体育提供了宝贵丰富的资料。

可以说，丝绸之路岁时节日是对日常生活的纪念，它标志着一段时光的逝去，也昭示着另一些日子的到来。在此书完成之际，就是我们的节日到来之时。此时此刻，我们不仅要对生活感恩，更要对国家体育总局政策法规司为贯彻落实“一带一路”发展战略，为丝绸之路的体育文化研究予以立项支持，表示深切的感谢！此书的出版得到了读者出版集团有限公司教育出版社王光辉社长的帮助，给予出版资助；徐晋林先生为此书用他的睿智博通进行了创造性设计；金海峰女士为此书的编辑付出了艰辛工作。同时，还得到了兰州理工大学科研处的支持与关心，在此一并表示谢意！总之，学术研究要付诸心血还要有来自各方面的帮助，不然此书也难以与广大读者见面。

兰州理工大学丝绸之路研究所

李小唐　林　春　李重申

2017年3月

参考文献

[1]（汉）应劭．风俗通义 [M]. 上海：上海古籍出版社，1990.

[2]（汉）崔寔著．石声汉校注．四民月令校注 [M]. 北京：中华书局，1965.

[3]（汉）班固．汉书 [M]. 北京：中华书局，1962.

[4]（东汉）崔寔著．缪启愉辑释．万国鼎审订．四民月令辑释 [M]. 北京：农业出版社，1981.

[5]（东汉）王充撰．陈蒲清点校．论衡 [M]. 长沙：岳麓书社，2006.

[6]（后晋）刘煦．唐书 [M]. 北京：中华书局，1975.

[7]（南朝）宗懔撰．宋金龙校注．荆楚岁时记 [M]. 武汉：湖北人民出版社，1985.

[8] 顾廷龙主编．续修四库全书第885册 [M]. 上海：上海古籍出版社，2002.

[9]（唐）欧阳询撰．汪绍盈校．艺文类聚 [M]. 上海：上海古籍出版社，1999.

[10]（唐）魏征．隋书 [M]. 北京：中华书局，2000.

[11]（唐）刘知己．史通 [M]. 济南：齐鲁书社，1996.

[12]（唐）令狐德棻．隋书 [M]. 北京：中华书局，1973.

[13]（唐）杜佑．通典 [M]. 杭州：浙江古籍出版社，1988.

[14]（宋）苏轼．苏轼文集 [M]. 北京：中华书局，1986.

[15]（宋）吴自牧．梦粱录 [M]. 杭州：浙江人民出版社，1984.

[16]（宋）谢维新．虞载：古今合璧事类备要，据中国国家图书馆藏宋刻本影印本 [M]. 北京：北京图书馆出版社，2006.

[17]（宋）张鉴．赏心乐事·续修四库全书（本）[M]. 上海：上海古籍出版社，1995.

[18]（宋）周密．武林旧事 [M]. 扬州：江苏广陵古籍刻印社，1995.

[19]（宋）孟元老．东京梦华录 [M]. 上海：古典文学出版社，1957.

[20]（宋）李昉．太平广记 [M]. 长沙：岳麓书社，1996.

[21]（元）脱脱等．宋史 [M]. 北京：中华书局，1977.

[22]（元）顾瑛．草堂雅集 [M]. 北京：中华书局，2008.

[23]（元）析津志．辑佚 [M]. 北京：北京古籍出版社，1983.

[24]（元）陶宗仪．南村辍耕录 [M]．沈阳：辽宁教育出版社，1998.
[25]（明）蒋一葵．长安客话 [M]．北京：北京古籍出版社，1980.
[26]（明）焦竑．玉堂丛语 [M]．北京：中华书局，1981.
[27]（明）邝璠著．石声汉，康成懿校注．便民图纂 [M]．北京：农业出版社，1959.
[28]（明）胡广等纂修．明太祖实录 [M]．台北：中央研究院历史研究所缩印影印本，1962.
[29]（明）卢翰．月令通考．四库全书存目丛书·史部164[M]．济南：齐鲁书社，1996.
[30]（明）陆粲，顾起元撰．谭棣华，陈稼禾点校．庚己编．客座赘语 [M]．北京：中华书局，1987.
[31]（明）陆容．菽园杂记 [M]．北京：中华书局，1985.
[32]（明）陆启浤．北京岁华记 [M]．手抄本，上海图书馆藏．
[33]（明）张岱撰．马兴荣点校．陶庵梦忆．西湖梦寻 [M]．北京：中华书局，2007.
[34]（明）张瀚撰．盛冬铃点校．松窗梦语 [M]．北京：中华书局，1985.
[35]（明）张羽．静居集 [M]．上海：上海书店，《四部丛刊三编集部》影印本，1986.
[36]（明）朱元璋．皇明祖训·四库全书存目丛书·史部264[M]．济南：齐鲁书社，1996.
[37]（明）刘侗，于奕正．帝京景物略 [M]．北京：北京古籍出版社，1980.
[38]（明）胡文焕．山海经图 [M]．上海：上海古籍出版社，1994.
[39]（明）钱古川．百夷传校注（M）．昆明：云南人民出版社，1980.
[40] 天一阁藏．明代方志选刊 [M]．上海书店，1981年影印版．
[41] 天一阁藏．明代方志选刊续编 [M]．上海书店，1990年影印版．
[42]（清）张廷玉．明史 [M]．北京：中华书局，1974.
[43]（清）阮元．十三经注疏 [M]．杭州：浙江古籍出版社，1998.
[44]（清）彭定求．全唐诗 [M]．上海：上海古籍出版社，1986.
[45] 许慎．说文解字 [M]．北京：中华书局，2000.
[46] 向达．唐代长安与西域文明 [M]．北京：三联书店，1957.
[47] 欧阳予倩．唐代舞蹈 [M]．上海：上海文艺出版社，1980.
[48] 中华书局编辑部编．宋元明清书目题跋丛刊（全19册）[M]．北京：中华书局，2006.
[49] 钱钟书．谈艺录 [M]．北京：中华书局，1983.
[50] 钱穆．中国文化史导论 [M]．中华书局，1994.
[51] 任半塘．敦煌歌辞总编 [M]．上海：上海古籍出版社，1987.
[52] 任半塘．唐戏弄 [M]．上海：上海古籍出版社，1984.
[53] 李季芳．中国大百科全书·体育卷 [M]．北京：中国大百科全书出版社，1982.
[54] 郑有国．中国简牍学综论 [M]．上海：华东师范大学出版社，1989.
[55] 尚秉和．历代社会风俗事物考 [M]．上海：上海文艺出版社，1989.
[56] 张次溪．清代燕都梨园史料 [M]．北京：中国戏剧出版社，1991.

[57] 齐涛．中国民俗史论 [M]．郑州：河南大学出版社，1992.
[58] 刘晓．中国帛画 [M]．北京：中国书店出版社，1993.
[59] 张岱年．中国文化概论 [M]．北京：北京师范大学出版社，1994.
[60] 史仲文，胡晓林主编．中国全史·中国隋唐五代习俗史 [M]．北京：人民出版社，1994.
[61] 陶思炎．风俗探幽 [M]．南京：东南大学出版社，1995.
[62] 于文杰．艺术发生学 [M]．上海：上海人民出版社，1995.
[63] 王尔敏．明清社会文化生态 [M]．台北：商务印书馆，1997.
[64] 钟敬文主编．民俗学概论 [M]．上海：上海文艺出版社，1998。
[65] 施立学．关东岁时风俗论 [M]．长春：吉林文史出版社，1998.
[66] 林梅村．汉唐西域与中国文明 [M]．北京：文物出版社，1998.
[67] 胡新生．中国古代巫术 [M]．济南：山东人民出版社，1998.
[68] 李斌城，李锦绣，张泽咸，等．隋唐五代社会生活史 [M]．北京：中国社会科学出版社，1998.
[69] 巫瑞书．南方传统节日与楚文化 [M]．武汉：湖北教育出版社，1999.
[70] 黄留珠．周秦汉唐文明 [M]．西安：陕西人民出版社，1999.
[71] 钟敬文．建立中国民俗学派 [M]．哈尔滨：黑龙江教育出版社，1999.
[72] 钟敬文．钟敬文文集（民俗学卷）[M]．合肥：安徽教育出版社
[73] 萧放．《荆梦岁时记》研究——兼论传统中国民众生活中的时间观念 [M]．北京：北京师范大学出版社，2000.
[74] 杨琳．中国传统节日文化 [M]．北京：宗教文化出版社，2000.
[75] 汪宁生．古俗新研 [M]．兰州：敦煌文艺出版社，2001.
[76] 吴玉贵．中国风俗通史·隋唐五代卷 [M]．上海文艺出版社，2001.
[77] 张惠利．中西文化概论 [M]．天津：天津大学出版社，2002.
[78] 萧放．岁时——传统中国民众的时间生活 [M]．北京：中华书局，2002.
[79] 王志东．唐代社会生活 [M]．北京：国际文化出版公司，2002.
[80] 郑汝中．敦煌壁画乐舞研究 [M]．兰州：甘肃教育出版社，2002.
[81] 贾二强．唐宋民间信仰 [M]．福州：福建人民出版社，2002.
[82] 李斌城．唐代文化 [M]．北京：中国社会科学出版社，2002.
[83] 徐连达．唐朝文化史 [M]．上海：复旦大学出版社，2003.
[84] 余太山．两汉魏晋南北朝正史西域传研究 [M]．北京：中华书局，2003.
[85] 余英时．士与中国文化 [M]．上海：上海人民出版社，2003.
[86] 殷伟．女子游艺 [M]．北京：文物出版社，2003.
[87] 周耀明．汉族风俗史（明代．清代前期汉族风俗）[M]．上海：学林出版社，2004.
[88] 沈冬．唐代乐舞新论 [M]．北京：北京大学出版社，2004.

[89] 徐杰舜主编．汉族风俗史（隋唐五代宋元汉族风俗）[M]. 上海：学林出版社，2004.
[90] 李道和．岁时民俗与古小说研究 [M]. 天津：天津古籍出版社，2004.
[91] 夏日新．长江流域的岁时节令 [M]. 武汉：湖北教育出版社，2004.
[92] 李露露．中国节——图说民间传统节日 [M]. 福州：福建人民出版社，2005.
[93] 万明主编．晚明社会变迁问题与研究 [M]. 北京：商务印书馆，2005.
[94] 周星主编．民俗学的历史、理论与方法 [M]. 北京：商务印书馆，2006.
[95] 中国民俗学会．节日文化论文集 [M]. 北京：学苑出版社，2006.
[96] 崔乐泉．国说中国古代体育 [M]. 北京：世界图书出版公司，2007.
[97] 于左．玩在唐朝 [M]. 北京：中华书局，2008.
[98] 崔乐泉．中国体育通史 [M]. 北京：人民体育出版社，2008.
[99] 钟敬文主编．中国民俗史 [M]. 北京：人民出版社，2008.
[100] 萧放．中国民俗史（明清卷）[M]. 北京：人民出版社，2008.
[101] 李金梅．丝绸之路体育图录 [M]. 兰州：甘肃教育出版社，2008.
[102] 金维诺．中国美术全集 [M]. 安徽：黄山书社，2010.
[103] 刘晓峰．端午 [M]. 北京：生活．读书．新知三联书店，2010.
[104] 王永平．游戏、竞技与娱乐 [M]. 北京：中华书局，2010.
[105] 王文宝．中国民间游戏 [M]. 北京：华龄出版社，2010.
[106] 瞿明安．中国饮食娱乐史 [M]. 上海：上海古籍出版社，2011.
[107] 李重申．敦煌古代体育图集 [M]. 兰州：甘肃教育出版社，2011.
[108] 陈小蓉．中国传统运动养生图典 [M]. 北京：中国大百科全书出版社，2011.
[109] 王巨山．非物质文化遗产概论 [M]. 北京：学苑出版社，2012.
[110] 刘青弋．中国舞蹈通史 [M]. 上海：上海音乐出版社，2012.
[111] 徐先冀．中国出土壁画全集 [M]. 北京：科学出版社，2012.
[112] 许倬云．中西文明的对照 [M]. 杭州：浙江人民出版社，2013.

图版目录

图92　马术图　甘肃敦煌莫高窟第61窟壁画　西壁　五代
图93　马术图　甘肃敦煌莫高窟第61窟壁画　西壁　五代
图94　马术图　甘肃敦煌莫高窟第61窟壁画　西壁　五代
图95　马术图　甘肃敦煌莫高窟第61窟壁画　西壁　五代
图96　马术图　甘肃敦煌莫高窟第61窟壁画　西壁　五代
图97　马术图　甘肃敦煌莫高窟第61窟壁画　西壁　五代
图98　马术图　甘肃敦煌莫高窟第61窟壁画　西壁　五代
图99　马术图　甘肃敦煌莫高窟第61窟壁画　西壁　五代
图100　彩绘马戏泥俑　新疆吐鲁番县阿斯塔那第336号墓出土　唐
图101　彩绘马戏泥俑　新疆吐鲁番市阿斯塔那古墓出土　唐
图102　骑马男泥俑　新疆阿斯塔纳出土　现藏新疆维吾尔自治区博物馆　唐（公元618年—907年）
图103　战马（昭陵六骏——飒露紫）1914年被盗窃出国　藏于美国宾夕法尼亚大学博物馆
1951年移藏陕西省历史博物馆
图104　骑马武士画像砖　青海省平安县东村汉墓出土　现藏西宁省博物馆　汉
公元前206年—公元220年
图105　彩绘骑马舞俑　陕西乾县出土　唐
图106　胡人驯马图　甘肃敦煌莫高窟第288窟壁画　中心塔柱　西魏
图107　牵马木板图　甘肃武威市西郊林场出土　西夏
图108　养马　甘肃嘉峪关市魏晋古墓彩绘砖画
图109　养马图　甘肃敦煌莫高窟第431窟壁画　西壁　唐
图110　侍马图　新疆吐鲁番市阿斯塔那188号墓出土　唐
图111　溜马图　宁夏固原县出土　隋
图112　踩高跷《普庆升平图》王恺　王继明　张启明　屈兆麟绘　清
图113　高跷秧歌图　现藏首都博物院　清
图114　十四子婴戏图骑竹马　明
图115　骑竹马　父母恩重经讲经文　敦煌文献 P.2418
图116　骑竹马图　甘肃敦煌莫高窟第9窟壁画　东壁门南侧　唐
图117　婴戏骑竹马壁画　甘肃敦煌佛爷庙古墓36号墓彩绘砖画　魏晋
图118　婴戏骑竹马壁画（局部）甘肃敦煌佛爷庙古墓36号墓彩绘砖画　魏晋
图119　抽陀螺
图120　陀螺图
图121　战国玉博具（六枚）
图122　汉画像石上的六博
图123　六博图　汉代画像砖

图189 藏钩诗

图190 划拳藏钩画像砖 东汉

图191 六博和藏钩画像砖 东汉

图192 玉带钩 西汉

图193 投壶图

图194 铜投壶

图195 铜投壶

图196 投壶图

图197 投壶消夏图 清

图198 投壶 1937,0716.74 AN1613063146 现藏于英国大英博物馆

图199 投壶 1993,1028.1 AN1612987404 现藏于英国大英博物馆

图200 投壶 李翔《涉道诗》中有诗《卫叔卿不宾汉武帝》 敦煌文献 P.3866

图201 舞狮 敦煌文献 P.2631

图202 舞狮 敦煌文献 P.2985

图203 狮子图 佚名 纸本 设墨 长42.8厘米 宽20.8厘米 1907年被斯坦因拿走 甘肃敦煌莫高窟第17窟壁画 晚唐

图204 狮戏图 白沙乡箭峡墓 现藏清水县博物馆

图205 狮子舞泥俑 新疆出土 唐

图206 狮子图 甘肃敦煌莫高窟第61窟壁画 五代

图207 舞狮图 16世纪舞狮图（西藏古格王国宫中壁画）

图208 舞龙 清代年画中的舞龙图

图209 百子图·龙灯胜会

图210 舞龙图 明清

图211 走百病图像

图212 杂耍图

图213 婴戏图 捉迷藏 选自《中华民间美术·年画卷》

图214 碧纱笼目捉迷藏

图215 捉迷藏婴戏图 苏汉臣绘《长春百子》（局部）中的儿童藏猫猫情景（选自台北故宫博物院编《婴戏图》） 宋

图216 捉迷藏婴戏图 沈庆兰

图217 斗草图 苏汉臣绘《长春百子》（局部）中的儿童斗草情景（选自台北故宫博物院编《婴戏图》） 宋

图218 斗草 敦煌文献 P.3271

图219 斗草图

图220 斗花 明瞿佑《四时宜忌》:“《荆楚记》曰：三月三日，四民踏百草。时有斗百草之戏，亦祖此耳。”

图221 印沙图 甘肃敦煌莫高窟第23窟壁画 北壁 唐

图222 弹弓图 钱选《五陵公子扶弹图》 纸本 设色 元

图223 弹弓图

图224 舞蹈纹彩陶盆 甘肃会宁县出土 新石器时代（流失海外）

图225 舞蹈纹彩陶盆 青海同德县宗日遗址出土 新石器时代

图226 踏舞图 甘肃敦煌莫高窟第156窟壁画 南壁 唐

图227 石榻浮雕舞人 陕西西安市出土 北周

图228 石榻浮雕舞人 陕西西安市出土 北周

图229 粉彩乐舞俑 陕西西安市大兴路出土 唐

图230 彩绘釉陶乐舞俑群（七人） 陕西礼泉县郑仁泰墓出土 唐

图231 舞乐图 陕西西安市苏思勖墓墓室东壁 高148厘米 宽137厘米 唐

图232 巾舞图 陕西西安市长安区郭杜镇执失奉节墓墓室北壁 高116厘米 宽70厘米 唐

图233 乐舞 陕西礼县县烟霞村李勣墓壁画墓室东壁 1974年挖掘 唐

图234 乐舞 （陕西唐墓出土）李寿墓《乐舞图》

图235 乐舞图 出于陕西蒲城县洞耳村元墓墓室东侧 高182厘米、宽214厘米 元

图236 胡旋舞对舞（李其琼临摹） 甘肃敦煌莫高窟第341窟壁画 唐

图237 胡旋舞（李其琼临摹） 甘肃敦煌莫高窟第341窟壁画 唐

图238 胡腾舞石刻墓门 宁夏盐池县苏步井乡窨子梁出土

图239 胡腾舞 河南范粹墓出土的黄釉扁壶

图240 胡旋舞 （陕西唐墓出土）韩休墓《乐舞图》

图241 胡腾舞铜俑 甘肃山丹县征集 唐

图242 乐舞图 甘肃敦煌莫高窟第156窟壁画 主室北壁下部 唐

图243 乐舞图 甘肃敦煌莫高窟第465窟壁画 西壁 元

图244 乐舞图 甘肃敦煌莫高窟第61窟壁画 北壁 五代

图245 经变舞伎 甘肃敦煌莫高窟第379窟 五代

图246 酒肆舞蹈图 甘肃敦煌莫高窟61窟 五代

图247 乐舞图 甘肃敦煌莫高窟第465窟壁画 南壁 元

图248 吉祥天女 公元6—8世纪 出于新疆策勒县丹丹乌里克遗址

图249 伎乐天女（摹本） 青海塔尔寺 明清

图250 乐舞图 新疆石窟壁画（现藏俄罗斯圣彼得堡艾尔米塔什博物馆）

图251 乐舞壁画 西藏夏鲁寺 元

图252 庆典乐舞壁画 公元15—16世纪 西藏古格王国遗址白殿

图253　供养天女　位于西藏札辽县古格故城依估洞东壁下部北侧

图254　舞蹈壁画　公元17世纪　西藏布达拉宫

图255　乐舞壁画　公元17世纪　西藏桑耶寺

图256　舞人壁画　公元17世纪　西藏布达拉宫

图257　舞仙　公元15世纪　西藏白居寺

图258　木板彩绘舞踏童女图　公元9世纪　新疆高昌故城出土

图259　斗歌

图260　寒食篇　　敦煌文献 P.3608

图261　游园图（陕西唐墓出土）章怀太子墓

图262　野宴图（陕西唐墓出土）韦氏墓

图263　踏青图

图264　踏青图　古代风俗百图　周

图265　秋千图　古代风俗百图　五代

图266　洒线绣绿地五彩仕女秋千图　长35厘米　宽32.5厘米　现藏北京故宫博物院　明

图267　秋千图　清

图268　秋千图

图269　风筝　明代放纸鸢图　选自古代风俗百图

图270　风筝《降魔变文》敦煌文献 S.5511

图271　婴戏图　汪恭　清

图272　风筝图《十美图·放风筝》杨柳青年画

图273　风筝图

图274　秋庭婴戏图

图275　拔棍　东乡族传统体育项目

图276　击壤图《三才图会》中的击壤图　明

图277　击壤图

图278　斗鸡图　陕西乾县章怀太子墓壁画　甬道东壁　唐

图279　斗鸡图　甘肃敦煌莫高窟第285窟壁画　南壁　西魏

图280　明皇斗鸡图（藏于美国波士顿博物馆）

图281　明皇斗鸡图

图282　粉彩瓷盘　中国江西景德镇　约1723—1735年　直径21.2厘米　现藏大英博物馆　清

图283　戏鸭图　出于陕西礼泉县李震墓第三过洞东壁　高100厘米　宽4厘米
现藏陕西省昭陵博物馆　唐

图284　婴戏图瓷枕　宋

图285　斗鹌鹑　明代版画　中国国家图书馆藏　明

图351　捶丸图　杜堇《仕女图》卷（局部）　现藏上海博物馆　明
图352　狩猎　车马出行彩绘画像石　陕西神木县大保当23墓出土　高40厘米　宽197厘米　现藏陕西省考古研究所　东汉
图353　人物升仙　骑射画像石　陕西米脂县党家沟出土　高42厘米　宽176厘米　现藏陕西省米脂县博物馆　东汉
图354　狩猎壁画　西汉墓　出于陕西西安市西安理工大学西汉壁画墓墓室东壁
图355　狩猎壁画　西汉墓　出于陕西西安市西安理工大学西汉壁画墓墓室东壁
图356　狩猎画像石　陕西西安市未央区大明宫乡炕底寨村安伽墓出土　高68厘米　现藏陕西省考古研究院　北周
图357　骑射纹银杯　通高7.67厘米　现藏巴黎吉美国立亚洲艺术博物馆　唐
图358　彩绘陶骑马狩猎俑　陕西省西安市灞桥区唐金乡县主墓出土　高35.1厘米　现藏陕西省西安市文物保护考古所　唐
图359　彩绘陶猎骑胡俑　陕西乾县永李仙蕙墓出土　高30.3厘米　现藏陕西历史博物馆　唐
图360　箭俑　陕西乾县懿德太子李重润墓出土　高36.5厘米　马长29.5厘米　现藏陕西历史博物馆　唐
图361　李寿墓壁画狩猎图　唐
图362　鎏金狩猎纹杏叶　甘肃华池县出土　唐
图363　唐三彩凤首壶　现藏北京故宫博物院
图364　狩猎　甘肃嘉峪关市魏晋5号墓彩绘砖画
图365　狩猎　甘肃嘉峪关市魏晋4号墓彩绘砖画
图366　狩猎图　甘肃高台县骆驼城墓出土　魏晋
图367　射猎图　甘肃敦煌莫高窟第285窟壁画　南壁　西魏
图368　狩猎图　甘肃敦煌莫高窟第285窟壁画　东顶　西魏
图369　射箭图　甘肃敦煌莫高窟第130窟壁画　东壁北侧　唐
图370　狩猎图　甘肃敦煌莫高窟第296窟壁画　窟顶东披　北周
图371　射靶图　甘肃敦煌莫高窟第428窟壁画　东壁南侧　北周
图372　射鼓图　甘肃敦煌莫高窟第290窟壁画　窟顶人字披西披　北周
图373　射箭　甘肃敦煌莫高窟第61窟壁画　西壁佛传故事　五代
图374　射鼓　甘肃敦煌莫高窟第61窟壁画　西壁佛传故事　五代
图375　射鸟图　甘肃敦煌莫高窟第61窟壁画　西壁　五代
图376　李广射猎砖画　甘肃敦煌佛爷庙湾出土　前凉
图377　狩猎图　甘肃敦煌莫高窟第419窟壁画　窟顶西披　隋
图378　狩猎图　甘肃敦煌莫高窟第321窟壁画　主室南壁　唐
图379　射猎图　甘肃敦煌莫高窟第98窟壁画　背屏后面　五代

图413　婴戏图斗蛐蛐

图414　婴戏图斗蛐蛐

图415　龙泉神剑歌　敦煌文献 P.3633

图416　三尺龙泉剑　敦煌文献 P.3821-2

图417　马头刀　长32厘米　1965年陕西省绥德县头村出土　商代晚期

图418　列戟图　陕西三原县焦村李寿墓壁画　第4天井东壁　唐

图419　习武画像砖　高34.7厘米　现藏加拿大多伦多市皇家安大略博物馆　东汉

图420　战马壁画　甘肃敦煌莫高窟第285窟壁画　东顶　西魏

图421　骑马狩猎纹铜镜　现藏河南博物院　唐

图422　战斗场景　甘肃敦煌莫高窟壁画　隋

图423　枪　甘肃敦煌莫高窟第256窟壁画　主室南壁　北周

图424　操练图　甘肃敦煌莫高窟第332窟壁画　南壁西部　初唐

图425　瓷牌剑术《闻鸡起舞》乾隆1736—1796年　清

图426　剑图　甘肃敦煌莫高窟第45窟壁画　南壁　盛唐

图427　论剑　甘肃敦煌莫高窟第112窟壁画　东壁　唐

图428　钢剑　兵器　通长49厘米　清

图429　人首马身武士像　挂毯复原像

图430　剑术图　甘肃瓜州榆林窟第2窟壁画　西夏

图431　飞枪图

图432　持剑图　新疆克孜尔石窟第188窟壁画　主室圈顶南侧壁　公元7世纪

图433　练剑　甘肃敦煌莫高窟第61窟壁画　西壁　五代

图434　对打　云冈石窟石刻

图435　论剑　甘肃敦煌莫高窟第45窟壁画　南壁　唐

图436　操练图　甘肃敦煌莫高窟第217窟壁画　南壁　盛唐

图437　持剑图　新疆克孜尔石窟第38窟壁画　主室圈顶东侧壁　公元4世纪

图438　三彩骑马带鹰狩猎俑　陕西乾县永泰公主墓出土　唐

图439　绿釉架鹰骑马俑　陕西乾县懿德太子墓出土　唐

图440　三彩骑马狩猎俑　唐　陕西乾县出土　高37厘米　现藏中国国家博物馆

图441　彩绘骑马狩猎　陕西西安市灞桥区唐金乡县出土　唐

图442　戏鹦鹉男侍图（摹本）陕西万泉县薛氏墓壁画　唐

图443　架鹰图　陕西乾县懿德太子墓壁画　唐

图444　架鹰图　陕西乾县懿德太子墓壁画　唐

图445　狩猎图　白沙乡箭峡墓出土　清水县博物馆

图446　鹰猎　白沙乡箭峡墓出土　清水县博物馆